語言病理學基礎
第二卷

曾進興　主編

作者簡介

黃國祐
學歷：國立中正大學心理學博士
現職：中山醫學大學語言治療與聽力學系專任助理教授

曹峰銘
學歷：美國華盛頓大學聽語科學博士
現職：國立台灣大學心理學系專任副教授

曾進興
學歷：美國威斯康辛大學語言病理學博士
曾任：國立高雄師範大學聽力學與語言治療研究所專任教授

趙文崇
學歷：美國西北大學語言病理學博士
曾任：埔里基督教醫院院長

詹金烈
學歷：台北醫學院醫學系
現職：美國德州大學達拉斯健康科學中心神經科客座講師
　　　台北市立聯合醫院陽明院區神經內科主任

李淑娥
學歷：台灣師範大學衛生教育系
　　　美國德州奧斯丁大學溝通障礙系進修
曾任：台北榮民總醫院復健醫學部語言治療師

曹英嬌
學歷：美國威斯康辛大學語言病理學博士
現職：美國加州州立大學傅樂頓分校助理教授

吳咨杏
學歷：美國紐約州立大學水牛城分校溝通障礙語言病理學碩士
現職：開放智慧引導科技股份有限公司董事長
　　　國立台北護理健康大學聽語障礙科學研究所兼任助理教授

曾世杰
學歷：美國俄亥俄州立大學教育哲學博士
現職：國立台東大學特殊教育學系專任教授

吳咸蘭
學歷：美國東北大學語言病理學碩士
　　　國立高雄師範大學特殊教育所博士候選人
曾任：國立高雄師範大學特殊教育學系專任講師

莊妙芬
學歷：美國維吉尼亞大學教育哲學博士
現職：國立台南大學特殊教育學系專任教授

洪振耀
學歷：德國歌廷根大學哲學博士
現職：輔仁大學語言學研究所專任副教授

編者序

　　《語言病理學基礎第一卷》問世迄今正好滿一年。這一年之內，不斷有新的患者或學童向溝通障礙專業人員求助，同時也不斷有新的臨床文獻和研究相繼出爐，當然，專業裡的生力軍也不斷地孕育和成長。在此，本書第二卷的出版，具有若干意義。

　　首先，患者或家屬面對溝通障礙所產生的焦慮和適應困難，無不企求溝通障礙的專業人員能夠協助克服問題，甚至於「根治」所有的溝通障礙。但是，目前我們專業的知識與技術是否已經堅強到足以自信滿滿地面對來自患者及家屬挑戰呢？從知識傳播的觀點來看，我們希望本書能夠成為專業人員信心的一大來源。當然，我們的成就離理想一定還有一大段差距。

　　其次，在本卷書，我們擴充了一些新的知識領域，以彌補首卷的不足。在本卷裡，我們涵蓋了這些主題：語音科學（元音的構音、聲學特徵及知覺、輔音的聲學特性、語音知覺）、神經機制（兒童語言發育的神經基礎、神經病變與溝通障礙）、特殊障礙（成人失語症、運動性言語障礙、唇顎裂的語言障礙、閱讀障礙）、治療學（溝通障礙的療效評估、擴大溝通系統與替代性溝通）及總論（語言學與聽語病理學）。廣泛的涵蓋面，顯示了語言治療在臺灣地區的成長由點至線而面的發展軌跡。

　　再者，本書再次充份發揮了科際整合的團隊精神，本書作者群的背景涵蓋了語言病理學、心理學、語言學、醫學及特殊教育，正好顯示語言治療專業的確有兼容並蓄的特質，這對知識及服務的進步都是一大助益。

　　本書第二卷能及時問世，要感謝各位作者的鼎力襄助。這些作者在主編的催逼下，終能「不辱使命」完成佳作，值得恭賀。心理出版社的朋友們在本書的催生上付出許多心力，許總經理及諸位編輯在出版工作上的協助，令人由衷地感佩。希望讀者能從每一頁的文字中，吸取到有用的訊息，進而落實到溝通障礙的專業服務上。

曾進興

目錄

第 1 章

元音的構音、聲學特徵及知覺

黃國祐

　　我們說話的聲音可區分出好些個各具特點的音，在語音學的描述上稱為音素（phoneme），用來表徵某一語音的原型，通常音素也被視為是組成語音的最小單位。由於構音器官部位不同，以及氣流阻塞釋放的運用方式也有所差異，音素可概分成輔音（consonants）與元音（vowels）兩大類，即一般常稱的子音和母音。元音與輔音主要的差別在於具有不同的發音方式。簡要地說，發元音時，聲音源自聲帶振動，氣流通過咽腔和口腔時沒有明顯的阻礙。發輔音的時候，有些音會振動聲帶而有些則否，聲源主要是利用口腔內部器官的成阻，釋放氣流發出聲響，所以發輔音時，呼出的氣流常在某段腔道內受到全部或部分阻礙。另外，發元音時，除聲帶產生振動外，其它部位的肌肉保持均衡的緊張狀態。發輔音時，只有形成阻塞的部位特別緊張，所釋放出的氣流也較為急促。本章擬針對元音的部份，包括構音與分類，元音的聲學特徵，以及相關的知覺問題等，作簡要的介紹。

第一節　元音的構音與分類

一、主元音的分類

　　就發音而言，元音的不同是因為口腔共鳴的形態不同所

致。改變口腔形態有三種主要方式：張嘴開口大小，雙唇呈圓拱狀或展平，以及舌頭往前伸或後縮。語音學在描述構音形態時，常將舌面運動的最高點稱為舌位（tongue posi-tion）。張口愈大，舌面與硬顎（palate）的距離較遠，此時舌位偏低；相反的，張口愈小，舌面與硬顎比較接近，因而舌位偏高。舌頭往前伸靠近雙唇，我們說這時的舌位在前；舌頭若往後縮，與雙唇較遠，此時舌位偏後。舌位高或低以及前或後，事實上是一種相對的本體感覺，對著鏡子作發音練習，即能體會這種區別。舌位的水平方位與垂直方位，即高低與前後，再加上唇形的圓展程度，以這三個向度作為分類上的指標，在英國語音學派的倡導下，現在已是國際語音學會慣用的元音分類基礎。國際音標（IPA） 所制定的

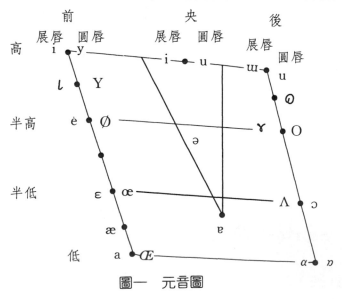

圖一　元音圖

倒梯形元音圖,即模擬發音時舌位的形態描繪而成。圖一中的 [i]、[a]、[ɑ]、[w] 是展唇元音中分別位於高低前後的四個極端點,而 [y]、[œ]、[D]、[u] 則分別是圓唇音中的四個極點音,其它的元音,基本上都位於這幾個端點音的範圍內。發 [i] 時,如國語的「壹」,雙唇展平,舌頭往前伸,開口最小因此舌位最高,是前元音與高元音的代表。發 [u] 時,如國語的「屋」,雙唇圓撮,舌頭往後縮,開口不大也是高舌位,因此將它標為高元音和後元音,同時也是圓唇音。[a] 是低展唇元音,[o] 是後半高圓唇音。依此標準,國語(Mandarin Chinese)中常見的單元音可區分如表一所示。

　　有些學者認為國語中的「安」[an] 和「骯」[ang],起頭的元音不相同,一個舌位在前,另一個在後,因此國語的主要元音至少有八個。但因為這兩個音在國語中並沒有辨別

表一、國語單元音分類表

國際音標	注音符號	名稱	字例
[i]	ㄧ	前高展唇	壹、例
[u]	ㄨ	後高圓唇	屋、路
[y]	ㄩ	前高圓唇	淤、率
[a]	ㄚ	前低展唇	阿、辣
[ɔ]	ㄛ	後半低圓唇	喔
[r]	ㄜ	後半高展唇	婀、樂
[ɛ]	ㄝ	前半低展唇	列

字的功能，因此本文並沒有作嚴格的區分。除了上述主要元音外，國語中還有三個比較特別的元音。當我們發「字」、「次」、「思」時，尾音拉長所表現出的音就是[ʐ]。「治」、「赤」、「日」尾音拉長就是[ʐ]。兩個音的差別在於舌位一前一後，[ʐ] 是舌尖前元音，[ʐ] 是舌尖後元音。另外再加上兒化音，即常稱的捲舌音 [ɚ] ，這三個音之所以稱為舌尖元音，是因為氣流成阻的方式不是用舌面，而是舌尖。

二、其它的元音類型

再來介紹複元音（diphthongs）。複元音顧名思義就是由兩個單元音組合而成的音，如國語注音符號中的ㄞ、ㄟ、ㄠ、ㄡ以及ㄧㄝ、ㄧㄚ、ㄨㄛ、ㄨㄚ。這些音是因為發音時，舌位與雙唇的型態並非維持固定不動，而是在很短的時間內，移動舌位以及改變雙唇開口大小，例如ㄞ是從 [a] 移向 [i] ，ㄧㄝ是從 [i] 移向 [ɛ] 。

通常發元音時，軟顎（velar）上提，氣流並不經過鼻腔。如果讓氣流同時經過口腔與鼻腔，所發的音稱為鼻化元音。這類元音在國語裡頭並不常見，但是卻普遍存在臺灣話中。我們說國語「他」的時候，雖然「他」的標音與「塌」相同，卻習慣將「他」鼻音化，是個很特殊的發音。又如臺語的「天」[thi] 和國語的「踢」[thi] ，兩者最大的不同就是有無鼻化的現象。

　　另外有些語言的元音還有長短鬆緊之分，如英語的長音 [i]　與短音 [ɪ] 發音時肌肉緊張程度不相同，[i]　較緊而 [ɪ] 較鬆，國語或臺語似乎並無此種長短之分。

三、關於構音分類的一些問題

　　前面提到用以分類元音的方式是以舌位的水平方位與垂直方位，即高低與前後兩個向度加以定位，此方法早於一八六七年由 Alexander Melville Bell 所創，而後 Henry Sweet 加以發展應用，所以通稱為「Bell－Sweet Model」。此模式的元音是由具有座標作用，位於極點的主元音，在等距離的觀點下定位出來的。至於等距的觀點是什麼？曾引起許多討論，因為從 x 光攝影所看到的舌位運動，要精確地判定舌位前後與高低位置是件不容易的事情，甚至同一個人在很短時間內發相同的音，舌位也並非完全相同，因此，測量舌位距離的差異是件困難的工作。換言之，舌位前後高低的等距事實上是個模糊抽象的概念。

　　　一些學者認為單以舌位來描述發音時的構音運動似乎過於簡化，轉而嘗試以舌面與硬顎兩側間接觸靠近的程度（lateral linguapalatal contact）來描述元音。Fletcher (1992) 在這方面作過許多相關的測量研究，他利用人工口蓋（ pseudo-palate ）放進說話者口中，上面佈滿感受器，可以測量到舌面與硬顎兩側邊緣的壓擠程度。結果發現前高元音 [i]　的感應點最多，幾乎滿佈於口蓋兩側，後高元音 [u]

只有靠近軟顎部位才有感應點，而低後元音 [ɑ] 幾乎沒有感應點，顯示口腔通道在發這三個端點音時，擠壓部位是從硬顎到軟顎到咽部。運用這樣的探測技術可以提供更多關於構音上的資料。

　　Fletcher 為了強調舌面與硬顎間擠壓接近程度才是形成不同元音的主因，曾作過有趣的研究。他找來六個七歲小朋友，固定上下牙齒距離三毫米，要這些小朋友發「EE」聲，而後依次降低下顎二毫米，直到無法再撐開嘴巴為止。依次降低的過程中，仍舊要求這些小朋友發「EE」。可以想見的是，這群小朋友為了不斷發「EE」，一定會努力地提高舌頭。將這些音用錄音機錄起來，請來幾位受過語音學訓練的人分別聆聽並標示這些音，結果發現這些記錄者依次寫出 [i]、[ɪ]、[ei]、[ɛ]、[æ]，可見努力提高舌位並無法完全補償硬顎與舌面接近程度減小的差距。因此想要解釋不同元音的成因，必須考量口腔中上顎與舌面緊縮的部位（location of the constriction）、緊縮的程度（size of the constriction）以及雙唇開口圓撮程度這三個因素，應該是一個比較全面而合理的說法。

四、從發展觀點看發音

　　就發展的角度來看，元音的學習應從構音比較容易的音開始，從而漸漸習得較複雜的構音。Bickley（1984）觀察十四個十四到二十四個月大的嬰兒學習說話的情況，發現

嬰兒對於高低元音的掌握早於前後元音的區別，而後才是介於中間的音還有捲舌音（引自 Fletcher, 1992）。Lieberman（1980）觀察五位小朋友從十六週成長到三歲，他發現從牙牙學語到說出有意義的詞彙，第一共振峰的變化較大也較早出現，接著才發生第二共振峰的變化（引自 Fletcher, 1992）。第一共振峰是元音高低的指標，第二共振峰與元音的前後向度息息相關，下一節介紹聲學特徵的時候會談到這些概念。第一共振峰的改變較早出現，表示舌位高低的控制對嬰兒來說是較容易的發音，因此嬰兒通常較早出現的是 [i]、[a] 等構音比較簡單的音。當然，另一個可能因素是這些音在話語中出現的頻率比較高，使得兒童在耳濡目染的情況下，較早習得這些語音。

五、元音的語言普遍性

Maddieson（1984）曾經對世界上各種不同語言所具有的元音進行調查，在其「Patterns of Sounds」一書中指出，以三百多種語言的單元音為母群，分析各種元音分佈的情形。其中高元音佔了百分之三十九，低元音佔百分之二十點五，介於高低中間的音約有百分之四十點五。若用前後的向度來區分，前元音有百分之四十，後元音佔百分之三十七點八，介於其中的元音約有百分之二十二點二。如以圓唇或展唇作區別，圓唇音較少，約有百分之三十八點五，展唇音則佔了百分之六十一點五。另外他發現在前元音中同時也是

展唇音的比例，佔了百分之九十四。後元音同時也是圓唇音佔了百分之九十三點五。

　　位於端點的 [i]、[a]、[u] 三個音是跨語言存在最普遍的音。以三百一十四種語言為例，有 [i] 的語言佔了百分之九十一點五；有 [a] 的佔百分之八十八；有 [u] 的佔百分之八十四。 Maddieson 認為 [u] 之所以較少，可能是因為 [u] 的聲學響度（acoustic intensity）太低，所以從演化的角度而言，不利其發展，但是發 [u] 時雙唇圓撮，容易以視覺來辨識，彌補了聲學上的缺陷。

　　另外，有多少語言的元音具有「長、短」或是「緊、鬆」之分呢？據 Maddieson 的描述，只有三個元音的語言並無長短的分別；話語中含有四到六個單元音的語言約有百分之十四點一有長短元音之分。如果是七到九種元音的語言則有百分之二十四點七；具有十個以上單元音的語言，像是英語，則有百分之五十三點八有長短元音的區別。

第二節　元音的聲學特徵

一、元音的基頻與共振頻率

　　語音信號的物理性質基本上是一段聲波，聲學特徵（acoustic characteristics）指的是語音信號所具有的物

理特性，如這些聲波的頻率（frequency）、振幅（amplitude）、時距（duration）等。相對於知覺向度，頻率是決定音調（pitch）高低的主要因素，振幅大小代表聲壓強弱，決定了音量響度（intensity），時間顯示的是說話的快慢及聲音長短。以頻率來說，基礎頻率與共振頻率的分佈是元音最重要的聲學特徵。什麼是基礎頻率呢？發音時聲帶振動的頻率就是基礎頻率（fundamental frequency 簡稱基頻或 F0），單位是赫茲（Hz），代表每秒鐘振動的次數，聲帶如果每秒振動一百次，基頻即為一百赫茲。基頻源自聲帶振動，因此屬於一種主動頻率，與聲帶的厚薄長短，以及說話的方式有關。努力拉緊聲帶，就好像拉長橡皮筋一樣，顫動會加快，因而基頻會變高。基頻常因性別、年齡及體位不同而有所差異。通常兒童的基頻高於女性、女性又高於男性，這就是男性的聲音聽來較為低沈的主要原因。另外，基頻的改變是造成聲調（tone）變化的主因。如果沒有基頻，即形成不振動聲帶的耳語音，區辨聲調會變得很困難，但是依然可以辨別不同元音，因為基頻對於元音的影響不大，反倒是共振頻率才是造成不同元音最重要的因素。

　　什麼是共振頻率？氣流通過咽腔、口腔或鼻腔時，因這條通道共振所產生的頻率，稱為共振頻率。共振頻率是被動的，決定於發音器官的形狀與體積。細短的笛子與長簫音色不同，主要就是形狀體積的差異使得共振頻率不同所致。在聲學描述上，將每次共振中聲壓最高的頻率稱為共振峰（formants），第一次共振能量最高的頻率，即為第一

共振峰（簡稱 F1）、第二次共振能量最高的頻率為第二共
振峰（F2），依此類推。從圖二 [i] 、[a] 、[u] 三個元音
的聲紋圖（spectrogram），可清楚看出共振峰分佈形態會
因為不同元音而有很大的差異，[i] 的 F1 很低而 F2 很高；
[u] 的 F1 與 F2 均很低。圖上的橫軸是時間，單位為秒；
縱軸是頻率，單位為赫茲，圖上兩條虛線的間隔是一千赫茲
；濃度愈黑表示能量愈強即聲壓愈大，單位是分貝（dB）。
聲紋圖可顯示出時間、頻率、聲壓三個向度的訊息，是聲學
分析極為有用的工具。

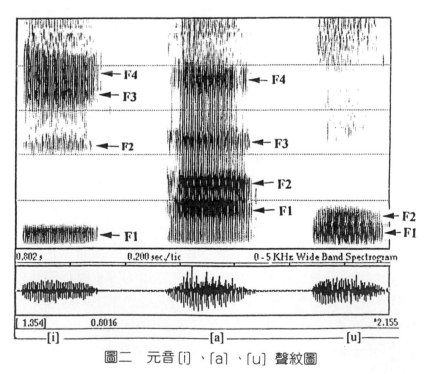

圖二　元音 [i] 、[a] 、[u] 聲紋圖

　　為什麼不同元音所形成的共振峰分佈形態會不一樣呢？回答這個問題前必須再介紹共振的概念。若用最簡單的管子來模擬喉腔到口腔這條通道，管子的一端封閉代表聲門的閉合，另一端打開代表雙唇的開啟。當聲門振動時形成聲波，如果以最簡單的正弦波來解釋，此波的最高振幅是在四分之一波長時，此時共振頻率的能量最大。頻率是單位時間內振動的次數，等於速度除以波長，因此可得到一個公式來計算共振頻率：

$$F = C/\lambda$$
$$Fn = (2n-1)C/4L$$

　　公式中的 n 是整數，C 是音速，L 是管長，λ 是波長。音速通常是每秒 35000 公分，因此一位男性成人的管徑若是 17.5 公分的話，第一次共振應該是 500Hz，即 F1＝500Hz。第二次共振是在四分之三波長時，因此 F2 是 1500Hz，依此類推計算，F3 是 2500Hz。可以發現共振頻率並不是整數倍，而是奇數倍地增加，並且共振峰頻率主要由管子的長度來決定。這是最簡單的模擬方式，稱為管徑共振模式（tube resonance model）（圖三）此模式顯現的共振峰數值依序成等量增加，但元音中只有央元音 [ə] 的共振峰分佈接近這樣的形態，因為此共振模式的前題是這根管子的口徑大小必須從頭至尾維持一致，而且不能彎曲。然而人類發音器官並非如此，它不僅彎曲，並且口徑橫切面擠壓的部位與大小會隨著發不同音而改變，亦即這條管子的形狀與體積時常變

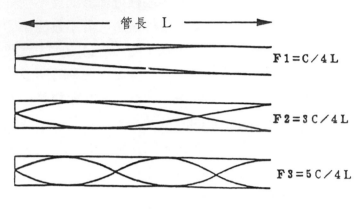

圖三　管徑共振頻率模擬圖

化，共振特性自然也隨之改變，這就是為什麼不同元音具有不一樣的共振頻率。因此要解釋元音聲學上的特性必須加上其它因素的考量，尤其是口徑橫切面擠壓的程度，即舌面與硬顎或軟顎緊縮的程度，以及雙唇開口大小等等因素。

　　上面介紹了基頻與共振頻率的基本特性，接著再進一步描述發音的聲學理論。發音機制可概分成三個階段，首先是喉頭聲門的啟閉以產生聲音。接著是咽腔、口腔這條主要通道對氣流所造成的改變，即產生共振的特性。而後是氣流自嘴部釋出時，受到外界氣壓的影響所形成的變化。音源濾波理論（the source-filter theory）的描述即統合這三個歷程的運作（圖四）。第一部份是聲音的來源（source），即聲帶振動的特性，其形成的頻率與音量關係以函數 U(f) 來表示。基頻的能量最大，越高倍的諧振（harmonics）能量越小，通常每一個音階（octave）音量會減少十二分貝。第二

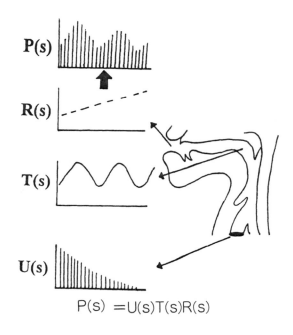

$$P(s) = U(s)T(s)R(s)$$

圖四　音源濾波理論（The source-filter theory）模擬圖

部份是咽腔、口腔的共振特性，視成是一種濾波轉換函
數（transfer function, T(f)），這部份的作用就像是濾波
器（filter）一般，使某些諧振通過時可以保有最大能量，
抑或是削弱某些諧振的能量，能量最大的中心頻率即為前面
提到的共振峰。此共振特性隨口徑長短、擠壓的部份和擠壓
的程度不同而改變。最後部份是嘴部釋放氣流的影
響（radiation characteristic, R(f)），氣流從口中釋出至外
界，類似於一種高頻的濾波器（high-pass filter），對於高
頻能產生較大的共振，通常每一音階約略增加音量六分貝。

若用數學函數式來描述這三方面的影響,可以寫成 $P(f)=U(f)T(f)R(f)$,f 是頻率,$P(f)$ 代表最後形成的元音頻譜(spectrum),頻譜圖上的縱軸是音量,橫軸則是頻率。以往在描述元音聲學特性時,常將聲門〔U(f)〕與嘴部 [R(f)] 的作用視為穩定不變的參數,造成元音聲學差異的主要原因是通道共振型態不同使然。但是近來一些研究指出,音源與濾波(source and filter)機制之間並非全然獨立,彼此具有關聯,尤其對於嗓音或構音障礙者的語音清晰度相互會產生影響(Kent, Dembowski & Lass, 1996)。

　　前面提及管徑共振模式用以模擬元音的聲學特性過於簡化,干擾理論(perturbation theory)的描述則可補其不足之處。干擾理論應用通道擠壓會改變流體速率(volume velocity)的概念,指出當擠壓部位靠近流體速率最大的波節(node)時,共振峰會變低;反之,當擠壓部位靠近流體速率最小的反波節(antinode)時,會增高共振峰。這邊所謂共振峰的減低或增高,是以管徑共振模式的標準值作為比較基準。依此標準,第一個共振具有一組波節與反波節,第二共振則有兩組,第三共振有三組,依此類推。第一個共振的波節靠近雙唇、齒槽(alveolar ridge)處,反波節位於聲門(glottis)、咽部(pharynx),所以壓縮部位若是愈靠近聲門則 F1 會愈大。第二共振的波節位於軟顎(velar)和雙唇、反波節位於聲門和齒槽。同理可量出第三共振的波節約略在咽部、硬顎與齒槽之間及雙唇處,反波節則是聲門、軟顎、齒槽與雙唇間。運用上述的規則,對照

於發每個元音的壓縮型態，即能瞭解不同元音的共振峰分佈
情形。例如發 [i] 時的擠壓部位靠近齒槽處，造成 [i] 的 F1
很低而 F2 很高，兩共振峰差距很遠；發 [a] 時擠壓的部位
接近舌根與咽喉之間，因此 [a] 的 F1 很高但 F2 比較低，
兩共振峰較為接近；另外，如果雙唇擠壓程度很大時，那麼
F1 與 F2 都很低，如 [u] 。

　　筆者曾以男女大學生各十人為發音樣本，以聲學分析的
方式，分別記錄國語及臺語單元音的基頻及共振峰頻率，其
數值分列於表二和表三（黃國祐與曾進興，民 83）。從表
中可約略看出高元音的基頻較大，而低元音則較小，符合一
般發聲原則，但是差距並不大。男性的基頻約在 125Hz 上

表二、國語單元音基頻及共振峰平均值（）內為標準差　單位：Hz

		i	u	y	a	ɔ	ɤ	ɛ	ɚ
F0	男	127(16)	136(19)	129(16)	124(18)	125(18)	128(16)	127(19)	128(19)
	女	242(28)	243(28)	241(23)	232(28)	237(28)	238(29)	237(28)	237(31)
F1	男	293(31)	326(34)	300(32)	836(85)	579(52)	554(40)	561(49)	527(77)
	女	347(71)	415(42)	364(59)	1053(102)	672(44)	661(60)	631(77)	608(52)
F2	男	2274(150)	877(102)	2033(100)	1358(91)	1037(172)	1382(90)	1898(389)	1361(123)
	女	2852(115)	950(217)	2421(150)	1658(126)	1194(250)	1662(282)	2324(282)	1666(86)
F3	男	3186(191)	2449(329)	2478(141)	2633(211)	2700(234)	2640(194)	2764(132)	2478(411)
	女	3653(157)	3074(271)	2807(87)	3032(269)	3167(228)	3140(224)	3183(166)	2642(301)
F4	男	3755(147)	3518(357)	3474(117)	3648(405)	3599(264)	3554(314)	3766(226)	3550(440)
	女	4412(105)	4109(216)	3897(148)	4101(282)	4000(160)	4162(268)	4311(87)	3794(243)

表三、臺語單元音基頻及共振峰平均值（括號內爲標準差）

單位：Hz

		i	ɤ	u	e	ɔ	a
F0	男	128(12)	128(16)	128(15)	126(15)	125(16)	121(16)
	女	240(24)	229(25)	243(28)	233(27)	231(29)	228(29)
F1	男	272(36)	517(41)	347(58)	507(50)	606(49)	816(75)
	女	323(46)	575(76)	392(37)	575(55)	647(58)	1060(97)
F2	男	2270(164)	1109(148)	808(86)	2062(111)	1001(98)	1370(73)
	女	2907(123)	1205(246)	977(152)	2404(240)	1059(54)	1686(135)
F3	男	3282(138)	2637(193)	2490(288)	2747(95)	2484(324)	2552(179)
	女	3736(128)	3036(400)	2801(526)	3125(267)	2986(365)	2827(223)
F4	男	3825(182)	3532(168)	3470(304)	3678(194)	3455(294)	3704(282)
	女	4429(96)	4033(345)	3919(593)	4227(391)	3929(248)	4069(299)

下，女性約為 235Hz 左右，高於男性約 110Hz，當然其數值會因年齡或發聲方式等因素改變。基頻並不會因不同元音而有明顯變化，表示聲帶振動的速度並不因發不同元音而產生很大的改變。共振峰則隨著不同的元音而具有明顯相異的分佈型態，第一共振峰從高元音 [i] 到低元音 [a] 依次遞增；第二共振峰則是由前元音 [i] 到後元音 [u] 依序遞減，換言之，F1 可作為元音高低的指標，F2 則是前後元音的辨別標準，由聲學上的數據來區別元音，比起單從舌位運動的生理向度可能更加客觀。以國語資料為例，F2 為縱軸、F1 為

橫軸，標示出的圖五更能清楚地看出 F1 與元音高低、F2 與元音前後的關係。第三共振峰以 [i] 明顯最高，其餘則差異不大。更高頻的共振峰，如 F4 的差別並不大，顯示前幾個共振頻率（F1、F2、F3）對於元音的區辨具有較大的影響。國語捲舌音 [ɚ] 的測量變異性較大，就構音形態而言， 捲舌音的 F2 會與 F3 極為接近，然而這些發音樣本幾乎都是國臺語雙聲帶，而臺語中捲舌音幾已消失，也使得大部分的發音樣本所發的捲舌音可能不標準，反而近似於央元音 [ə] 。

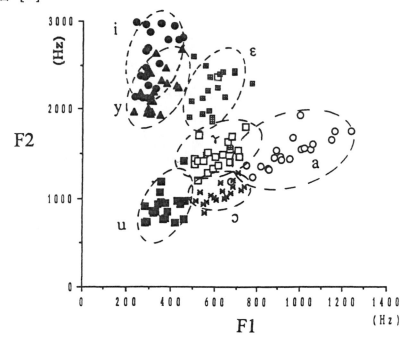

圖五　國語主要單元音 F2/F1 分佈圖

二、元音的聲壓

前面提到頻率與元音的關係，接著要談談元音的聲壓。聲波的壓力稱為聲壓，單位是每平方公分上有幾達因的力（dyne/cm²），聲壓指的並非是單個空氣粒子的活動，而是所有空氣粒子合起來的壓力。人類的聽覺器官可以感覺到的聲壓範圍約從 0.0002 達因／平方公分到 2000 達因／平方公分，但是這麼大的聲壓範圍，使用起來非常不方便，因此便將它轉換成比率上的對數，也就是我們常用的分貝（dB）。分貝的使用源於信號噪音比率（signal to noise ratio）的觀念，簡稱信噪比（S/N）。信號指的是想要聽到的目標聲，而噪音則是信號背景的聲音，如果我們想要在雨聲中聽到打雷聲，打雷聲就是信號，雨聲就是噪音。分貝的使用是以 10 為底的常用對數作為轉換公式，公式是：K（dB）＝$20\log_{10}$S/N，如將人耳所能感覺到的最小聲壓 0.0002 達因／平方公分視成信噪比中的噪音，而信號強度是 2000 達因／平方公分，K＝$20\log_{10}$ 2000/0.0002＝140，單位是分貝，也就是說人耳的聽覺範圍是在 140 分貝之內，所以分貝是一種相對的比率單位，而不是絕對單位。

說話時的聲壓並非固定不變，它會一個音接著一個音不斷的改變。一般說來聲帶振動會產生較大的氣壓，因此元音的聲壓會比輔音大，濁輔音會比清輔音大。元音的聲壓也彼此不同，通常低元音比高元音大，因為發低元音時口腔前部

空間大，後方空間小，送出的氣壓較大，因此 [a] 可能是聲壓最大的元音。[u] 則是口腔前部空間小，後方大，因此聲壓較小。除了元音本身的聲壓會不同之外，事實上單單一個元音中的不同共振峰也有著不一樣的聲壓。早在一九五二年，Peterson 和 Barney 所發表一篇極為重要的文章中，曾報告他們測量美語十個元音的共振峰及聲壓數據，發現第一共振峰的聲壓最高，第三共振峰聲壓最低，顯示能量大都集中在前面的共振頻率。

第三節　元音的知覺

前面談到共振頻率的型態是元音最重要的聲學特性，同時它也是用以辨別元音的主要線索。談及元音的知覺，大體而言有二個主要問題，第一個問題是我們的聽覺器官如何分辨出不同的元音，像是 [i]、[a]、[u] 不同性質（quality）的音，它們的知覺邊界（perceptual boundary）在哪裡？以心理學的角度而言，即在釐清元音辨識的知覺範疇（vowel categorization）。另一個問題是不同說話者的語音，例如男生與女生同樣發 [i]，兩個 [i] 的物理特性可能有很大的差異，尤其在頻率上具有很大的不同，為什麼我們似乎能夠毫不費力地知道都是 [i] 的音？此種聽覺上「異中求同」的現象我們稱為是正規化（normalization）的過程。

一、元音的辨識

　　首先談元音辨識的問題。分辨不同元音所運用的線索通常分成兩類，一類是外在訊息（extrinsic information），另一類則是內在訊息（intrinsic information）。外在訊息指的是語言經驗會影響音的判斷，例如日本人對於 [r] 與 [l] 的分辨往往很差，因為日語中少有 [r] 這個音。語言脈絡效果（contextual effect）也會影響音的感知，例如有人說：「下雨天要撐一『　』」，在這句話的語言情境裡，空格中的字如果不是「傘」你一定會覺得非常奇怪，因為先前出現的語言脈絡已經提供了許多訊息，告訴我們「傘」即將出現。因此，元音前後若加上輔音而形成詞彙，詞彙知識可能會影響元音的判斷。另外，視覺線索（看到發音口形）、說話速度與清晰度都可能會影響元音的分辨。

　　內在訊息指的是元音本身具有的聲學特徵，像是長度、聲壓、頻率等等特性，尤其是前面提及的共振峰一直被視為是辨識元音最關鍵的物理參數。對於內在訊息的探究，語音學家與心理學家常使用兩種方式來尋求答案，一種是聲學分析的方式，例如先前提到的 Peterson 和 Barney（1952）的研究。他們以 33 位男性，28 位女性及 15 位兒童為發音樣本，測量美語十個單元音的基頻與前三個共振峰，試著由大量的發音資料中，找出不同元音的共振峰邊界。Peterson 與 Barney 的貢獻除了花很長的時間建立美語元音聲學

資料庫之外，其著名的元音 F2/F1 分布圖（可參考圖五亦同理），顯示出一項非常重要的訊息：雖然不同說話者的 F1 與 F2 具有明顯差異，但圖上元音的分佈似乎各自集中於一定範圍的集合內，雖然各範圍大小不一且有些部分稍有重疊，但是 F2 與 F1 之間可能具有某種關係，並不因說話者不同而呈現非常凌亂的分佈，此概念成為後來知覺研究一個相當重要的基礎。

　　另一種方法則是進行心理物理偵測（psychophysical-test），即變化刺激的物理性質，看看在心理向度的感知上是否會有相對應的改變，而這類的研究常運用人工合成音作為偵測刺激。早期 Carlson, Fant 和 Granstrom（1975）的研究，操弄共振峰頻率，控制 F1 和自然語音的 F1 一樣，但是變化 F2，要受試者自己調整 F2，使刺激聽起來像是所指定的元音（同理可控制 F2，調整 F1）。結果發現受試者通常只要利用 F1 與 F2，就能夠有很高的正確率，並且發現 F1 對於前元音的辨識較重要，F2 對於後元音較為重要，為什麼呢？因為受試者所調整的 F2 值，在前元音時（如 [i] ）相距於自然語音的 F2 標準值差異很大；但是對於後元音（如 [u] ），受試者自己所調整的 F2 和自然音標準值幾乎一致。Hose, Langner 和 Scheich（1983）使用類似的心理物理測量方式，以 F1 和 F2 為操弄指標，偵測德語元音的辨識邊界（引自 Rosner & Pickering, 1994）。這樣的偵察作業源於「範疇知覺」（categorical perception）的現象，也就是說，物理上的向度是連續的，但是知覺向度卻是

全然分立的現象。例如固定 F1 的數值為 200Hz，F2 則是從 500Hz 逐步增加 100Hz 一直到 2000Hz，那麼總共有十六次嘗試，每出現一次刺激便要求受試者回答聽到的是什麼音，結果會發現受試者在第六次之前的嘗試都回答聽到 [u]，第七、八、九次的嘗試有些說聽到 [u]，而有些聽到 [y]，第十次嘗試以後，也就是 F2 是 1400Hz 以上則全都聽到 [y]。在知覺上這樣壁壘分明的現象告訴我們，物理向度和知覺向度並不是全然對應的關係，兩個世界的量尺具有不一樣的單位。

　　需要強調的是，F1 與 F2 是元音辨識的重要線索，但是不同人的發音，共振峰頻率可能差異很大，例如某一位成年男性發 [i]，共振峰可能是「F1＝293Hz、F2＝2272Hz」，一個成年女性同樣發 [i]，共振峰卻可能是「F1＝347Hz、F2＝2852Hz」，因此我們無法以單一頻率來解釋元音辨識，共振峰之間的某種比率關係才是關鍵因素，這是前面曾經提及的一個重要觀念。

二、元音正規化問題

　　再來談談元音知覺研究的另一大議題，當元音放在不同的語言脈絡中，或是說話速度改變時，或是不同說話者，元音本身的物理特性多少會有所改變，但是我們為什麼都能聽出是同樣的音呢？這類的現象稱之為元音恆常性（vowel-constancy）或是元音正規化。

　　元音放在不同的語音脈絡中，聽者或許可憑藉本身的語言經驗，以及對於詞彙的掌握來判斷語音信號的內容。比方說，一個人很快地說出「　螞蟻正在搬家　」，雖然速度極快，但因為憑著對「螞蟻」詞彙的理解，所以聽者能夠藉由「螞蟻」知道有 [i] 的音，這樣的作用，心理學上稱之為高層影響低層，或是從高層至低層的處理歷程（top-down processes）。

　　另外關於不同說話者的正規化研究，是否在辨識元音時，對於同一個人的發音，即聆聽同樣的嗓音，會比聆聽許多人發音，即面對多種不同的嗓音來的好呢？答案應該是肯定的。Mullennix, Pisoni 和 Martin（1989）曾針對這樣的問題進行研究，他們的作法是讓受試者在兩種情況下辨別有沒有指定的目標元音，一種情況是所有的語音刺激都由同一個人發音，另一種情況是語音刺激分別由不同的十五個人發音，兩種情況的背景噪音是相同的，結果顯示受試者在相同嗓音的情況下，辨識元音的正確率與反應時間都比十五種不同嗓音的情況來的好。此實驗表達的重要意義是，對於不同嗓音的正規化歷程需要花費心智能量，並非全然毫不費力。Kakehi（1992）的研究則指出對於不同嗓音的適應大約只需四到五個音節就能表現的很好，也就是說從一種嗓音跳到另一種嗓音的適應時間非常迅速，因而在一般場合中，我們可以同時與多人交談而顯得輕鬆自若。有趣的是，對於不同嗓音的正規化能力，並不須花很長時間學習，甚至可能不需要語言經驗。在 Kuhl（1983）的研究中，他訓練六月大的

嬰兒聽到 [a]　頭轉向右，聽到 [i]　則轉向左，訓練完成後，讓他們聽聽不同的人所發的 [a]　與 [i]　，結果發現這些嬰兒對於其他嗓音並不會產生困難，聽到 [a]　依然會頭向右轉，聽到 [i]　會向左轉，顯示他們對於不同嗓音具有類化的能力，也使得研究者認為嗓音正規化的能力似乎只是一種聽覺的特性，不需要動用到高層的認知成份。

　　近年來一些學者研究正規化的問題，與一種對應於人類聽覺系統特性的巴克量尺（Bark scale）有關。巴克量尺的產生源自臨界頻寬（critical bandwidth）的觀念。什麼是臨界頻寬呢？在聽覺系統中，一個信號如果受到另一噪音影響，會降低對信號的接收敏感度（sensitivity），發生遮蔽現象（masking）。當一個固定頻率的單音信號被一個寬頻的噪音遮蔽時，若遞減該噪音的頻寬並測量信號的聽覺閾值，會發現當噪音頻寬減至某一程度時，單音信號的閾值會突然下降，聽覺敏感度增高，此時的頻寬稱為臨界頻寬。臨界頻寬與頻率的關係，經過學者的多方測量，並非呈現線性相關，而是一種非線性函數的關係。Zwicker（1961）藉由多次的心理聲學實驗（psychoacoustical experiments），從 20Hz 到 15500Hz 之間偵測出 24 個不同頻寬的臨界頻率帶（critical band），這些頻率帶扮演類似濾波器的角色。就 生 理 基 礎 來 說 ， 一 個 頻 帶 的 範 圍 對 應 於 內 耳 基 底膜（basilar membrane）約 1.3mm 的距離，大約包含 1300 個耳蝸神經元（cochlear neurons）。Zwicker 與 Terhardt（1980）提出一個計算臨界頻帶的公式：

$$Zc = 13\arctan\,(\,0.76f\,) + 3.5\arctan\,(\,f/7.5\,)^2$$

f 是信號的頻率（單位是 KHz）。Zc 稱為臨界頻帶率（critical-band rate），其單位是巴克（bark），一個單位的臨界頻帶即為一巴克，此單位名稱是為了紀念音量單位的創造者 Barkhausn 而取名為「巴克」。巴克量尺用以描述人耳對頻率的敏感程度，是一種知覺量尺。根據 Chistovich 和 Lublinskaya（1979）的研究指出，3 到 3.5 巴克是區辨元音邊界的指標，換句話說共振峰之間的差距若小於 3.5 巴克，聽覺機制會將之視成同樣的信號表徵。Syrdal 與 Gopal（1986）依據 Chistovich 等人的觀念，將 Peterson 和 Barney 所測量的共振峰與基頻值換算成巴克值，並計算各共振峰間的差距，結果發現高元音的 F1 減去 FO 的巴克差值小於 3 巴克，低元音的 F1 減去 FO 的巴克差值大於 3 巴克；前元音的 F3 減 F2 的巴克差值小於 3 巴克，後元音則大於 3 巴克。表示 F1 與 FO 的巴克差值可作為判定高低元音的指標，F3 與 F2 的巴克差值可作為判定前後元音的指標，以此來作為不同元音的區辨，能減小不同說話者所產生的聲學變異性，達到正規化的目的。Syrdal 與 Gopal 認為，在聽覺信號處理初期，共振峰之間的巴克差異，能夠顯示周邊聽覺系統的興奮型態，但是到了語音處理階段，共振峰之間的差距就以是否超過 3 到 3.5 個巴克來分類語音。而這表示，縱然語音信號中聲學線索的變異很大，但是經過符合聽覺原理的巴克量尺加以轉換後，人耳對元音的辨識便得

到統一穩定結果。

　　類似此種知覺量尺的討論，是目前語音知覺研究相當熱門的課題。語音現象極為複雜卻與生活息息相關，希望能有更多對語音研究感興趣的人一起投入解謎的工作。

參考文獻

何大安（民 82）：聲韻學中的觀念和方法。臺北：大安出版社。

黃國祐與曾進興（民 83）：元音聲學特徵的性別差異及正規化：以國語及臺語為例。第四屆世界華語文教學研討會論文集，語文分析組，p403-426。

Carlson, R., Fant, G., & Granstrom, B.(1975). Two-formant odels, pitch and vowel perception. In G. Fant., & M.A.A. Tatham (Eds.). Auditory analysis and perception of speech. London: Academic Press.

Catford, J. C. (1981). Observations on the recent history of vowel classification. In R. E. Asher & J. A. Henderson (Eds.). Towards A History of Phonetics. Edingburgh: Edingburgh University Press.

Chistovich, L. A., & Lublinskaya, V. V. (1979). The "center of gravity" effect in vowel spectra and critical distance between the formants: Psychoacoustical study of the perception of vowel-like stimuli. *Hear. Res.* 1, 185-195.

Fletcher, S. G. (1992). Articulation: A Physiological Approach. San Diego: Singular.

Kakehi, K.(1992). Adaptability to differences between talkers in Japanese monosyllabic perception. In Y. Toh-kura., E. Vatikiotis-Bateson., & Y. Sagisaka. (Eds.). Speech perception, production and linguistic structure. Tokyo: IOS Press.

Kent, R. D., Dembowski, J. & Lass, N. J.(1996). The acoustic characteristics of American english. In N.J. Lass (Ed.). Principles of experimental phonetics. St. Louis: Mosby.

Kent, R. D. & Read, C.(1992). The caoustic analysis of speech. San Diego: Singular.

Kuhl, P. K.(1983). Perception of auditory equivalence classes for speech in early infancy. *Infant Behavior and Development*, 6, 263-285.

Maddieson, I. (1984). Patterns of sounds. Cambridge: Cambridge University Press.

Mullennix, J. W., Pisoni, D. B., & Martin, C.S.(1989). Some effects of talker variability on spoken word recognition. *J. Acoust. Soc. Am.*85, 365-378.

Peterson, G. E., & Barney, H. L. (1952). Control methods used in a study of the vowels. *J. Acoust. Soc. Am.* 24, 175-184.

Rosner, B. S., & Pickering, J. B. (1994). Vowel perception and production. Oxford University Press.

Sydal, A. K., & Gopal, H. S. (1986). A perceptual model

of vowel recognition based on the auditory repre-
sentation of American English vowels. *J. Acoust. Soc.
Am.* 79, 1086-1100.

Zwicker, E. (1961). Subdivison of the audibal frequen-
cy range into critical bands (Frequenzgruppen). *J.
Acoust. Soc. Am.* 33, 248.

Zwicker, E., & Terhardt, E.(1980). Analytical expres-
sions for critical-band rate and critical bandwidth as
a function of frequency. *J. Acoust. Soc. Am.* 68,
1523-1525.

第 2 章

輔音的聲學特性

曹峰銘

　　輔音（consonants）的語音聲學（acoustic-phonetics）特性，相較於元音（vowels）而言，是複雜多了（Kent & Read,1992）。所有的元音，基本上都可以用相同的聲學特性來描述，比如說，共振峰（formant）頻率。然而輔音本身有著許許多多不同的特性，因此也就難用一致的聲學特性來描述它們。某些輔音包含明顯的噪音（noise）成份，但是有的幾乎看不到噪音存在。而產生某些輔音的過程中，口道（vocal tract）需要完全阻斷（blockage），但是有的輔音只需將部份的口道窄化（narrowing）。某些輔音以口道為主要的構音器官，但是另一部分的輔音構音器官還包含鼻腔（nasal cavity）一起運作。由於輔音產生的方式有如此多樣的面貌，輔音的聲學特性也隨著有多彩多姿的表現。

第一節　輔音和元音的構音差異

　　輔音和元音在構音機制上的主要不同，即在發聲時氣流自聲帶流到口腔再進入外界的通路上是否受到障礙，也就是口道是否產生阻塞（constriction）。元音的產生過程中，不需要口道的阻塞，而產生輔音時口道總是受到不同程度的壓縮及阻塞。輔音產生之際，口道受到壓縮的部位稱為構音部位（articulation place）（參見圖一，口道側視圖）。會使口道空間變窄的器官可以概略分為唇（labial）、舌葉（coronal）（包含舌尖及舌面）及舌根（dorsal）三類，這也

是多數語言當中主要的構音部位（Ladefoged,1993）。因此，依照構音部位的差異，將輔音分成雙唇音、舌尖音、舌面音及舌根音。

　　在輔音產生過程中，口道所受到的壓縮程度音因某一種輔音類別而異，即是所謂構音方式（articulation manner）差異。因此按照構音方式的差別，也可將輔音分門別類。如果在輔音的產生過程中需要口道一段時間完全地阻塞，就稱為塞音（stop）。而口道部分緊縮則是塞擦音（affricate）

圖一　輔音構音部位——

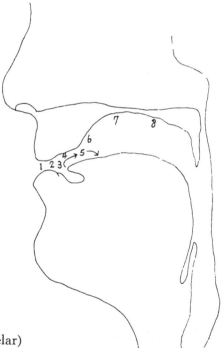

1. 雙唇 (bilabial)
2. 唇齒 (labio-dental)
3. 舌尖前 (dental)
4. 舌尖 (alveolar)
5. 舌尖後 (retroflex)
6. 舌面 (palatoalveolar)
7. 硬顎 (palatal)；8. 舌根 (velar)

或擦音（fricative），幾乎沒有阻塞的是流音（liquid）。口道完全阻塞，但是氣流經由顎咽閉（velopharyngeal port）流進鼻腔，再由鼻腔釋出體外的是鼻音（nasal）。

在正式進入輔音聲學特性之前，有兩點要提醒讀者。第一點本文以輔音構音方式作為介紹輔音聲學特性的順序。這是因為就聲學特性而言，各個輔音在構音方式上所表現差異，比構音部位所造成的不同來得明顯。第二點是，目前多數關於輔音聲學特性的研究，都來自於英語的使用者，所以基本上本文所引用的文獻通常以英語作為研究對象。不過，作者只引用英語和漢語有相似構音方式及部位的輔音。綜合

方式　　部位		雙唇	唇齒	舌尖前	舌尖	舌尖後	舌面	舌根
塞音	不送氣清音	p ㄅ			t ㄉ			k ㄍ
	送氣清音	p^h ㄆ			t^h ㄊ			k^h ㄎ
塞擦音	不送氣清音			ts ㄗ		ts ㄓ	tc ㄐ	
	送氣清音			tsh ㄘ		ts^h ㄔ	tc^h ㄑ	
擦音	清音*		f ㄈ	s ㄙ		ʂ ㄕ	ç ㄒ	x ㄏ
	濁音*					z ㄖ		
鼻音	濁音	m ㄇ			n ㄋ			ŋ
邊音	濁音				l ㄌ			

表一　　　　　　　　　　*清音代表聲帶不振動，濁音代表聲帶振動

以上兩點，本文以輔音構音方式的差異，分門別類地介紹塞音、擦音、塞擦音、鼻音及邊音；而且多數援用英語的資料作為佐證。請參見表一，漢語輔音的分類。附帶一提，本文以國際語音學會所制定的寬式音標符號（International Phonetic Alphabet, IPA），作為語音的標示系統。

第二節　塞音

　　基本上，在產生塞音的過程中，氣流的通路必須有一小段的時間是完全封閉的。在漢語當中，口道會發生阻斷的部位有三處，它們分別是雙唇、舌尖及舌根。因此漢語的塞音包含雙唇音（bilabial）/p/（ㄅ）、/pʰ/（ㄆ），舌尖音（alveolar）/t/（ㄉ）、/tʰ/（ㄊ）以及舌根音（velar）/k/（ㄍ）、/kʰ/（ㄎ）。塞音的氣流破除阻礙衝出口道之際，會形成一股急速的氣流，因此塞音有時候又稱為爆破音（plosive）。簡單地說，一個塞音產生的過程當中，首先必須口道完全地封閉，也就是成阻。然後口道內的阻礙消失，氣流流出口道之外，也就是破阻。

　　基於這樣的構音方式，我們看到元音之前的塞音，例如說在「八」、「趴」中的輔音，將會在聲紋圖（spectrogram）上看到以下的聲學特性（參看圖二）。首先是沒有能量可以偵測的閉合（closure）階段。因為此時的口道幾乎完全封閉沒有任何氣流可以流出口道，也就沒有能量釋出，所以聲紋圖上是一段空白。其次，在聲紋圖上可以見到

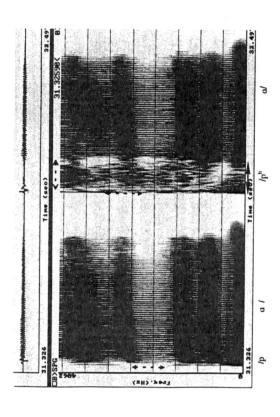

圖二　圖形上方為不送氣塞音(p)與送氣塞音(pʰ)的波形圖形，下方為頻譜圖，音標（IPA）。圖形以時間為橫軸，單位定秒。頻譜圖的縱軸為頻率，單位為 Hz，最高限為 4000Hz。說話者為成年男性。頻譜圖中的雙箭頭雙直線標示塞音的送氣階段，最下方的符號為國際而圖下的雙箭頭實線表示嗓音起始時間 (VOT)。

以雙箭頭標示的一道短暫垂直線，表示氣流突破阻礙衝出口道的階段。此時的氣流速度很快，而且氣流形成的噪音包含許許多多各種不同的頻率。這一道垂直線又稱為沖直條（spike 或 release burst），正常情況下沖直條延續的時間長度不出 5 到 40 毫秒的範圍。雖然它是如此地短暫，卻很早就引起聲學研究者的興趣（例如 Halle, Hughes, & Radley, 1957），而且廣為研究者所重視，應用於探討正常的成人、發展中的小孩以及各類型說話障礙者的塞音聲學特性（Kent & Read, 1992）。

　　塞音在沖直條之後，元音共振峰出現之前，有的塞音會產生一段送氣階段（aspiration）。讀者可以參考圖二，橫向的雙箭頭所標示的噪音區域為送氣階段。所以塞音可以再分類為送氣音或不送氣音。送氣的來源是因為氣管內的氣流通過部分閉合的聲帶進入口道時，所產生的一種磨擦音。類似於英語中，說出 hat 時的 /h/ 音。在 IPA 的音標符號當中，就以音標附加一個上標 h，[ʰ] 來表示送氣音。比如說，漢語「梯」音節首的送氣舌尖塞音就標為 /tʰ/。

　　英語塞音送氣與否並不具備明顯語義上的區辨作用，反倒是塞音產生時，聲帶是否同步振動才具有區辨語義的功能。也就是一般英語學習者所熟知的，有聲（voiced）輔音和無聲（voiceless）輔音的對比。相對而言，在漢語的塞音產生同時，並沒有聲帶的振動。有聲與否的對比因而不適用於漢語當中，反倒是塞音送氣上的差別，才有著明顯辨別語義的作用。例如「八 /pa/」和「趴 /pʰa/」的塞音構音部位

都是雙唇，兩者構音方式的差別在於「ㄅ」的塞音不送氣，
而「ㄆ」的塞音則是送氣的。在聲紋圖中（參看圖二）所見
兩者聲學特性的差別之處是，送氣的塞音在短暫的沖直條之
後，到元音共振峰出現之前的區域，尚能夠看到一段噪音區
域。而不送氣的塞音，就沒有看到這一種現象。

　　為了描述送氣音與不送氣音在時間特性上的差異，語音
聲學專家應用一個時間指標－「嗓音起始時間」（Voice
Onset Time，簡稱為 VOT）－來代表。簡單地說，嗓音起
始時間所指的是，自塞音釋放之後到聲帶振動之間（有時是
指元音第一共振峰 F1 出現）的時距。在聲紋圖上嗓音起始
時間的測量區段，是以沖直條出現作為起點，到聲紋圖低頻
區域出現代表聲帶振動的寬橫桿（voicing bar）為止。也
就如圖二所示，兩個箭頭之間的時長就是嗓音起始時間。

　　就英語而言，一個有聲塞音，如 bat 中的 /b/ 在雙唇打
開氣流釋放的同時，聲帶也開始振動。因此，可以假定一個
有聲塞音的嗓音起始時間分配（distribution），它的中
數（median）很接近零點。在少數的情況中，聲帶的振動
會比塞音沖直條還早出現，所以這時候的嗓音起始時間數值
就是負的。這種發聲在沖直條之前出現的情況，也稱之為「
提早發聲（prevocing）」或「發聲在前（voicing lead）」。
如果嗓音起始時間的數值只是很小的正值（例如 10 毫
秒），稱為「短暫的發聲延遲（short voicing lag）」。英
語有聲塞音的嗓音起始時間分佈範圍在負 20 毫秒到正 20 毫
秒之間，無聲塞音的嗓音起始時間分佈範圍則增加到 25 毫

秒，甚至延長至 100 毫秒。由於不可能以一個單一的數值，表示不同說話者或不同語音情境之下的嗓音起始時間。所以必須在此強調，只能以「範圍」來表示嗓音起始時間，而非使用單一的數字。一般而言，英語有聲塞音和無聲塞音的嗓音起始時間分佈範圍有所區別，有聲塞音在 0 毫秒到 20 毫秒之間，無聲塞音在 25 毫秒以上。但是在兩者交接的邊界上，存在 5 毫秒的灰色地帶（自 20 毫秒到 25 毫秒）。

　　漢語塞音產生的方式與英語略有不同，如同前面曾經說過漢語塞音產生的同時聲帶並不振動。因此可以假定漢語的嗓音起始時間分配不同於英語，而且是一個中數大於零的分配。而且相關的研究結果也顯示，漢語的送氣音與不送氣音的嗓音起始時間分配，彼此間的重疊程度較少。在一個古典的跨語言研究當中，Lisker 和 Abramson（1964）測量廣東話中音節首塞音，它的嗓音起始時間分佈範圍。他們的研究顯示不送氣音的分配中數在＋10 毫秒，分佈範圍在 0 毫秒到 25 毫秒之間。而送氣音的分配中數在＋75 毫秒，分佈範圍在＋60 毫秒到＋100 毫秒之間。石鋒（1990）指出漢語雙字詞的詞首塞音中，每個說話者自身的送氣音與不送氣音的嗓音起始時間分佈範圍彼此不重疊。不送氣音嗓音起始時間分佈自 0 到＋34 毫秒，而送氣音的嗓音起始時間分佈則為＋42 到＋129 毫秒。一個新近的研究結果來自於劉惠美（1996）。她使用常見的雙音詞作為語音對比，例如「變局－騙局」，以了解兩類塞音的分配差異。所測得的詞首不送氣塞音，其嗓音起始時間分配中數為＋13 毫秒，分佈範圍為 0

到＋38毫秒；而送氣塞音的分配中數增加到為＋76毫秒，
分佈範圍為＋21到＋143毫秒。顯示送氣音與不送氣音的分
配略為重疊，但是兩種分配的中數差距較英語明顯。附帶值
得注意的一點是，嗓音起始時間除了分辨送氣的差別之外，
還有隨著構音部位變化的趨勢。一般而言，雙唇音的長度最
短，舌尖音其次，最長的則是舌根音。

　　音節首的塞音產生之後，口道的形狀就由閉合轉換成產
生元音的形狀。伴隨著口道形狀轉換而來的聲學特性，就是
元音共振峰轉接（ formant transitions ）。讀者在圖三見到

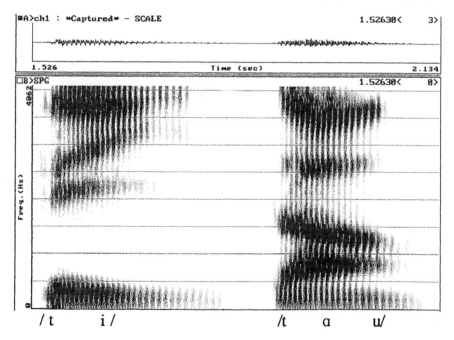

圖三（地道）的波形及頻譜圖，在頻譜圖上以方框表示共振峰轉接

不同斜向變化的橫條粗線，就是共振峰轉接。元音共振峰轉
接的型態對於塞音的知覺辨識而言，是一個極為重要的聲學
線索，而且很早就引起研究者的興趣（ 例如 Delattre,
Liberman & Cooper,1955 ）。

　　以上使用相當的篇幅來描述塞音的聲學及構音特性，目
的在提供概括性的觀點以做為進一步討論聲學特性的基礎。
底下將以這些基礎為出發點，提供關於塞音聲學特性的進一
步資料。接著要較為深入討論的特性有兩點，分別是沖直條
以及元音共振峰轉接。

一、沖直條

　　長久以來，塞音沖直條本身能量頻譜（ spectrum ）的變
化情形，就被看成標示塞音構音位置改變的一種聲學指標。
在圖四的塞音聲紋圖中，包含了 /pʰai/（ 拍 ），/tʰai/（
胎 ），/kʰai/（ 開 ）等三個塞音音節。由三者的沖直條能量
所涵蓋的頻率範圍來看，構音部位在雙唇的 /pʰ/，其分佈
的頻率最低；舌尖音 /tʰ/ 的能量分佈頻率最高；而舌根音
/kʰ/ 則有中等的能量分佈頻率。進行頻譜分析的工具需要
能夠精確分析頻率及強度數值，快速傅立葉轉換法（ Fast
Fourier Transformation, FFT ）及線性預測登錄法（
Linear Predictive Coding, LPC ）（ 請參照圖四 ）是較常
採用的方法。關於塞音沖直條的能量頻譜的一個早期研究（
Halle 等人，1957 ），提供一個有用的參照標準。在他們的

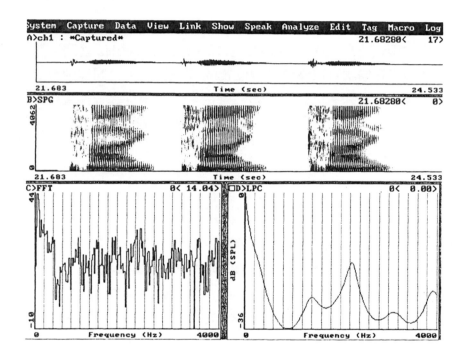

圖四　圖形上半部爲（拍）、（胎）及（開）的波形及聲紋圖，左
　　　下方爲（拍）沖直條的快速傅立葉分析 (FFT) 圖，右下方則
　　　是同一道沖直條的線性預測編碼 (LPC) 分析。

研究中，伴隨著雙唇音 /b/ 與 /p/ 的沖直條主要能量頻率出現在低頻地帶，大約是在 500Hz 到 1500Hz 之間。相對地，就舌尖音 /d/ 及 /t/ 而言，頻譜的主要能量集中地帶則提高至 4000Hz 以上。而舌根音 /k/ 與 /g/ 的能量集中地帶位在兩者之間，分佈的範圍在 1500Hz 到 4000Hz 之間。塞音沖直條頻譜可以標示構音位置的聲學特性，也同樣地可以在漢語中看到。以劉（ 1996 ）對雙字詞的詞首塞音沖直條頻譜研究為例，雙唇音 /pʰ/ 的能量集中地帶在低頻地區，沖直條最強能量集中地帶的頻率中數為 915Hz。相對來說，舌尖音 /tʰ/ 的最強能量頻率帶的中數為三種塞音中最高的，出現在 5225Hz。沖直條能量集中值介於兩類塞音中間的是舌根音 /kʰ/，其數值為 1638Hz。

　　雖然塞音沖直條的能量頻譜變化，可以用做構音部位改變的一項聲學指標。接下來的問題是，這樣的線索是否能被用做塞音知覺辨識的依據？由於本章的重點不在語音知覺，在此不針對這個問題做詳細的討論，而就以 Kent 和 Read（ 1992 ）回顧英語塞音知覺研究的結論作為結語。在某些情形下，由沖直條辨認出塞音是有可能的，但是還必須有其他不屬於這短短 40 毫秒之內的訊息來配合。它們是跟隨塞音之後出現的聲帶振動，在剛開始時的頻譜，也就是下面即將提到的共振峰轉接。另一項條件則是需要配合相對應的嗓音起始時間。

二、共振峰轉接

　　一般而言，在口道形狀改變的時侯，同時改變了聲學上的共鳴特性。這種聲學特性變化的持續時間，也就和引起此種變化的構音器官運動時間相當。換句話說，假如口道的構音型態由塞音的阻斷，轉變成元音的暢通型態需要 50 毫秒的時間，所見到的聲學特性轉換也就持續 50 毫秒。在塞音的構音機制中有一個相當固定的時間常數顯示，由塞音轉換成元音或者由元音轉換成塞音都需要 50 毫秒的時間。在這段 50 毫秒的時段裡，由聲紋圖中看到的是所有的元音共振峰頻率由標示塞音，轉換至各元音自身所屬的頻率地帶（請參照圖五）。如此短暫的時間也明顯地指出在構音機制上，形成塞音的構音器官必須經歷極為迅速的變動。

　　在圖五顯示了三個構音部位的塞音音節（/pa/，/ta/，

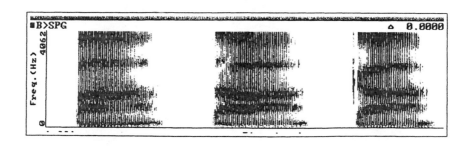

圖五：塞音音節 /pa/，/ta/，/ka/ 的聲紋圖

/ka/）聲紋圖，做為探討共振峰轉接的出發點，因為它們後面所連接的元音是相同的。就第一共振峰（F1）而言，都呈現由塞音到元音的上昇趨勢。以聲學理論解釋這種現象是因為，在產生塞音的阻斷期間中，第一共振峰的理論值非常接近於零點。所以當由塞音轉換至元音時，第一共振峰都將是上揚的趨勢。換言之，如果見到很低的第一共振峰，通常表示在輔音產生的過程中有著不同程度的口道壓縮。不過，第一共振峰理論上的零點只出現在硬管當中，而屬於軟管的口道其第一共振峰將只是很接近零點。

相對於第一共振峰單調上昇的趨勢，第二和第三共振峰的改變型態就複雜多了。從 /p/ 到 /a/ 的第二共振峰呈現些微的上昇趨勢，但是從 /t/ 到 /a/ 以及從 /k/ 到 /a/ 的第二共振峰則出現向下的趨勢。此種型態的出現，隱含第二共振峰或許可以做為塞音構音位置的聲學指標。相似的意涵，更可以因加入第三共振峰的型態而得以加強。例如，從 /k/ 到 /a/ 的第三共振峰轉接的上昇曲率，就比第三共振峰轉接從 /t/ 到 /a/，以及從 /p/ 到 /a/ 只有些微變化時的曲率大多了。如果觀察聲紋圖從 /k/ 到 /a/ 的第三共振峰轉接和第二共振峰轉接，還可以發現兩個轉接的型態很像一個「夾子」。由於在舌根音當中最容易看到這種夾子，所以又稱為「舌根夾（velar pinch）」（Odell, Greenwood & Coleman，1993）。總之，第一共振峰轉接似乎可以做為「構音方式」的線索，第二及第三共振峰轉接則可能成為「構音部位」的線索。

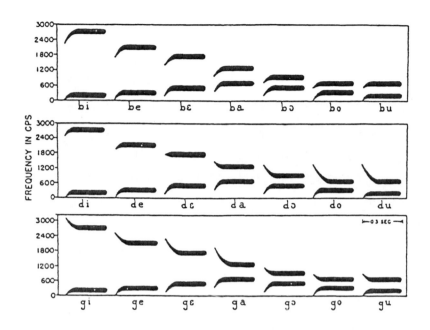

圖六 Delattre 等人 (1995) 所合成語音的第一與第二共振峰轉接的
型態。（引自 Delattre, P., Liberman, A., & Cooper,
F.S., 1995 ）

Delattre 等人（ 1955 ）合成像圖六的音節來探討這樣的
疑問。使用合成的語音而不利用自然的聲音，是因為自然說
話狀態下的共振峰轉接型態變化太大，不容易單獨看到共振
峰轉接所造成的影響。在圖六中所見到的第二共振峰轉接方
向有不同的型態，但是就三種塞音而言，似乎第二共振峰有
個別的起點。例如對有聲塞音 /b/ 而言，後接不同元音的
第二共振峰轉接都出現上昇的型態。此點與剛剛在圖五所做
的觀察結果相似，因此可以假設 /b/ 的第二共振峰起點位

於 600 到 800Hz 之間。對 /d/ 而言,第二共振峰起點大約在 1800Hz。對 /g/ 來說,情況就不是如此單純。因為 /g/ 雖然稱為舌根音,實際上並沒有固定的構音部位,而是隨著元音的不同做前後的調整。所以,/g/ 的第二共振峰起點有兩個,一個大約在 3000Hz,另一個大約在 1300Hz。後來在聲學上,就將共振峰起點稱做「定位點(loci)」。而且共振峰定位點的數值,剛好與以聲學理論所導出的不同構音位置的共振頻率一致。所以共振峰定位點,是有聲學理論為基礎的。

共振峰定位點的觀念雖然受到理論上的重視,但是在自然的語音當中,共振峰的起點不會定位在固定的頻率。在 Kewley-Port(1983)對自然語音所作的頻譜分析結果顯示,雙唇音的第二共振峰定位點大約在 1100 到 1500Hz 之間。舌尖音的定位點較為清楚,約在 1800Hz 的位置。舌根音的定位點在 1500 到 2500Hz 的範圍內。而且在時間因素列入考慮之後,沒有單一的第一、第二及第三共振峰可以很明顯地和構音部位有一致的關連性。因此,她的結論是每個部位的塞音,各自有固定共振峰定位點的假設,並沒有得到充分的數據支持。

雖然分別描述塞音沖直條及共振峰轉接,在人類語音知覺當中,兩種線索是互補關係。整合兩種線索的訊息,比任何單一的線索,更能有效提高語音辨識的效率。值得注意的一點是,共振峰轉接所提供的部位訊息可以運用到各種輔音當中。以即將談到的鼻音為例。鼻音和塞音的構音部位相

似，也有雙唇、舌尖及舌根的區分。因此不令人意外的，鼻音共振峰轉接的趨勢將會有相似的型態。

─摘要─

沖直條的出現、短暫的嗓音起始時間以及快速的共振峰轉接，標明塞音的構音型態主要是口道阻塞以及構音器官的快速運動。然而，每一種聲學特性所提供的訊息略有差異。嗓音起始時間的長短變化，做為塞音送氣與否的主要對比。沖直條頻譜以及共振峰轉接的型態，則同時形成構音部位的空間與時間線索。

第三節　擦音

漢語的擦音有六類，依照構音部位由雙唇向聲帶的方向前進，分別是唇齒（labiodental）─/f/（/ㄈ/）、舌尖前（apical-dental）─/s/（/ㄙ/）、舌尖後（也就是捲舌，retroflex）─/ʂ/（/ㄕ/）、/ʐ/（/ㄖ/）、舌面（alveolo-palatal）─/ɕ/（/ㄒ/）及舌根（velar）─/x/（/ㄏ/）。擦音和塞音在構音機制上有類似之處，它們都需要口道先縮小再放大的過程。兩者的差別在於產生塞音的時候，口道有一段時間的完全阻塞，而在產生擦音的過程中口道則因壓縮而呈現窄化的型態。擦音產生時，口腔內高速運動的

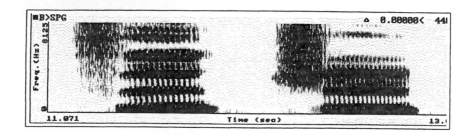

圖七　成年女性擦音（思）和（師）的聲紋圖，
頻率軸的上限爲 8125Hz

氣流通過狹窄的部位，因而導致「擾流」（turbulence）發
生，並且產生頻率極高的噪音。因此，由圖七的擦音聲紋圖
來看，辨認擦音的主要聲學特徵有兩項：㈠高頻地帶的噪
音，其分佈下限通常超過 3kHz，而上限往往超過 8kHz；
㈡缺乏因口道完全阻塞所產生的沖直條。

一、噪音時長

　　擦音並不是唯一會產生噪音的類別，在塞音和塞擦音當
中也能觀察到噪音。然而，擦音和其他語音類別不同的地方
在於噪音持續的時間較長，所以能經由此點區分出擦音。由
英語的研究就來看，這樣的時間特性和塞音的嗓音起始時間
並不相同，它沒有一定的數值範圍。這是因為擦音的噪音時
長，很容易隨著語音的情境而變化。英語的擦音 /s/ 時長在
輔音群（例如：speech 中的 /sp/）短至 50 毫秒，而在片語

首（phrase initial）中則延長至 200 毫秒。

　　因此關於擦音時間特性比較可靠的說法是，當塞音、擦音和塞擦音的語音情境相同時，擦音擁有最長的噪音音段。Shinn（1984）以有意義的輔音＋元音音節為材料，跨語言研究塞音、擦音和塞擦音的噪音時長。他的研究發現在漢語、捷克語和德語當中，存有下列的時間界限：塞音和塞擦音，68 毫秒到 78 毫秒；塞擦音和擦音，132 毫秒到 133 毫秒。換句話說，塞音噪音時長在 75 毫秒以下，而時長在 75-130 毫秒之間的是塞擦音，超過 130 毫秒的就是擦音了。另一個關於漢語擦音和塞擦音時長比較的結果，來自於劉惠美（1996）對雙字詞語音對比（例如，草地－掃地）的測量。結果也同樣顯示擦音比塞擦音的時間長，其中擦音的平均時長為 167 毫秒，塞擦音為 130 毫秒。值得一提的是在舌尖前、舌尖後及舌面三個構音部位當中，時長最短的是舌尖後音，而最長的則是舌面音。

二、噪音頻譜

　　由於噪音時長不能夠有效地反應擦音在構音位置上的差異，下一個分析位置的重點就是噪音的頻率分佈與強度。就噪音強度的知覺而言，舌尖前和舌尖後的強度較大，唇齒及舌根音的強度較小。所以按照強度的差別，擦音還可以分類為能量較強的尖擦音（strident），以及能量較弱的非尖擦音（nonstrident）。噪音強度的聲學測量值和知覺強弱的區

分一致，但是不足以明顯分辨出擦音構音位置。英語的研究顯示幾個擦音的強度範圍如後：/ʃ/（舌面音）－59-65dB；/s/（齒槽音）－57-68dB；/f/（唇齒音）－47-52dB；/θ/（齒音）－42-54dB。

相對於一般性的噪音強度，頻率成份就比較能提供構音部位的聲學線索。比較圖七（思）和（師）的噪音分佈範圍下限，構音部位較為前面的舌尖前音的下限在 4kHz 左右，而較後面的舌尖後音則下降至 3kHz。由頻率範圍來看（Kent & Read,1992），唇齒音 /f/－1.0-2.7kHz；齒槽音 /s/－4.4-9.5kHz；硬顎齒槽音 /ʃ/－2.3-5.3kHz；硬顎音 /ç/（類似 /ㄒ/）－2.7-4.4kHz；舌根音 /x/（/ㄏ/）－3.7-4.4kHz。簡單來說，噪音最低頻率有隨著構音部位向聲帶方向移動而下降的趨勢。

以聲學理論來解釋這樣的趨勢，凡是口道外所偵測到的擦音頻率成份分佈範圍，主要和口道壓縮部位之前到雙唇的長度有關，也就是所謂的前腔（front cavity）長度。以公式來表式這樣的關係：分佈範圍最低頻率＝c/4L。其中 c 代表聲速，大約為 35000cm/sec，L 代表前腔長度。唇齒音 /f/ 的前腔長度非常短，結果導致最低共鳴頻率相當高，但是形成丘陵式的噪音頻率分佈，反而不會出現高頻的能量下限。而隨著構音部位向後移動，噪音頻譜轉變為高原型，同時偵測到的最低頻率也下降。以成年男性而言，產生 /s/ 的前腔長度大約為 2cm，用公式所計算到的最低噪音頻率為 4kHz。基本上，這道公式描述了口道形狀和擦音頻譜之間

的關係，但是對某些語音(例如：舌根擦音)會變得較不精確。

　　除了噪音頻率的分佈範圍可以作為構音部位的參照點之外，塞音中所提到的第二與第三共振峰轉接，同樣能夠做為判斷部位的輔助。在英語擦音＋元音的音節當中，所見到由輔音到元音的第二與第三共振峰轉接的主要型態分別是：/f/－兩者皆上升；/θ/－兩者皆下降（Harrington,1988）。

─摘要─

　　擦音主要的聲學特徵表現在噪音的長度增加，沒有沖直條的出現以及噪音頻率分佈在較高的地帶。其中和構音部位較有關連的是噪音的頻譜下限頻率，但是單靠下限頻率無法分別不同部位的擦音，還需要有共振峰轉接輔助方能提供較為完整的辨識。總之，在擦音的研究當中，還缺乏合於經濟、效度及信度標準的聲學指標。

第四節　塞擦音

　　漢語中的塞擦音有六個：舌尖前－/ts/（ / ㄗ / ）、/tsʰ/（ / ㄘ / ）；舌尖後－/tsʰ/（ / ㄓ / ）、/tʂʰ/（ / ㄔ / ）；舌面－/tɕ/（ / ㄐ / ）、/tɕʰ/（ / ㄑ / ）。塞擦音的構音機制較為複雜，包含塞音及擦音兩類。塞擦音產生時，口道先形成類似塞音的完全阻塞，接著在破阻之後口道窄化的情形和擦音

相同。所以經由這構音方式所產生的塞擦音，在聲學上就包含沖直條及噪音音段兩種特性（請參照圖八）。關於這兩種特性，已經在塞音及擦音的部份加以討論，此處不再重複。簡單來說，分辨塞擦音的聲學線索有三種：(1)出現沖直條；(2)在沖直條之後，出現一段長時間的噪音；(3)就同一構音部位相比，噪音的長度較擦音短。

　　鑑別擦音與塞擦音的聲學指標除了整個噪音音段長度的對比之外，還有另一項差異：上升時間（rise time）（參照圖九）。上升時間是指由噪音的能量出現，到噪音能量最高點的時間間隔。Howell 和 Rosen（1983）測量英語連續語音當中，輔音在音節起始位置的上升時間。結果顯示塞擦音 /ts/ 的平均為 33 毫秒，相對地，擦音 /s/ 的平均值則增加至 76 毫秒。表示在塞擦音的產生過程中，聲音能量很快速地增加。總之，塞擦音和擦音在上升時間、噪音時長以及沖直條出現與否等向度上，均呈現不同的趨勢。所以，也據此區分擦音和塞擦音。

第五節　鼻音（Nasals）

　　漢語的鼻音有三個－雙唇音 /m/（／ㄇ／）、舌尖前音 /n/（／ㄋ／）及舌根音 /ŋ/。其中 /m/ 只出現在音節首，而 /ŋ/ 只出現在聲隨韻母 /ㄤ、／ㄥ／ 的收尾部分。產生鼻音的時候和塞音一樣，口道由雙唇或舌頭完全阻塞。但是連接

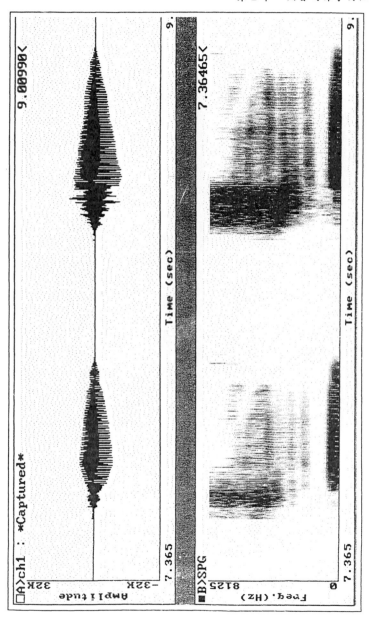

圖八　成年女性塞擦音（機）和（七）的波形及聲紋圖

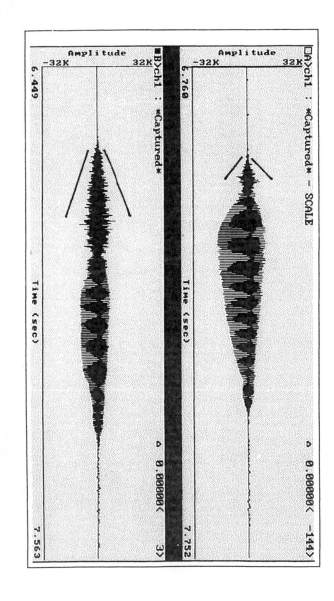

圖九　上半部爲塞擦音節（機），下半部爲擦音節（西）的波形圖。
圖中的斜線表示上升時間。

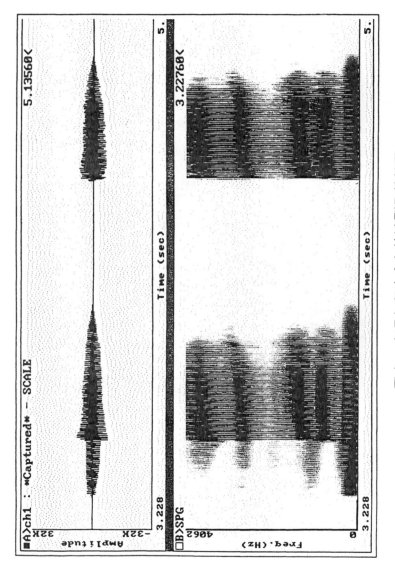

圖十　（嗎）和（八）的波型及聲紋圖

咽喉和鼻腔的喉咽閉打開，使氣流經由鼻腔流出體外。產生
鼻音的構音器官除了口道及鼻腔之外，同時需要聲帶的震
動。所以鼻音產生之時，主要的共鳴腔是鼻腔，而口道作為
次要的共鳴腔。兩個共鳴腔作用的結果，使得鼻音在聲學上
所表現的特徵是－低頻音段能量強高頻能量弱的音段－「喃
喃鼻音」（nasal murmur）（請參照圖十）。

　　在圖十一比較鼻音和元音的聲紋圖，可以發現兩者有相

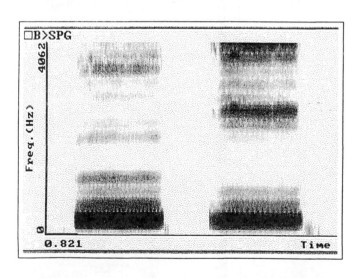

圖十一　成年女性鼻音 /m/ 和元音 /i/ 的聲紋圖

同之處。它們都有低頻的能量地帶，而且都具有週期的頻率
特性。換句話說，鼻音也具有共振峰，特稱為鼻音共振峰（
nasal formants）。但是兩者也有不同之處，鼻音在第一共
振峰之後的高頻能量部份明顯地相對降低。此種差異的原因

可由構音機制來看。元音的氣流只經過口道，聲學理論上就只會產生共振峰。但是鼻音如前所述，口腔和鼻腔同時作為氣流的共鳴腔。理論上，這種共鳴特性導致共振峰和反共振峰（anti-formant）同時出現。反共振峰可以視為對共振峰的干擾，導致共振峰能量降低。不過兩者並非同時呈現一個是坡峰，另一個是坡谷的相對形式，否則兩者能量將完全相互抵消。基本上對鼻音而言，兩者配對出現但是強度不等，所以只是特定的頻率能量弱化。

　　簡略介紹鼻音的聲學特性，接著討論不同鼻音是否有明顯聲學特徵差異的問題。依據 Fujimura（1962）對英語鼻音的研究，鼻音有三種共同特性：（1）明顯的第一共振峰位在 300Hz 左右，而且它和其他共振峰顯著分離；（2）第一共振峰以上的共振峰能量很容易削弱；（3）除了第一共振峰之外，其他共振峰彼此的距離較元音所見者近。Recasens（1983）回顧在捷克語、德語、英語、匈牙利語、波蘭語、俄語及瑞典語鼻音所做的聲學研究顯示，/ŋ/ 的第一共振峰最大，/m/ 數值最小，而 /n/ 的順序在兩者之間。雖然各個鼻音有這樣的順序，不過實際上的數值差異不大。所以，單由鼻音部份的由聲學特性不足以區分彼此，必須加入元音共振峰轉接才比較能分辨出鼻音種類。在塞音的共振峰轉接討論裡提到，第二及第三共振峰轉接具有輔助構音部位辨識的作用。這樣的作用依然可以在鼻音當中發現。也就是就以「鼻音＋元音」音節首第二共振峰轉接而言，有以下的趨勢：/m/ 上升，/n/ 有持平或下降的情形。而在「

元音＋鼻音／ŋ／」當中，第二共振峰呈現上升或持平的型態，而且某些情形下第二和第三共振峰會形成「舌根夾」（Odell 等人，1993）。

　　由聲學特性辨識鼻音，除了低頻的喃喃鼻音及共振峰轉接之外，相鄰元音的鼻音化（nasalization）也是有用的線索。所謂元音鼻音化簡單地說是，元音在聲學測量上出現低頻能量較強，高頻能量較弱而且頻寬變大的情形。換句話說，聲紋圖看到元音高頻共振峰的能量弱化而且分佈範圍變大，很接近鼻音的聲紋圖。總之，目前的研究顯示，辨識各類鼻音的聲學線索，不能單靠輔音部位的頻率線索。尚須加入相鄰元音共振峰轉接型態，並且考慮元音鼻音化的情形，才能比較完整的分辨個個鼻音。

第六節　結語

　　輔音的聲學特性隨著構音方式的差別，而有著不同的分析重點。塞音的重心在時間特性上，其中以嗓音起始時間的分析最具代表性。塞音的頻率特性分析，則在塞音構音位置分辨上扮演相當重要的角色。擦音的主要分析特性則集中在頻率成分之上，其中以噪音頻率的分佈下限、噪音最強頻率與噪音能量強度為重點。此時，時間特性反而成為輔助的分析重點。由於塞擦音包含塞音和擦音的特性，分析的重點包含時間與頻率成分，其中又以噪音頻率強度的上升時間最具

特色。鼻音的構音特性與塞音相近，但是由於有鼻腔與口道
扮演共鳴器，同時又有聲帶振動。鼻音出現類似元音的共振
峰，但是高頻能量較弱。基於這種特性，聲學分析重點著重
於共振峰頻率數值，但是尚須鄰近元音的線索才能分辨鼻
音。

　　由各種輔音類別的聲學特性討論來看，輔音本身所攜帶
的聲學線索有時足以讓人們區辨個別輔音類型，但是多數的
情形需要加入鄰近元音的線索才足夠。顯示出對輔音聲學特
性的了解，除了探討輔音音段之外，還要考慮相鄰的語音環
境。這種相鄰構音器官協同構音（coarticulation）所造成的
影響，不僅幫助個別語音的辨識，也使得語音聲學特性多樣
化。所以，在尋找可靠、有效的輔音聲學特徵道路上，仍然
充滿著挑戰與希望。

參考文獻

石鋒（1990）。中美學生漢語塞音時值對比分析。出現在石
　　鋒所著語音學探微。北京：北京大學出版社。

劉惠美（1996）。腦性麻痺者說話清晰度的知覺與聲學分析。
　　國立高雄師範大學碩士特殊教育系論文。未出版。

Delattre, P., Liberman, A.M., & Cooper, F.S.(1955).
Acoustic loci and transitional cues for con-
sonants. *The Journal of the Acoustic Society of
American, 27*, 769-774.

Fujimura, O.(1962). Analysis of nasal consonants. *The
Journal of the Acoustic Society of American,
34*,1865-1875.

Halle, M., Hughes, G.W., & Radley, J.-P.A.(1957). Acous-
tic properties of stop consonants. *The Journal of the
Acoustic Society of American, 29*, 107-116.

Harrington, J.(1988). Acoustic cues for Automatic recog-
nition of English consonants. In M.A. Jack & J.
Laver(Eds.), *Aspects of Speech Technology*. U.K.:
Edinburgh University Press.

Howell, P., & Rosen, S.(1983). Production and percep-
tion of rise time in the voiceless affricate/ fricative
distinction. *The Journal of the Acoustic Society of*

American, *28,* 976-984.

Kent, R.D., & Read, C.(1992). *The acoustic analysis of speech.* San Diego, CA: Singular Publishing.

Kewley-Port, D.(1983). Time-varying features as correlates of place of articulation in stop consonant. *The Journal of the Acoustic Society of American, 72,* 379-389.

Ladefoged, P.(1993). *A course in phonetics,* (3rd ed.). Orlando, FL: Harcourt Brace & Company.

Lisker, L., & Abramson, A.S.(1964). A cross-language study of voicing in initial stops: Acoustical measurements. *Word,20(3),* 384-422.

Olive, J.P., Greenwood, A., & Coleman, J.(1993). *Acoustics of American English speech: A dynamic approach.* New York: Springer-Verlag Inc.

Recasens, D.(1983). Place cues for nasal consonants with spectral reference to Catalan. *The Journal of the Acoustic Society of American, 73,* 1346-1353.

Shinn, P.(1984). *Across-language investigation of the stop,affricate and fricative manner of articulation.* Unpublished doctoral dissertation, Brown University, Provience, RI.

第 3 章

語音知覺

曾進興

　　作為一名對話的伙伴，聽話者的主要任務便是從語音的聲波信號中，還原出對方的意圖，而語音知覺研究的目的便是想要發現這個從聲音到意義還原的過程。這個過程，由於很難用思辨或反省的方式而獲得察覺，因此，到目前為止，知識界對此仍存有許多不解和臆測之處。

第一節　語音切割問題

　　既然認為語音知覺即是從語音信號中把意義復原的過程，那麼，意義究竟是用什麼單位來表現的，當然是一個重要的事情。語言學家對於這個問題，有著一系列的答案，諸如：句子、短語、短詞、音節、甚至是音段，都有人提到。如果我們認為「音段」（segment）才是聽話者在復原過程中，必須從聲波中「找到」的單位，那麼，我們立刻會發現，這個尋找音段的過程必然不是那麼簡單明瞭的工作。這是因為從聲波上來看，語音像是斷斷續續接在一起的能量「核」的集合，而這些核之間經常難以顯著地劃清界線。

一、語音切割的困難

　　圖一顯示，作者口說的「一五五二一月有一位英王」的語音波形及聲紋圖。由波形即可看出，聲音的能量雖有大小的變化，但卻很難找到能量終止歇息之處，表示所說的話是

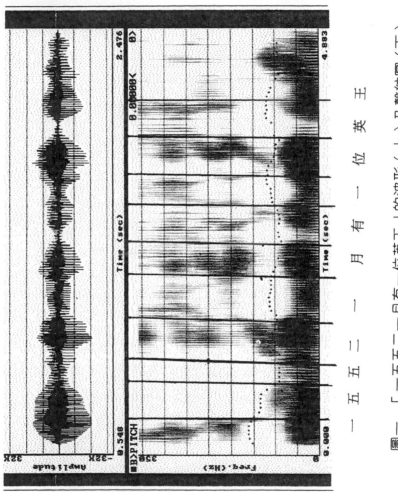

圖一 「一五五二一月有一位英王」的波形（上）及聲紋圖（下）

不停地由口中釋出，字與字間似難找到明顯的間隔。我們根據「聲紋圖」（ spectrogram ）的型態變化，勉強把這個短句切割成 11 小段，以符合它有 11 個（字音節）的事實。這種切割，非常困難，除了根據「頻譜（ spectrum ）特性突然改變」的條件進行切割外，很多時候，在哪個地方劃上哪一刀，是有些「任意性」的味道存在。若是以波形的能量核（就是環繞正負高峰所形成的局部波形）來考量，則我們大概可算出 9 或 10 個左右的單位，和字數相去不遠。只是，這些能量核之間的疆界仍然不易確定。

　　若想進一步把這個聲音樣本細分為更小的音段（音素 phoneme ），那麼難度又更高了。例如「有」字至少有三個音段：/i/，/o/，/u/，但從聲紋圖上要做毫不含糊的切割，那幾乎是不可能的。勉強去做，上述的任意性也是存在的。

　　由此看來，僅僅根據聲音的物理特性，就想把語音切割出大小不等的意義單位，顯然是一個相當困難的知覺問題。從物理的條件上看，似乎音節的切割要比音段的切割容易多了，但是，聽話者究竟是怎樣切割的，仍然是一個謎。

二、語音切割的線索

　　圖二和圖三分別顯示一組電話號碼兩種讀法的波形及聲紋圖。圖二的讀法即是一家著名的比薩連鎖店在廣告上廣為宣傳的唸法：39－39－889，圖三則是使用通常「三碼－四

碼」的組合去唸：393－9889。這兩個例子的整體訊息並未發生改變，但是它的「組織」（organization）方式卻有所不同。無論語音上的組織究竟有無反映語意或語法的功能，組織的不同必然會在聲波的特性上顯現出來，而為聽話者所察覺。圖二當中，第一個 39 和第二個 39 之間，第二個 39 和 8 之間，都有相當長的空隙（gap）或停頓（pause）。相對來看，圖三的第一個 39 和第二個 3 之間、第二個 9 和 889 之間，空隙不是太小就是不存在。反倒是第二個 3 和在二個 9 之間，存在著較明顯的空隙。看來，說話者試圖使用空隙的裝置來標明這兩種讀法上的差異。若仔細地判讀，我們可能還會發現：第一個 9 在圖二和圖三的發音「時長」（duration）可能也是不同的，而且很可能有前者大於後者的情形。如果這是真的，那麼，這意謂著：聽話者還可以利用音節（或音段）實際的時長來判斷該一音節（或音 段）是否位於某種重要組織單位的疆界之前（或之後）。

　　在實際的言談當中，說話者的語意或語法單位，要被聽話者分割，恐怕也得依賴類似的聲學線索。有一個最近的研究就發現，在國語的談話裡有一些聲學線索，可能和「詞界」（word boundary）有關。例如，「通」（thong）字的 th 其「嗓音起始時間」（voice onset time 或 VOT）就會隨著「通」字是否是詞頭而有所變化。在詞首（「通常」）時 VOT 平均是 50 毫秒，但在其他位置時（「交通」），VOT 卻只有 17 毫秒。音節的長度也和詞中的位置有關，詞頭（「豆腐」）的音節長度（192 毫秒）平均短

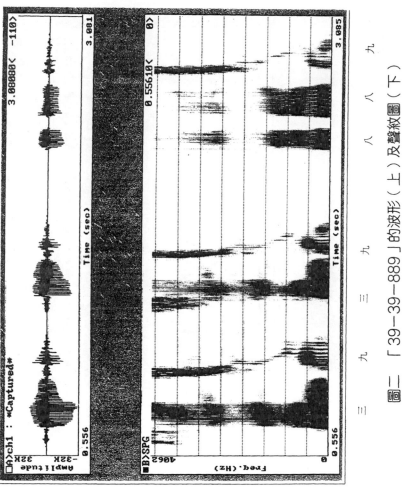

圖二　「39─39─889」的波形（上）及聲紋圖（下）

三　九　　三　三　九　　八　八　八　九

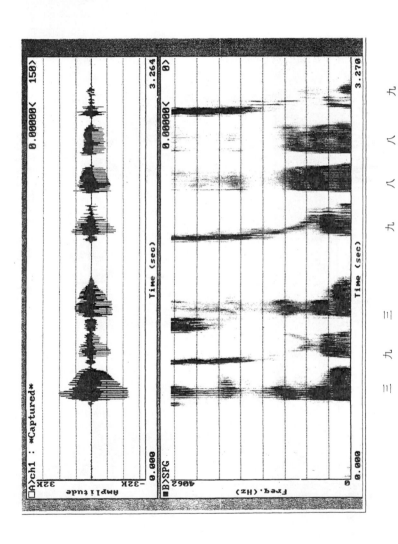

圖三　「393－9889」的波形（上）及聲紋圖（下）

於詞末（「紅豆」）的音節（210 毫秒）（曹峰銘、劉惠美、王文容、徐靜音與曾進興，1995）。

第二節　語音的變異性

　　自然界的事物，即使是屬於同一類目者，其型態表現也往往不會一成不變。豐富的多樣變化，正是宇宙萬物奇妙而引人入勝之處。如以人臉來說，億萬張人臉當中，長相雷同者卻是少有。但是由不同的臉孔當中，我們卻又很容易的能夠區辨出年長或年幼的、男的或女的、白種或黃種、悲傷的或快樂的，種種不同的屬性或類別。每一個類目當中，不同的事例之間的分歧卻也是顯而易見。若以語音而論，不同類目之間的音，我們可以區辨出它們相異之處，如 /i/ 與 /a/ 間的差別。但每個類目之內的個例，雖然也有不同，如男人發的 /i/ 與女人發的 /i/，固然有一些頻率上的差異，但是聽者仍將兩者都歸為同類。這表示聽話者可以「異中求同」，忽視掉無關的訊息。語音知覺的過程中，聽話者如何從語音的變異中獲取重要的類目訊息，一直是備受重視的議題。那麼，語音的變異性究竟有哪些來源呢？

　　一般學者所提到的變異性大致有這幾種：⑴說話者不同所引起的：「人聲之不同，各如其面。」性別、年紀、體型等因素，是最常被提到的；⑵說話脈絡不同所引起的：一個音段的聲學特性，往往會隨著相鄰音段的性質而產生改變；

(3)說話速度不同所引起的：說話快和慢之間，也會影響語音的聲學特性。其他如說話者的生理及心理狀態、方言的影響，外在環境的干擾、傳輸線路的雜訊等因素，也都會對語音的特性產生影響。

一、脈絡引起的變異

　　脈絡的影響可以由圖二、圖三的某些差異看出。例如，393－9889（圖三）中第一個9，其F2到了音節末時有明顯上揚的轉折，但在39－39－889（圖二）則沒有此一現象，一個明顯的脈絡差異即是前者緊鄰第二個3，但後者則在第二個3之前仍有一段空隙。脈絡所引起的變異的另一個例子，在圖二或圖三皆可發現；即兩個相鄰的8，在音節末的F1與F2之轉折帶趨勢兩者略有不同：第一個8末尾緊鄰雙唇塞音（/b/），但第二個8末尾則後接舌面塞擦音（/t/），因此，第二個8的與F2呈外開扇狀，第一個8則不然。

二、說話者引起的變異

　　不同說話者的發聲腔道大小和形狀各有差異，因而所造成的語音頻譜特性之變異似乎可為聽話者經由某種「正規化」（normalization）或「量尺轉化」（rescaling）的方式而達到變異性減小的目的。正規化的想法，認定聽話者必須對每個音段的聲學特性具有一種「典型的」記憶表徵（

prototypical representation），如此方能異中求同，從每個人不同的發音個例中，析取出相同的特質來。不過，也有人認為，其實不同人在同一音段上的聲學特徵本來就有相通之處，聽話者不勞去費神使用所謂的正規化程序，本來就可以確認出音段的本來面貌。

　　有些研究發現，在「語詞指認」（word identification）作業上，如果發音的人有好幾個，那麼，聽話者的反應比發音人只有一個的情境都來得差。這表示「誰在說話」（說話者的訊息）和「說什麼話」（語音的訊息）的訊息處理共用知覺上的資源。「誰在說話」只是語音當中「指標訊息」（indexical information）的一種。聽話者不僅從語音中獲取語言內容的訊息，也從中吸取說話者的年齡、性別、身體狀況、情緒狀態等指標訊息。在人際溝通中，指標訊息的重要性，就如同從人的臉孔中獲得的訊息一樣豐富，只是過去不被語音研究人員所重視罷。在這種觀點之下，說話者不同所造成的變異，不應當視為令人討厭的「雜訊」，而應正視變異性當中其實會有豐富的訊息（如指標訊息）的意義。

三、速度引起的變異

　　聲音是隨著時間而產生音壓變化的事件，時間在語音信號上扮演的角色是不言而喻的。其中一個最重要的作用是，不同類別的音段常常藉著時間上的差異來區分，例如：嗓音

起始時間可以分出清塞音和濁塞音，鬆元音（如英語的 /u
/ ）和緊元音（ 如英語的 /u/ ）的差別之一也是時長。但
是，人的說話速度時時在變，速度一變，時間上的區分也會
跟著調整（ Tseng,1992 ），而聽話者在區分語音的類別時是
否也必須把速度的因素考慮在內呢？

　　事實上，的確有一些研究，證實聽話者在判別不同的語
音類別時，會把說話速度的訊息考慮進去。例如，我們知
道，ba 和 wa 在知覺上聽起來容易混淆，然而區分它們的
一個重要因素即是共振峰轉折帶的時長，前者短而後者長。
在說話速度固定（ 即音節長度固定 ）的情況下，聽話者會把
轉折帶短的聽成 ba 而長的會聽成 wa。一旦說話速度變
慢，那麼，區分兩者的轉折帶界限也會跟著提高，這就是所
謂的「 界限位移 」（ boundary shift ）的現象（ 見第四
節 ）。

四、協同構音（ coarticulation ）

　　語音的變異性，至少部份反映出動作系統的一般特性。
一串連續性的動作，每個細部都會受到前後動作的影響，也
就是「 隨境而變 」（ context－sensitivity ）的特性，也就是
前面說的「 脈絡 」因素。在文字的書寫上，也有許多證據顯
示這種特性是普遍存在的動作現象。圖四顯示用手隨意書寫
的兩個語詞「 呆瓜 」及「 唱歌 」，其中最值得注意的是，不
同字裡的「 口 」這個部件它的運筆法會隨著它相鄰部件（ 或

圖四 「呆瓜」與「唱歌」裡的四個「口」的書寫形態各不相同

筆劃）之不同，而產生形狀（亦即書寫動作）上的改變。在說話時，這種「隨境而變」的動作特性，往往被稱為「協同構音」（coarticulation）。最常被提到協同構音的例子有：(1)在 CV（C：輔音，V：元音）中元音是 /i/ 或 /u/ 會影響舌根輔音。如 ki（閩南語的「基」）裡的 /k/ 舌與顎接觸點會比 ka（閩南語的「加」）來得前面一些。(2)shu（「書」）和 sher（「蛇」）相比，前者的 /sh/ 是圓唇的，而後者的 /sh/ 是展唇的。(3)後鄰鼻音的元音，往往會軟顎提前下壓，而成鼻音現象，如 dan（「蛋」）中的 /a/ 極可能產生鼻化，但 da（「大」）則不然。

協同構音的後果，即是每個每個音段的物理特性不是恆定的，假使知覺系統中必須完全仰賴物理訊息來破解音段的密碼，那麼，這會是一個大難題。有些人認為既然音段可能受協同構音的影響最大，那麼，知覺系統在破解語音密碼時，可能就不以音段作為單位，而是以變異性較小的其他單位作為解碼的基礎。這就是為什麼有人要提「什麼是語音知覺的最基本單位」的動機（見曾進興，1993；Tseng &

Taso, 1994；Tseng Huang, & Jeng, 1996）。

第三節　語音知覺的運作歷程

　　由於語音聲波當中，缺乏明顯的自然界限，可以用來將連續的言談信號分割為細小的單位，聽話者如何聽懂他人的話語，便成了一道難題。對於這個問題的了解，不只能滿足科學家的好奇心，同時也具有實用的價值，因為這個解答對於了解言語接生障礙（含聽覺障礙）、失語症以及人工語音辨識系統都有啟發的作用。然而，到底應該使用什麼樣的方法，來解答這樣的問題呢？過去心理學家採用許多所謂「線上」的作業，操弄語音中若干特性，然後記錄受試者的反應，包括辨別、指認、偵測、分類等等，從反應的速度與型態，從而進行內在歷程的推論。除此之外，神經生理以及音響心理的研究，也提供了若干可能的解答。本節將根據過去所作的研究，把語音知覺的內在歷程作一個簡扼的描述。這裡的描述觀點，可以說是一種「訊息處理」的觀點，也就是把人當成是一具聽話的機器，話音聲波當作有待處理的輸入訊息，最後把人腦所產生的理解，當成是輸出訊息，語音知覺的工作就是一連串的訊息運作過程（見 Pisoni & Luce, 1987）。

一、周邊聽覺分析

　　周邊聽覺分析（peripheral auditory analysis）像一組
濾波器（參見鄭靜宜，1995），發生了濾波的作用，其中每
個濾波器各對某一頻帶的頻率值反應，因此，語音訊號裡的
不同頻率，就是透過這組濾波器而得了第一次的分析。這組
濾波器頻寬的特性，很可能是它們對低頻率具有好的「頻譜
解析度」（spectral resolution），使得 F1 和 F2 分得開，
同時也對高頻率具有好的「時間解析度」（temporal
resolution），如此則對短驟的音段（如塞音裡的沖直
條），提供較精確的計時訊息（參見曹峰銘，本書）。

二、中樞聽覺分析

　　周邊聽覺系統將聲學分析所得的訊息，諸如頻譜、基
頻、喉頭訊號，以及信號的強度與時距等，繼續送入中樞聽
覺系統，以作進一步的分析。這些資料可能被當成「語音線
索」（speech cues）來使用，而所謂語音線索指的就是語
音信號的聽覺碼，據此語音信號得以進一步的歸類分析（參
見曹峰銘，本書；黃國祐，本書）。換言之，在這個階段
裡，聽話者由周邊所送來的粗略資料當中抽取重要的部份並
整合為語音線索，俾能進行下一步的知覺分析。

三、聲波音值分析 (acoustic-phonetic analysis)

　　語音聲學線索讓聽話者得以開始「語言」層次的分析，而有人以為這個階段的分析成果可能就是「語音特徵」（phonetic features）。語音特徵可以想像為兼具聲學特性和構音特性兩類訊息的知覺和記憶碼。語音信號經過這一層分析，使得每一音段都用好幾個語音特徵來描述。曾經有學者就認為人腦真的擁有一些所謂的「特徵偵測器」（feature detectors），針對不同的語音特徵進行探測的工作。他們所舉出的一個証據就是，在一到四個月大的幼兒身上，也可以發現有對語音產生「範疇知覺」的現象（見第四節），而對非語音刺激則不會發生比一現象。他們認為由於特徵偵測器的存在，因此嬰兒對語音的反應自然不同於對非語音的刺激，而且這特徵偵測器是生而有之的生物特性。不過，近年來特徵偵測器的說法已經逐漸受到懷疑和揚棄。

四、聲韻分析

　　上一個階段計算所得的音值訊息，仍必須經過更進一步的修正計算，才能得到正確的音段或音節內容的訊息，原因是在自然語言中，協同構音和有系統的音變，都是必須加以校正的因素。而「聲韻規則」（phonoloical rules）極可能在此一階段中，扮演一個重要的運算功能。過去認為這一階

段運算的結果，是按照直線方式排列的音素系列，但是近年
來有人主張這個階段的運算結果，應該是具有層次的表徵
（hierarchical reprensetation）。例如，在音節（如
niang，「念」）底下，有「頭」（onset，即指音節起頭
的輔音或輔音群，如 n 和「韻」（rime，即指音節的其餘部
份，如 iang）的結構。

五、高層分析

音素或音節構成了「單詞辨識」（word recognition）
與「詞彙提取」（lexical access）的基礎。單詞辨識指的
是，將聲波音值分析所得的特殊形式和記憶中單詞的形式進
行相互比對的過程。詞彙提取指的是以單詞辨識的結果作基
礎，從心理辭典中檢索出該一單詞的有關訊息，如詞意及句
法功能等。聽話者藉由各種高層次的語言知識（包括一個詞
可能會擔負什麼句法功能，可能和什麼詞相連出現，適合在
什麼語意脈絡中出現等），與前述分析的訊息綜合，最後達
到釐清語意的目的（見 Pisoni & Luce, 1987）。

第四節　語音知覺的理論和現象

本節的重點，環繞幾個著名的知覺現象之上，包括範疇
知覺、互補關係、音素界限位移，McGurk 效應及雙聯知覺

等。值得注意的是，這些現象在語音處理的層次上，仍應屬於音值分析或聲韻分析的階段。這些著名的現象，在過去幾十年的研究歷史上，佔據著相當重要的地位，原因是他們對於語音知覺的本質，具有重要的理論意義。Liberman 等人即根據這些現象提出了著名的「動作理論」（motor theory），而引發了許多理論的爭執與更多現象的發現。與動作理論相對的是「聽覺理論」（auditory theory），或稱「心理物理理論」（psychophysical theory）。動作理論主張人類對語音的知覺，有賴於對於語音產生過程之了解，而這種了解是「下意識」的知識（tacit knowledge），透過了這種構音動作的知識，聲波信號即得以和音段的語音特性取得對應的關係。

一、動作理論

簡單地說，動作理論的要點有三：(1)語音知覺（perception）系統和語音產生（production）系統有非常緊密的聯繫，就是因為我們有「協同構音」這類現象的知識，因此我們在感知語音信號時，自然會把這些因素納入考慮。(2)語音知覺是人類獨有的機制，這是因為語音產生的機能是人類獨有之故，而其他動物由於沒有獨特的語言處理機制，因此，語音在其他動物聽來，不過是一些噪音而已。(3)語音知覺是與生俱來的能力，人類出生即有對構音感知的知識，因此，即使在幼兒身上，我們也可以觀察到他們對語音感知的

特別能力。對於動作理論來說，本節所要介紹的幾個現象，都是支持這種理論的證據。

二、聽覺理論

　　相反地，聽覺理論的主張恰好與此相反，其主要想法是：(1)語音知覺並不依賴對語音產生的知識，動作理論所說的證據，其實只是事情一半的真相而已。語音和非語音刺激的處理，都受到聽覺機制的管制，沒有所謂語音獨有的處理機制這回事。(2)語音知覺現象並非人類特有的能力，因為處理聽覺訊息的能力乃是許多動物所共有，所謂「種屬特性」的說法並非事實。(3)對於語音知覺是與生俱有的能力之說法，聽覺理論似乎並不反對，因為聽覺系統在幼兒身上也可能已經大致完備。以下介紹引起雙方爭議的各個現象。

三、範疇知覺

　　人類對於外界的刺激，有一種將其歸類的傾向，這是為了適應多變的世界不得不爾的生存之道，因為同類的事物具有相同的特質，求其同、去其異，不祇可以節省記憶的要求，而且在知覺動作的聯繫上，也可以更有效率。以語音刺激來說，由於變異性極大，受話者為了達到理解的目的，必須去除種種因協同構音、同位音變、性別、年齡等因素所造成的聲學語音上的差異，毋寧說是極其自然的事。「範疇知

覺」（categorical perception）所指涉的語音現象，應該可以在這個概念下去了解。

在實驗程序上，範疇知覺包含了兩個成份：(1)指認，即說出所聽到語音刺激的名稱，(2)辨別，即在一對語音刺激呈現之後出現其中之一，由受試者判斷第三刺激與第一或第二是同一刺激，這個程序又稱為 ABX 程序。Liberman 等人在 1957 年發表的著名的實驗中，變化 F2 轉折帶方向，製成 ba、da、ga 等三類音節刺激，這種改變在物理量上是漸變的。在指認作業上，受試者有著極為明顯的的分類表現，亦即連續遞變的 14 個刺激，可以鮮明地被標記為分屬 ba、da、ga 的三個音節，其間的界線十分清楚。在辨別作業上，當 ABX 中的 AB 都同樣來自同一標記的的語音類別，則對 X 的判斷常是處在機遇水準（chance level），也就是瞎猜的成份居多。反之，如果 A 與 B 分屬不同的語音類別，那麼，對 X 的判斷就可以較為精確，亦即受試者可以辨認出 A 與 B 是不同的刺激。範疇知覺現象意味著，受話者對語音的「分類」會影響其對語音物理刺激的「辨別」--即使兩個刺激的物理值不同，但如果他們被語音系統歸類為同類，則受話者似乎也因此無法敏察到其間的差異。後來也有實驗發現，VOT 在區辨塞音的清濁之上，也有範疇知覺的現象。早期的研究人員認為範疇知覺的現象並不會在非語音的領域中發現，因此覺得語音需要一個獨特的系統來處理。

四、互補關係

　　對於音段的辨識，經常依賴多重線索的作用（見曹峰銘，本書；黃國祐，本書）。一個有趣的問題是，這些線索相互之間的影響又是如何？假如線索 A 和 B 都可以導致某種音段的知覺，那麼當 A 值較強時，我們對 B 值的要求是否就可以較低呢？有一個實驗便是討論 F1 起始頻率和 VOT 兩個線索對於塞音清濁度知覺的交互影響。清塞音 VOT 比濁音要來得長，而 F1 的起始頻率值在清塞音時也比濁音來得高。假如，F1 的起始值降得很低，那麼，要對塞音刺激得到清塞音的知覺印象，就必須把 VOT 值拉得更長；反過來說，假如 F1 的起始值抬高了，那麼，想聽到濁塞音就必須把 VOT 值縮得比平常的還要短。換句話說，兩類線索有「此消彼長」以獲同樣的知覺印象之「互補」（trading）作用。

　　另外一個例子，是空隙和起始值這兩類線索對 sei 與 stei 之分的作用。最主要的關鍵在於，當口腔完全閉合以產生塞音 /t/ 時，在聲學特性上會導致空隙的出現，另外，元音的 F1 起始值亦會較低。現在假定把 F1 起始值由平常 stei 的 230Hz 昇至 430Hz，那麼，我們需要依賴另一個線索的加強才能知覺到 /t/ 的存在，亦即必須將空隙由平常的 32 毫秒增至 57 毫秒。在有些研究中，這種互補的效果在非語言的刺激上，並不曾出現，因此給了主張語音是獨特的人士

另一個強有力的證據。

五、音素界限位移現象

　　這是一個協同構音所造成的脈絡效果，以擦音 /sh/ 與 /s/ 為例，其在聲學上的差異，在於前者第一個頻譜尖峰的位置較低。但是受話者如依據尖峰頻率來判定擦音種類，則尚須將擦音後所接的元音納入考慮。原因是 /sh/ 或 /s/ 在與 /u/ 一起連著發音時，/u/ 的圓唇動作會前移至擦音，因而導致擦音的第一個頻普尖峰跟著下降。這樣一來，假定在分辨 sha 及 sa 時，第一個尖峰頻率之界限為 x，那麼，在分辨 shu 及 su 時，會受到協同構音因素的影響，音素界限會位移至比 x 小的地方。意味著受試者在 /u/ 的語境下，會預期擦音的頻譜尖峰會有下降的趨勢，因而採取更嚴的判斷標準，唯有更低的頻率，受試者才會產生 /sh/ 的知覺印象。主張動作理論的人認為，這個結果顯示，受試者似乎具有「構音和聲波之間的關係」的知識，只有藉由這個知識的輔助，音素界限位移的現象才可能發生。

六、視覺因素的影響

　　人類對外界訊息的攝取，往往不只依賴單一感覺模態的輸入，以語音來說，固然主要由聽覺機制負責，但在自然情境下，說話者的構音動作，也會透過視覺系統進入受試者的

腦中。一個有效能的機器，是否會把視聽兩方面的訊息整合起來，以獲取更可靠的資訊呢？或者，反過來說，假如聽覺管道才是最可靠的語音處理的模態，那麼為了精純專一，我們是否會摒除其他較不可靠的感覺訊息，如構音動作的視覺輸入？有一個著名的實驗即針對這個問題提出了解答。讓受試者觀看錄影帶上某個人發出 CV 音節的動作，同時也讓他聽到與此不協調的聲音，結果發現受試者對所知覺到的語音之判斷，既非視覺的構音動作所暗示的，也不是原來的聽覺訊息。例如，當畫面上的人發出的動作是 ga，但聽覺訊號卻是 ba，那麼受試者可能會宣稱他聽到的是介於兩者之間的 da。這個現象又稱為 McGurk 效應（McGurk effect）。顯然音響和影像兩方面的訊息會在腦部某一個層次上交會，而得到最後的知覺印象。動作理論即認為這個交會的基礎，便是說話者所擁有的構音知識。

七、雙聯知覺

動作理論主張聽話者具有一個專門處理語音刺激的系統，因此當刺激的條件許可時，語音的機制便會將它知覺為語音，而不待一般性的聽覺機制介入。「雙聯知覺」（duplex perception）對動作理論而言，正是支持此一理論的最佳例証。轉折帶的方向對 da 或 ga 的辨識具有區辨的影響力，下降時會聽為 da，上昇時則會聽為 ga。製作這樣的刺激時，讓 F1 轉折帶保持上昇，而 F2 轉折帶保持下降的形

狀。假如 F3 轉折帶單獨出現,聽起來會像上昇或下降的口哨聲。

　　有趣的是,當 F3 轉折帶和其餘部份整合時,若把 F3 轉折帶的音量調低,這個刺激聽起來就像一般的音節 da 或 ga(是哪個則視轉折帶方向而定)。一旦把這個轉折帶的音量調大,那麼,受試者聽到的是雙重的知覺印象:口哨聲加上音節。動作理論的解釋是,在音量小時,F3 轉折帶容易融入其餘的刺激裡,形成一個單獨完整的刺激,而可為語音模態接受處理。反之,在音量大時,聽覺模態也會在語音模態之外,介入處理,因而語音和非語音的知覺感受便會同時出現了。

八、非語音刺激也會產生類似的現象嗎?

　　上述各種現象都被動作理論視為語音獨有的現象,因而必須用一種特殊的心理運作機制來處理,恰好這種機制又跟人類獨有的構音動作知識有關。聽覺理論的擁護者為了反駁這一論點,在過去二、三十年間也做了許多實驗,試圖証實:那些知覺現象也可以在非語音刺激的處理上發生!

(一)範疇知覺:

　　Miller 等人使用噪音模擬塞音爆破及送氣,並使用一頻率為 100Hz 的短暫脈衝來模擬嗓音,操弄爆破與嗓音兩者出現的時距,藉以模擬塞音 VOT 值在清濁上的變化。受試

者對這些刺激的指認和區辨，已經符合範疇知覺的定義條
件。也就是說，即令是這種非語音的刺激，也有範疇知覺的
現象。由於這些刺激的製造與構音動作無關，因此很難辯說
是構音動作的知識使然。聽覺理論的說法是，對刺激求同存
異的歸類與聽覺敏感度的不連續性有關，兩個刺激的差異，
是否會被聽覺系統所偵悉，完全看兩個刺激在某一物理值上
是否正好處於「轉捩點」的兩端。如果是的話，聽覺的不連
續性就使得它們的差異得以彰顯；否則，也只有被視為同
類，而不分軒輕了。

(二)互補關係：

Parker，Diehl 與 Kluender 等人同時觀察語音及非語
音刺激的互補關係。他們所觀察的語音刺激是 aba/apa 之
別，有興趣的兩類線索分別是塞音空隙長短與噪音之有無。
互補關係指的是，當噪音存在時，要辨識 apa 所需的空隙較
平常更長。研究人員模倣這類刺激，使用方波製成非語音的
刺激，結果發現，雖然受試者不把這些刺激聽成語音，但互
補關係也是存在的。

此外，一些依環境變異的現象（如音素界限位移，說話
速度的影響），也被發現不是語音獨有的。這些發現自然對
於動作理論產生了一些衝擊。不過，目前兩種理論的爭執並
非因此就消弭於無形。

第五節　語詞辨識的步驟

　　前面幾節所討論的，可以說都是集中在單詞以下的語音層次，似乎距離連續言談的理解層次仍遠。這種偏重小單位的傾向，在早期的研究中是十分明顯的，也因比目前我們對於單詞辨識的知識仍然非常有限。不過近來已有比較多的研究，把視界擴及單詞以上的單位，如此一來，我們也有較多關於自然語言處理的知識。

　　雖然目前對於語詞辨識的歷程還沒有具體的共識，但是，有幾個被假定存在的步驟卻普遍出現在文獻當中。有的學者就曾把這些假定的步驟歸納為以下五項。

一、初步的語詞接觸（initial lexical contact）

　　受話者以聽到的聲波信號作為輸入，據以產生一個可以和心理詞典中的語詞進行比對的單詞表徵（或單詞的語音碼）。但是在這個階段裡，所謂的「接觸表徵」（contact representation）或「檢索碼」（access code）的性質為何，以及這個階段發生的時機為何，都未有定論。

二、激發（activation）

　　經由初步的詞語接觸，心理詞典中某些「單詞貯存點」（lexical entries）由於對比的結果有若干吻合之處，於是可能比起其他的單詞點，處於一種更激發的狀態。激發的狀態（status）或水準（level）究竟是開閉式的二元狀態抑或連續型的多元水準，不同的理論有著不同的說法。不過多數理論都認為激發的狀態（或水準）與單詞頻率和初步接觸的「契合度」（goodness of fit）有關。

三、選擇（selection）

　　由於前面兩個步驟是動態的持續歷程，因而可以想見，對同一個輸入的語音刺激，含有好多個單詞貯存點被激發起來。在這前提之下，如何縮小比對的範疇，最後選擇一個最吻合輸入語音碼的單詞貯存點出來，使成了一個重要的步驟。但是如何選擇呢？文獻上，對於選擇的歷程，也有不同的見解，光是從不同的理論所用的專有名詞來看，就可以體會出這些見解的差異來。有人使用「區分」（differentiation）來說明選擇的性質，至於「縮小」（reduction）和「蒐尋」（search）也都是有著不同的意涵。

四、語詞辨識點（word recognition point）

　　從眾多可能的單詞貯存點中選擇出一個最契合輸入的語音碼，此一過程總有一個完成的時間，此即語詞辨識點。當那個幸運者從眾多選項中「脫穎而出」時，我們就說該一單詞已被辨識出來。問題是：語詞辨識點的時機為何？很多人都相信，我們常常不須等到整個單詞聽完，就可以「辨識」出該一單詞為何，亦即辨識點發生在單詞的語音輸入完成之前。有人即根據此一想法，另外提出「唯一點」（uniqueness point）的概念，指的是同樣開頭的語詞不少，如 mar，mark，market 等，但雷同的部份去除後，到了某一點時，我們不待後續部份之出現，就可斷言此一單詞為何，這個「唯一點」可說是具有語詞辨識的關鍵地位。不過，也有人不贊成這個說法，原因是這個說法必須假定：單詞的辨識完全是系列式的運作。

五、詞義提取（lexical access）

　　語詞辨識的目的，不外是提取出詞的內涵，包括音、義、句法、語用等方面的訊息。因此，詞義提取的時機之決定，也是一個重要的問題。事實上，音的訊息，早在前幾個步驟中就慢慢出現了；但是，語意、句法的訊息，走否也會在那麼早的時程中被提取而出呢？這一問題在研究人員之

間，引發了極大的爭辨。換言之，雖然我們把詞義提取在順序置於語詞辨識點之後，但這並不意味著兩者的時間順序一定如此。

第六節　語詞辨識的脈絡效應

一個廣為人知的事實是，受話者有極豐富又複雜的語言知識和常識，這些既有的知識走否會影響語詞的辨識呢？例如，當我們聽到「他去圖書館…」的句子片段時，可能已經預期接下來的語詞會是「…借書」，但是這種經由脈絡或語境的產生的預期是否會介入先前所提到的「初期表徵」之形成，或是作用在激發水準的波動上？還是只影響到單詞點候選者的圈選範圍？這個問題的解答，關係到我們如何看待語言運作的「自主性質」（autonomy）。亦即，語言運作的機器是否只純粹採取「由下往上」（bottom-up）的方式，對輸入聲波信號做自主性（autonomous）的運算，而不受經驗、知識或常識等高層次的影響？與自主性相反的運作方式，一般稱為「互動式」（interactive），係指「由上至下」（top-down）的知識基礎，成為一、二十年來這個研究領域的核心問題。因此，脈絡或語境效應成為大家所關心現象（參考胡志偉與顏乃欣，1995）。Frauenfelder 與 Tyler（1987）歸納了兩個大類脈絡效應，分別是結構和非結構的脈絡效應。結構的效應，指的是小的單位組成大的單

位時，組合規則的限制所引起的脈絡效應，而非結構的效應通常指的是同一層次的不同單位之間的關係限制。

一、非結構效應

最有名的例子是語意促發（semantic priming）作用。當聽完「麵包」一詞後，在聽到「奶油」時，對後者的辨識會有加速或助長的效果。這個效應一般引用「激發擴散」（spreading of activation）理論來解釋，即假定語意類似的單詞之間彼此互有聯繫，形成一個語意網路，某一單詞貯存點的激發狀態之波動會透過這個網路，而波及其他單詞貯存點，因而加速相關單詞之辨識。

二、結構效應之一：詞彙效應（lexical effects）

指的是語詞表徵對下層聲波值運作歷程之影響。例如，在 Kiss 的脈絡中，引入在 k 和 g 之間變化的模糊音素刺激，結果發現受試者傾向於判斷整個刺激項為 kiss（是一單詞）而非 giss（不是單詞），顯示刺激的詞彙狀態會影響受試者的音素運算。不過，到底這種影響的本質為何，並不清楚。至少有兩個可能性曾被提及：(1)詞彙的知識介入對音素的辨識或分類，(2)詞彙的知識不會對音素的辨識產生作用，而是對辨識後果的評估過程發生影響。

三、結構效應之二：句法效應（ syntactic effects ）

　　語句的句法結構對於其間單詞的選用，具有規範的作用，但這種規範的作用是否會強勢地影響到單詞的辨識呢？假如聽到「王先生買了一輛…」的句子片段時，由於量詞「輛」所帶來的句法限制，可以接下去的語詞一定是「車」或加上修飾語的「車」，如「新車」、「跑車」等。對受話者而言，無疑地，這個脈絡會影響到對「車」的辨識。不過，由於句法對單詞點選擇範圍的縮小，畢竟影響力有限，所以一般都認為句法效應即使有，也非常微弱。

四、結構效應之三：語意效應（ semantic effects ）

　　與句子語意脈絡契合的單詞比不契合者來得容易辨識，即語意效應。例如：「養蜂人家擺起一箱箱的蜂巢」和「養鴨人家擺起一箱箱的蜂巢」二句當中，前者「蜂巢」一詞的辨識提供較為有利的辨識條件。

五、結構效應之四：詮釋效應

　　詮釋效應（ interpretation context effect ）雖然在性質上與語意效應類似，不過，詮釋效應指與知識或常識的限制較有關的影響，例如：「國民黨代表選李登輝為主席」與「

國大代表選李登輝為主席」二句中,前者提供較有利於「主席」一詞辨識的脈絡條件,而這種效果的來源只能訴諸聽話者本身的常識,與語言本身的語意知識無關。假如,詮釋效應真的對語詞辨識的初期運作產生作用,那麼,語言運作的自主性,就得大打折扣了。

第七節　語詞辨識的理論

一、Logogen 理論

　　主張在心理詞典裡頭代表每一個語詞的是一種稱為 Logogen 的偵測裝置,接受所有與個別單詞有關的感覺或脈絡的訊息輸入,如此而改變 Logogen 的激發水準。一旦激發水準超過某個閾值,語詞辨識點便達到了。由於每個 Logogen 都含有所代表的單詞之知識(即音、義、句法等),因此,在單詞被辨識出來的同時,詞義之提取也完成了。由於它同時接受感覺和脈絡訊息,因此,脈絡效應會介入初期的接觸歷程,亦即此一理論主張的是一個互動的言語運作機。頻率高的單詞,其辨識所需的激發閾值較低,而脈絡所造成的效果則表現在受影響的 Logogen 會得到更高的激發量。

二、Cohort 理論

　　Marslen-Wilson 主張語詞的辨識有兩個步驟：
(1)Cohort 的激發。當語詞的聲波信號傳入時，辨識系統會擷取最前面的語音片段作為初期接觸的表徵，而這些檢索碼便會激發起所有含有這些片斷語音表徵的單詞點，稱為 Cohort，例如聽到 jinbu（「進步」）時，所有具有同樣開頭的單詞，如 jidu（「嫉妒」），jinling（「禁令」），jinlai（「近來」），jingpei（「敬佩」）等，Cohort 都會被激發起來。這個步驟是自主的過程，完全不受脈絡影響。

(2)辨識點的完成。雖然某一聲波信號會激發起眾多的單詞點，但是一旦感覺的輸入累積至前面所稱的「唯一點」時，單詞便會被辨識出來。脈絡對於單詞點的作用方式，即是先前所說的縮小 cohort 的範圍，以利正確語詞的辨識。以辨識 slave 一字為例，在 cohort 的激發階段，/s/ 的感覺輸入會激發 save，sigh，sleeve，slave 等單詞點，但更多的感覺輸入慢慢會縮小 cohort 的大小，因而只剩下像 sleeve，slave 等 sl 開頭的詞。假如這時有脈絡的訊息進來，那麼，在整個詞的信號還沒完成輸入之前，很可能就排除掉其他的單詞點，而剩下唯一的選擇了。

三、自主式蒐尋模型（autonomous search model）

　　這個理論假定了幾個系列運作的語言處理機器，包括詞彙、句法、意義、等機器，之後又有一個非語言性質的一般處理系統（General Processing System, GPS）。這樣的設計，已經假定語詞辨識的運算是相當自主的過程，在初期不受高層知識的影響。這個理論在心理詞典之外，設計了周邊的「檢索檔」（access files），負責對感覺輸入進行「檢索碼」之蒐尋工作，分別是字形檔（orthographic file），語音檔（phonetic file）及句法／語意檔（syntactic-semantic file）。聲波刺激主要是輸入至語音檔，蒐尋的方式是由語詞頻率來決定其順序，逐一比對輸入信號與語音檔內單詞點的表徵，直到比對契合為上，辨識點就完成。但是，從蒐尋到的單詞點只算是一個詞彙的檢索碼，它有一個「箭頭」（pointer）會指向心理詞典裡貯存該一單詞的所有知識的位址，這才算是完成詞義提取的過程。這時還可以做一件事，即「提取後的檢查」（postaccess check），比較感覺訊息和貯存在單詞檔中的語音表徵是否真的一致，如果答案是否定的話，蒐尋的過程還得繼續。

四、TRACE 模型

　　Elman 和 McClelland 的理論是近年來盛行的「平行分散運算」（parallel distributed processing）理論的一個，這類理論是架構在一種稱為「神經網路」（neural network）的系統之上。與語詞辨識有關的網路，含有相應於不同語言單位（特徵、音素、音節、單詞等）的「層次」（layer）結構，在每一層次上，都有做似神經細胞的「節點」（node），各自代表某個語言的元素（如 p，pi，pig）。這些節點就像神經元，具有靜止水準（電位）和激發閾值。在有適當的刺激時，激發水準上升而可能突破閾值，否則激發水準會「消弱」（decay）至靜止水準。節點之間，無論是同一層次裡，或跨越層次之間，有著密密麻麻的「連結」（connection），透過這些連結，興奮性的或抑制性（只有於同層次裡）的激發也會從某一節點散佈到其他節點，所以這種理論也稱為「連結理論」（connectionism）。由於這種層次間的連結，使得這個理論對於言語運作的本質，採取互動式的看法。也就是當一個感覺訊息輸入時，幾乎很快地所有相關的特徵，音素、音節、詞彙都會得到適量的激發。以 jinbu 為例，在 /j/ 節點激發時，jin 和·jinbu 可能也受到激發，而 jin 上層到下層的連結，把激發量散佈至 /j/，而使 /j/ 很快就超過閾值。此外，同層的抑制作用，也會使得 /j/ 以外的音素節點（如 /b/、/s/ 等）

接受負性的激發。就在這種互動式的激發之下，jinbu 得以
被辨識出來。對於這個理論來說，先前所提到的「檢索碼」
的概念，似乎很難適用，因為，它的檢索碼是一直在活動、
在更換。它對候選單詞結點的選擇，則依激發量大小之區分
來進行。這個理論的最大特色就是對脈絡效應的充份解釋。

五、LAFS 模型

　　Klatt 的理論全稱應為「頻譜為準的詞彙提取」（Lexi-
cal Access from Spectra）。基本想法是把語境（脈絡）
的變異性納入「檢索碼」的表徵裡，視為正規的狀態。心理
詞典裡每一單詞點的表徵，即是以已經考慮了協同構音因素
的 diphone 為基礎建構的。所謂 diphone 指的是具有「音
素」大小的單位，但不以音素為界，而是從音素中間分割為
界，以保留轉折的部份。例如 jinbu 可以用 jinbu 系列之頻
譜圖作為語音表徵。語詞辨識就是比對輸入信號的頻譜和詞
典中的單詞表徵，在這個過程裡頭，傳統語音單位（如音
素）的建構，可以說是沒有必要。其初步的接觸表徵是 10
毫秒長的頻譜模板，由於 LAFS 假定脈絡因子可以在信號
的低層分割中就得到一個極為自主的語詞辨識機器。再者，
它雖為「詞彙提取」，但是卻是不觸及語意的處理，因此是
一個很單純的辨識機器。

參考文獻

胡志偉與顏乃欣（1995）。中文字的心理歷程。曾進興主編
，語言病理學基礎一卷，P. 29-76。台北 ： 心理
出版社。

曹峰銘、劉惠美、王文容、徐靜音與曾進興（1995）。漢語
連續語流的詞界相關聲學特徵。中華民國聽力語言
學會年會，台北。

曾進興（1993）。從聲波到語音表徵，華文世界，69，
17-25。

鄭靜宜(1995）。語音測量中的信號與系統。曾進興主
編，語言病理學基礎：第一卷，pp.1-27。台北：
心理出版社。

Frauenfelder, U. H., & Tyler, L. K.(1987). The process
of spoken word recognition: An introduction.*Cognition 25*, 1-20.

Pisoni, D. B. & Luce, P. A.(1987). Acoustic-phonetic re-
presentations in word recognition.*Cognition, 25*, 21-52.

Tseng, C. -H., (1992). The effects of speaking rates and
phonetic contrasts on the segmental duration in
Taiwanese： A preliminary report. *Journal of Na-
tional Chung-Cheng University*, Sec. II, 3(1), 47-82.

Tseng, C. -H., Huang, K. -Y., & Jeng, J. -Y.(1996). The

role of the syllable in perceiving spoken Chinese. *Proceedings of the National Science Council (ROC) Part C: Humanities and Social Sciences,* 6(1), 71-86.

Tseng, C. -H., & Tsao, F. -M. (1994). The gap inferiority effect in identifying Mandarin-Chinese phonemes. *Journal of National Chung-Cheng University, Sec. II,* 5(1), 181-204.

第 4 章
兒童語言發育的神經基礎

趙文崇

第一節　前言

　　人類生存於現今的世界中，需要也運用了很多的技巧。這些技巧有些是與生俱來的，是本能；有些是後天經過學習得來的，是技能。例如：嬰兒生下不必父母教導即可吮吸並吞咽母乳，會辨識友善與凶惡的態度，也能以語音辨認嘴形而注意傾聽；不必教導就會翻身、起坐、爬行，到最後自然而然的直立行走，不只是使行動更靈活，也使視野更遼闊，較有機會覓得食物。這些吃喝拉屎的事只要是人類，就具備由基因指導的本能行為，不必刻意去學習就自然會行使，而且行使的與同齡者一樣好。但是還有許多有用的技巧並非與生具備的，例如：並非人人都會騎腳踏車；老外拿筷子就如老中拿刀叉一樣的笨拙，老祖母的人生經驗雖然豐富，能趨吉避凶，若沒有學習，駕起車來一樣闖禍出人命等等。因此，我們說活到老學到老，為了使生命體在今天的社會裡活的舒服自在些，除了由基因遺傳下來，人所具備的生存本能之外，我們還需要學習一些適用的技能，好使我們克服困難來管理周遭的環境。

　　在這些眾多的技能當中，學習的最早也最為重要的是溝通的技巧（communication skill）。嬰兒一出世即設法與周圍的人事物取得溝通。一開始，他們所用的方法非常的原始，就是「哭」與「安靜」來表示他們的「不滿意」與「滿

意」。漸漸的不同型態的哭聲表示著不同的需求，細心的母
親可以體會並分辨，這就是音聲語言的前身。逐漸的，嬰幼
兒透過語音環境的刺激與學習，學到該群體共用的語音系
統。不只是可以了解他人所產生的語音語言，更可透過與生
俱來的構音器官發出該族群共通的音聲語言來表達自己，這
利用獨特的音聲語言在特定族群進行溝通的技巧是後天習得
的，不是先天就有的本能。而這個學習機轉與人類學習眾多
的技巧一樣，使用到人類特有的神經系統的學習功能。有關
學習的理論，在心理學及行為科學上都已有深入觀察：由古
典制約學習、操作制約學習到多重聯結之語言學習在臨床實
驗上也都有廣泛的探討。我們要討論有關兒童語音語言發育
的神經學基礎，基本上要從三個角度來討論才能明白：一、
神經組織架構的成型；二、神經組織功能的組合；三、神經
組織功能之可塑性。對於兒童腦傷後語言發育的研究也提供
我們進一步理解語言神經學存在於成人與小孩之間的差異。
也使我們能更進一步了解腦神經系統在兒童語言發育過程中
所扮演的角色。

第二節　神經組織架構的成型

　　人類大腦由上百億個神經元（neurons）組成，每一個
神經元又靠著軸突（axon）或樹狀突（dendrites）和上千
個神經元連接在一起。這些互相連結的神經元彼此交織成為

複雜無比的神經網路系統，擔負起全身上下傳導控制的工作。神經元之間的傳導靠著神經突觸（synapses）所分泌的化學物質，可以調整神經電氣訊號的強弱以決定訊息的傳遞與否。人腦便藉著突觸訊號的總合影響，產生溝通與協調的能力，配合終末端的器官達成人類各式各樣的功能。

一、神經基本組織的發生

在整個發育成熟的過程中，神經系統的變化可以用兩個性質來理解。一是增添性，一是雕琢性。增添性包含了重要的基本神經架構的完成。例如：在受精之後第五個星期，最原始的神經構造——神經管即已完成。延著神經管的緊內側出現一些各樣式的神經母細胞，這些神經細胞在胚胎期約第三個月至第八個月之間進行重要的細胞分裂（cell division）與走位（migration）的工程。這個走位工作好像神經系統在疊床架屋般建造我們腦神經在認知工作上最重要的腦皮質層。越早期分裂出來的神經細胞往外圍位移，達到最外層之後就停止。隨後而來的神經細胞會越過先前到的細胞到最外層才停止，如此週而復始，一層接一層我們的皮質細胞慢慢增厚。在這走位的同時，一些神經細胞在功能上已逐漸產生分化的作用，特別是接近出生時，樹狀枝的發展、神經軸的生長及髓鞘化等也逐一開始進行。

二、兩類神經元細胞

　　皮質層神經細胞雖然有很多種，各有不同的功能，由組織架構的角度來看可分為兩大類。Marcus Jacobson（1972）對此有較詳細的闡述：第一類的細胞是較大體積的神經元細胞，具有較長的細胞神經軸。它們是構成感覺及運動功能傳導的主要神經元。這些神經元細胞的結構及功能變化不大，而且這些細胞的發育與成熟受到基因很強的影響。第二類細胞是較小體積的細胞間質神經元或稱之為中間神經元（interneurons）。中間神經元的神經軸較短，為連接於原發傳入神經元及終末運動神經元間所含的神經細胞。這一類細胞通常相互集結連接而形成複雜的神經鏈。這些細胞雖沒有單一獨特的功能表現，然而透過眾多此類細胞的功能整合，配合第一類的傳入、傳出神經元的功能，使我們的大腦皮質層得以施行高級的認知功能。在個體的發生史上，第二類細胞的出現較晚，成熟較遲，受到基因的控制也較輕微，受神經系統、內分泌系統或整體環境刺激後，結構功能的可變性較高。這類神經元細胞對人類的高級皮質層功能的角色扮演非常重要。

三、神經軸髓鞘化

　　臨床神經學通常以中樞神經的髓鞘化作為腦部發育成熟度的指標。除了髓靴化的進度與嬰幼兒期的各項發育有直接相關之外；在運用現代結構影像處理上，更可以不必經剖腦進行組織探查而概略得知其成熟的演進。確實，髓靴化的進度與語音語言的發展表面上有相關。以髓鞘化的開始與完成的時間為研究，Yokovlev 和 Lecours 於 1967 提出的報告顯示：不僅是視覺系統與臨床視覺發育的敏感期（sensitive eriod）若隱若合，其聽語神經系統的髓靴化更是和嬰幼兒語音出現、口語構音的成熟、句子的出現以及讀寫能力的建立，有密切相配合之處。

四、樹狀突觸之長延

　　早在 1934 年 De Crinis 就觀察到在新生兒的皮質層細胞中，非常少有樹狀突存在。出生之後，在緊接的兩年中腦皮質層最大的變化是神經元與神經元之間的接觸增多，也就是樹狀突與神經軸大量的發展。依據現在的認知，中樞神經的功能存在於神經網路間資訊的傳遞。而神經網路資訊的傳遞，由一個神經元到另一個神經元，其位置則在神經接觸點（synaptic area）。證據顯示這些接合點彼此之間相關度的強弱、產生的化學神經傳導素（neurotransmitters）的種

類、濃度的高低等,都隨著出生之後個體所接受到刺激的種類強度的不同有所差異。

五、神經組織雕琢

當神經元開始經由神經軸和樹狀枝與其它的神經元細胞或其他標的細胞(target cell)形成接觸,整個神經元細胞與標的細胞間開始有網路的形成。這個神經網路的架構就不斷的修改。這些修改雖仍然有基因透過核醣核酸的主導,但受到環境物理刺激很大的影響,大略上可分為三個不同的型態:不良神經元細胞的淘汰、超額接觸點的去除、神經網路的建構。以下將作簡單的介紹。

(一)神經元細胞的淘汰

脊椎動物的神經元在生成之後都有自然死亡的情況。大部分死亡的時期大略是在神經元細胞軸形成,以及與標的細胞開始有互動情況產生的時候。過去有些在動物的觀察(Jeffery & Perry, 1982)認為這種神經元的死亡是由於細胞元與標的細胞的數目未能一致有關。過多的神經元在未能接上標的細胞後自然死亡。過剩的標的細胞(在腦皮質層裡有可能是另一個神經元)沒有神經元的接觸也會導致最後的死亡。這種以神經元與標的細胞之間相對「量」不足引起神經元細胞死亡的理由在人類的情況並不被廣泛的認同。最近另外一種較被接受神經元死亡的理由是「質」的問題。以特

殊的染劑（horseradish peroxidase）在老鼠的視網膜神經元細胞的標定研究上，發現有許多在發育期間錯誤連接的視神經細胞，當發育到成熟時，都消失掉了。證明一些錯誤的神經元——標的細胞連結，會導致神經元的死亡。神經元細胞必須正確的與標的細胞連結才能存活。主要的原因是當正確連接後，標的細胞經過適當的刺激後會釋出「神經生長素（nerve growth factor-NGF）」。此種神經生長素會回頭鞏固接點並促進神經元的生長。因此若是接點有瑕疵或錯誤，神經元細胞與標的細胞的互動產生問題，NGF 的生長減少或不符，即會產生神經元的死亡。

(二)超額接觸點的去除

在本世紀的初期就有人指出我們的神經系統在出生時有過多的接點。這些超額的接點與上述不良的神經元細胞一樣，不只對神經運作沒有直接助益，反而干擾精細動作的執行。胚胎生理的研究顯示在新生兒時期的肌肉單一纖維組織，常常一開始時被好幾條神經纖維所支配。在中樞神經方面的觀察，新生兒時期皮質層神經元的細胞軸有連接至對側皮質層的、進入錐體徑路的、以及很多在成人的神經網路上看不到的連接。如：視神經纖維由側膝狀體、上視疊體及視覺腦皮質的第四層之間，在大人由雙眼所來的神經軸是井然有序的排列著，但在新生兒或幼兒時期的則是交織纏雜不清。表示許多紛亂無秩序的神經連結，在成長的過程當中自然的被淘汰了。

㈢神經網路的建構

　　神經網路的建構對神經功能精確的發揮有重要的影響。其與出生後所處環境物理刺激的互動反應息息相關，將於下節神經功能的組合內討論。

第三節　神經組織功能的組合

　　一些早期對嬰幼兒腦傷預後的臨床觀察，發現語言能力的恢復性似乎是很好。致使有人認為在發育的早期，整個腦部的神經元細胞是一群具相同潛力的細胞組合而成。起先我們可能認為腦神經系統位於顱殼之內，必然是像肝臟、心臟或腎臟一樣，由一個或一組性質相同的神經母細胞所延化而來。近年來的細胞演化學的研究結果告訴我們事實並非如此簡單。它是由不同的神經母細胞所演化而成，有許多證據顯示在初生前，腦部結構的不對稱性早已存在。這樣我們面臨一個問題，即大腦這麼複雜的資訊處理執行中心，日以繼夜的運作控制身體對內對外的各項刺激反應，我們大腦其結構功能如何整合？

一、神經功能區之聯結

　　概略來分，我們的大腦可分為五個功能區；運動皮質區（mortor cortex），聽覺皮質區（auditory cortex），視覺皮質區（visual cortex），體感覺皮質區（somatosensory cortex）以及大腦邊緣系統（limbic system）。前四區的解剖位置與功能我們都很熟悉不再詳述，倒是第五區，雖稱為大腦邊緣系統，卻是一群位於大腦深層，結構非常複雜的神經核器官，加上與此系統相連的下視丘（hypothalamus）及那些處於大腦皮質層下相關之組織稱之。這系統內的任一個組織若給予刺激會引起味覺或嗅覺以及一些生氣、驚怖或滿足的感覺。除了這些原始的感覺之外，邊緣系統也負責一些原始的動作，特別是有關上述原始感覺相結合的動作。

　　1901 德國神經解剖學家 Flechsig 比較各區神經髓鞘化的程度，認為上述五個皮質區都屬所謂初發神經區（primodial zone）。這區內的細胞髓鞘化的程度較其他腦皮層為早。而且細胞結構都各具特色，彼此之間殊少類同。近年來的研究顯示這些不同的功能區內的細胞，在早期胚胎發育期間是各自緣起於不同的神經上皮原生質細胞（neuroepithelial germinal cells）的，而這些上皮細胞群又各自源於單一的胚胎根細胞（stem cell）。大部分的低等哺乳類動物、如兔子及貓，其大腦皮質層只由上述的初發神經

區所構成。

　　但在演化過程較進步的哺乳類動物皮質層裡，在這五個不同的初發神經區之間，隨後另外發展出一些細胞外型相似的皮質層。Flechsig　稱之為中介神經區（inter medial zone），而現習稱為協同皮質層（association cortex）。依照 Flechsig 早期的研究發現人類初發神經區內的細胞殊少彼此直接相連；也就是說我們的邊緣系統，視覺、聽覺、體感覺以及運動初發神經之間沒有足夠具意義的細胞互相接連。以和人類最相近的猴子視覺初發神經區的連接為例子：他發現在視覺初發神經區的細胞與緊連著的視覺協同皮質層內的神經細胞有密切的相連。由這些協同視覺神經區的細胞再分別與三處的協同區相連接：其一是經由胼連體（corpus collosum）與對側的協同視覺區相連，其二是與同側的協同運動區相連結，其三是與同側顳葉下部邊緣系統的協同區相連接。其中以第三條連接之神經束，亦即與邊緣系統者，最為清楚明顯。這在學習神經生理學上有其特定的意義，容後再詳細討論。

　　Flechsig 當時認為這種由初發神經區連接協同神經區，再由協同神經區與他處之協同神經區相連的型態適用於其他各種初發神經區，也是進化程度較高之神經纖維互相連接的標準型態。此一推論對於語音語言發展最要緊的聽覺神經系統已經被現代的神經解剖學家 Bailey（1951）所證實。如：所有聲音由第八對腦神經（耳蝸神經）經由中膝狀體（medial geniculate body）進入腦中樞神經的視丘。在此處

音聲刺激作很短暫的修飾就進入皮質層初發聽覺神經區（
primary auditory cortex）。此區座落於左側顳葉的內面稱
為 Heschl 氏腦回處。這處的細胞僅對某特定頻率範圍內的
聲音刺激有反應。因此有人認為此區是最早對所傳入的聲音
作語音辨識的地方。Geschwind 等人（1985）提出的報告
指出嬰兒在出生時，甚至在胎內時，左側的此區就比右側為
大了。這區的神經連接是與顳葉後上側習稱為 Wernicke 氏
區的協同聽覺區連接（associate auditory cortex）。人類
的腦皮質層可以發現有很明顯的神經束，弓形束（arcuate
fasciculus），從此協同聽覺區與額葉的協同運動區，習稱
為 Broca 氏區相連結。人類可能透過協同運動區內存之語
音板模控制初發運動區以及小腦等其他控制發聲器運動的神
經組織來產生語音語言。此兩個協同區與其間相連接之弓形
束是古典神經語言學的基礎。

　　除了上述兩種演化先後上不同的區域之外，人類的腦皮
質層尚有第三種區域在整個成熟過程中非常的慢，要到青春
期才達完全。這些區我們稱之為跨功能區（supramodal
zones）。這些區包括人類的額葉前區（prefrontal region）、
顳葉位於聽覺協同區的後下方，以及頂葉皮質層的下方——
視覺協同區的前方很廣泛的區域，包含角回（angular
gyrus）以及上緣回（supramarginal gyrus）。這些區域在
人類非常的發達，但在人類以下之其他哺乳類動物並不發
達。在老鼠的腦幾乎都是初發神經區，而人類的初發神經區
在整個比例上來說卻非常的小，反而跨功能皮質區佔有相當

大的比例。這跨功能區並無直接負責任何由單一的感覺神經系統所傳進來的資訊刺激。主要功能在負責整合多處功能區的神經資訊以完成預測、計畫、推理、歸納以及聯想等高級腦皮質層之認知功能。這些跨功能區的神經細胞架構（cytoarchitectonic structure）與初發神經區和協同神經區者不同，其神經組織髓鞘化時間表也排在最晚。

二、神經網路的建構

　　大腦皮質細胞的組織結構包含有六個層級。有些層充滿了神經細胞，有些層只含有神經纖維。最主要的皮質層細胞稱作錐體細胞可在任一皮質層看得到，但大部分是位在第三層及第五層。它的外型呈三角錐狀，約佔腦皮質層所有細胞的二分之一至三分之一。它的神經軸通常由皮質層的底部以垂直皮質層表面的方式向上展延進入到第一層。而其細胞底部的延展支則呈水平式的伸展與其它細胞的樹狀突相接。特別是和另一種皮質層細胞稱為星狀細胞的樹狀突相接。星狀細胞有兩種，一種在細胞表面有刺狀突出另一種則是光滑的。這兩種細胞的神經軸與樹狀突都很短，它的功能僅止於半球內的皮質層。刺狀突出的星狀細胞位於第四皮質層，目前所知它的功能在於接受由視丘視經核所傳進來的感官刺激並重新整理後，再經由突處接點傳給第三或第五層的錐體細胞。此種由刺狀突出的星狀細胞所傳進來的感官刺激基本上是屬興奮性的，而由平滑型的星狀細胞所傳達的刺激是屬抑

制性的。第三種細胞也是很重要，稱之為 Martinotti 細胞。此種細胞的神經軸往上伸展在進入腦皮質第一層後轉為平行於皮質層表面的神經纖維。在此與錐體細胞呈直角進入第一層的神經軸形成上千個的神經接點。因此 Martinotti 細胞有提供相鄰錐體細胞神經狀態，產生資訊對比、補強、延續的功能。

　　這些神經細胞在皮質層中通常是以成束為單位的型態存在。研究顯示人類的皮質層有約 3×106 的神經束單位。每個單位大小都相當接近，包含約四千個神經元細胞，其中約一半是錐體細胞而另一半是由星狀體細胞與其他的間質神經細胞組成。有約百分之十的錐體細胞透過胼連體神經束與對側腦半球的皮質層單位相連接。

　　若我們拋開神經元細胞硬體結構為中心的觀念，而將認知及學習的重心放在神經突觸的接點上（以目前所知的觀念是如此），我們可以知道在皮質層第一層的神經資訊有兩個來源：一個是由外界的物理刺激直接通過感官細胞經過視丘神經核進入感官皮質層的突刺星狀細胞，由此連接於錐體細胞底部的延展支，在經過頂部垂直向上的神經軸至腦皮質第一層，在該處形成接點反應。另一個來源是經由細胞神經支、另一側皮質層神經束單位經由胼連體神經纖維交通支及其他附屬側支所傳來的刺激反應。兩種來源的神經刺激均可以成為「記憶」的元素，經由突觸接點分子生化的改變「學習」。當外界各式物理刺激進入神經系統後，隨著刺激的物理性質、抵達皮質層在時間序之先後在皮質層神經記憶板模

產生辨識、比對與認知。這將在下面進一步討論。

三、物理刺激的影響

外界物理刺激對個體神經架構的形成有決定性的作用。O'Kusky & Colonnier（1982）以猴子的視神經區為研究，注意到視神經突觸的絕對數目在六個月以前是持續的增加。同時顯示出樹狀枝的分布也急速擴大。隨後，突觸的數目會逐漸的減少而樹狀枝的複雜性也逐漸降低直到成人型態出現。這種成長的變化於近年來組織學上的研究，顯示出與眼睛在視覺發展期間因使用而受到外界的光學刺激而產生重新組合有關係。若是在早期發育的特定期間內，視覺的刺激沒有適當給予或是有偏廢。上述所見的神經接點的變化會受到影響。將來整體視覺功能的發展也會受到影響，厲害的情況成為中樞性的視覺障礙。因此這種發育早期所見的超額神經接點似乎是與日後個體功能之精確性、特異性有關，它容許環境的刺激所導引出對神經網路細微調整，使個體發展出適合所處環境要求的能力。這些由環境刺激所引發，影響早期發育時神經接點的建構有其一定的時間表。這個期間一般稱之為敏感期（sensitive period），有些人稱之為重要期（critical period）。

在視覺方面，不足的光學刺激造成日後的神經性視弱。在聽力語言系統也有類似的結果。早期音聲語言刺激的隔絕會影響到中樞神經負責語音發展的皮質層結構發育，長遠來

說會影響語音語言的能力。一個有名的例子：美國的女孩
Genie，被隔離在語音刺激的環境外達十二年之久後，造成
永遠無法彌補或復建的中樞神經性語障。據 Curtiss（
1977）描述，Genie 從二十個月起一直到被發現時是十三歲
半。她被關在一間昏暗的閣樓中，白天是綁在一張椅子上，
晚上是捆在一個睡袋內，沒有人和她說話，也無法聽聞別人
交談。她假若發出一些聲響會被毒打一頓。在被發現之後，
她接受各方面積極的教育，但日後的研究報告顯示她的的語
言能力仍然是異常；語言認知的部分比表達好，字彙的認識
比文法好。她的語言表現類似左側大腦切除的成人經語音語
言復建後所產生的語言能力。另外 Silva 等人（1985）對於
那些在學齡前反覆罹患中耳炎的小孩在學業表現的研究，發
現他們在進入學校後，持續出現語言能力不足的現象。尤其
表現在講話構音不清楚，讀的困難，語音認知困難，以及運
用語言推理的能力不足等等牽涉到左側強勢大腦的能力。在
在顯示音聲語言的物理刺激在早期的神經發展上一個重要的
因素。

第四節　神經組織功能的可塑性

　　前面提到語音語言的機轉是人類的一種「技能」不是「
本能」；因此討論兒童語障的神經學基礎時，必要檢討神經
系統的可塑性（neuroplasticity）。這個神經系統的可塑

性，在生理狀況下是「學習」，在病理狀態下就是「復建」
了。「學習」在中樞神經的機轉至今雖仍未完全瞭解，然而
在最近一、二十年來科學家在動物實驗方面的研究以及人類
腦部受傷後復建機轉方面的研究，我們開始對整個神經學習
的生理基礎有較多的認識。對此的認識可進一步幫助我們瞭
解人類如何獲得語音語言。我將簡單的在下面稍做討論。

一、學習與聯想

本世紀初，俄國生理學家 Pavlov 的狗的口水與鈴聲的
關連開啟人們對學習機轉的興趣。發現應該只對肉（視覺、
嗅學及味覺）有反應的狗經過「學習」，在鈴聲（聽覺）的
刺激下竟會產生「食慾」的感覺而分泌唾液。科學家們發現
Pavlov 的狗所表現出來的制約式學習模式，應用在各種各
類的生物上都呈現一致的結果。不論是刺激的種類的改變、
各式的生物有機體上、或進行各式的行為修正都得到相同的
結果。顯示這種學習模式是在整個生物演化的程序中被保留
下來的重要機制。從 Pavlov 的制約學習模式之後又有一些
人類學習行為被提出，如操作制約或語言聯結學習等。這
些「學習」現象在心理學及行為學方面的論著很多，在此我
不贅述。

學習行為的成功與否其指標在於有否確立聯想的能力。
Pavlov 的狗在鈴聲（聽覺）的刺激下聯想到食物確立其「
學習」成功。在日常生活當中常有這樣的經驗：一個久未相

見又一閃而過的好朋友背影會勾起你對他聲音的記憶。這是因為朋友的各式身影與他的聲音在一次又一次的交往經驗中成為眾多的記憶模板（memorial template），使得我們可透過視覺得來的部份資訊（視覺刺激）就可聯想（回憶）起他的聲音。這種聯想的能力有時更可供作辨識之用。

(一)神經分子生理學的變化

　　學習與聯想牽涉到一連串神經細胞網路中特定神經接點處化學分子的改變。研究腦神經在學習時的分子細胞學，不僅讓我們可以明瞭這多重資訊之記憶模板是如何的形成，而且可幫助我們對語言能力的獲得、語言障礙有深一層的認識，更可以指導我們進一步的教學或治療方向。

　　Olds 等科學家們（1989）利用兔子作為實驗，使其接受古典制約式的學習。在實驗中他們隨機將兔子分成三組。實驗組接受 1-KHZ 的聲音刺激 400-ms（制約刺激），並在聲音結束之同時給予 100-ms 的電擊刺激（非制約刺激），每天 80 次經過一天及三天。另有兩組對照組：一組接受與實驗組相似的刺激，只不過聲音刺激與電擊刺激的次序沒有一定，是隨機給予。另一組並不給任何刺激，只是關在籠子裡。實驗組過程之後在兔子的海馬回（hippocampus）CA1 處的神經細胞膜有令人驚奇的改變。兩組對照組者無特殊變化。作者發現在經過一天的反覆制約式的刺激後，海馬回 CA1 處神經細胞體與神經枝突觸的接點，兩個地方細胞膜的蛋白質激活媒 C（PKC-protein kinase C）的濃度分別

都增加了。當學習連續進行三天之後，細胞膜蛋白質激活媒C分布的位置會有不同的改變。在刺激一天後均勻分布於細胞體處及樹狀突觸接點的蛋白質激活媒C，經過三天的刺激之後會較集中於樹狀突觸接點，相對的細胞體處之蛋白質激活媒C會變少。這種蛋白質激活媒C重新分配的現象，作者認為是與制約式學習時間的長短有關係。利用類似的研究方法，以嗅覺作刺激原，Olds等人（1994）最近又成功的在老鼠的嗅腦上證明蛋白質激活媒C有顯著的持續移轉，這種轉移無法以聽覺或視覺刺激來產生，僅能以嗅覺刺激來引導。因此過去人們以為海馬回是人類記憶存在的地方，但依據最近（Golski等人，1995）研究顯示，這種因學習行為所產生的神經細胞分子生化方面的基本改變，在人的腦皮質層人似乎不只限定於海馬回。可能與物理刺激種類的不同而存在於腦皮質層的各處。

這個蛋白質激活媒C是在人類腦皮質層內之椎體細胞中相當豐富的一種酵素。這種酵素現在被認為是人類進行制約式學習時腦部重要的細胞內次級傳訊者（intracellular secondary messenger）之一。它對鈣離子有強烈的感受性，反覆刺激會使其位移至細胞膜表面，從而降低細胞膜對鉀離子的通透性。通常鉀離子的作用在使細胞膜維持在電位激發閾值之下，以備隨時被激發。當蛋白質激活媒C使細胞膜的鉀離子流動減少時，海馬回CA1處的神經細胞，尤其是在制約刺激的神經接點處變得容易被激發。進而促進神經波經由該處的傳導。當類似此種因制約式刺激所引發的神

經組織局部分子生物性改變，因重複刺激而產生強化並進一步鞏固時，日後在生活當中，當相同的神經電子波進中樞神經時，若有相同的時空特性，該處即會很容易的被激發而啟動記憶。

(二)多刺激全方位的學習

　　因此在一般學習狀態下，記憶的形成程序如下：各式物理刺激在空間、時間的背景下（也是一種刺激）經由各式感官轉換成神經脈動同時進入腦中樞神經。在此種多重刺激反覆並呈且以規律性的次序出現時，彼此成為制約刺激，足夠在神經網路內引導蛋白質激活媒 C 較持續的移轉，或最終在突觸接點的細胞膜產生定位，因而使各該神經元對該特定的物理刺激由感覺神經所傳來脈動感受性增加，而為記憶點的形成。當眾多此種記憶形成時因彼此互為制約刺激，在時間點上成為一個記憶模板。也就是說，在大約相同一個時間點進入腦中樞神經的各式資訊，會串連在一起並被貯存起來成為一記憶模板。記憶模板的形成是依簡單的自然學習生理規則來完成的。語音語言能力之記憶模板的形成也是如此，是一體成型的，其內容是多重感官全方位的。

　　Alkon（1987,1989）曾經對此提出看法認為：一個神經元細胞可經由樹狀突觸的各接點接受到接近十至二十萬個的神經脈動信號。但是任何一個感覺刺激模板在一個時間點上只用到百分比非常小的樹狀突接點而已。因此以整個腦皮質神經元細胞來說，對於人類的學習行為有用不完的記憶體可

供貯積的。

　　基於前節所討論有關腦各功能區之間有網路互相連結的關係，嬰幼兒的音聲語言學習在日常的生活中因著身體對於各式自然的需求所接受到的各式刺激，正值神經結構的成熟時段，效率增加，從聽覺系統中逐日建立，它是與視覺、味覺、觸覺以及各式體位感覺一起同時建立的。我們稱之為多刺激全方位的學習。所以，為什麼語言的記憶板模可由音聲、光學、體感甚至嗅覺等刺激來啟動就是這個道理。而音聲語言是記憶板模裡眾多元素的一種而已。

二、影響學習的因素

　　在教學的經驗中，老師們知道課程內容的生動活潑可以提高同學們的參與興趣，從而提高學習的績效。而在醫學界裡醫師們（Franz, 1915）發現到那些因中風導致長期半身麻痺的病人，若有強烈動機想要恢復麻痺肢體者或與復健醫師積極合作者，其障礙部位的功能性恢復較快。反之那些毫無意識者或不關心自己疾病程度者，即使是受傷的程度並不厲害，其恢復情況是相當悲觀的。這些觀察在小兒科面對嬰幼兒腦性麻痺幼童也是顯明的例子。被動式的復健對這類小病童障礙的復健績效事倍功半，其原因有一半以上是因為病童本身毫無接受復健的動機，反而因為生活的被打擾而產生抗拒。在這種狀況下各式復建學習都是無效益可言。

　　回頭再次思考有關 Pavlov 的狗制約式的學習，要使那

鈴聲成為引起唾液分泌的刺激元，首先必須得到非制約性刺激元—「肉」—的引導才能成功。「食慾」的需求引導神經元參與整個學習的過程，並透過反覆刺激達到改變神經接點對電位傳導反應的敏感度，進而鞏固此種獨特之電位反應敏感度而形成記憶。在此我們看到兩個引起學習在神經網路裡鞏固落實的因素：原始欲求的滿足和時空關連性的反覆刺激。

(一)原始欲求的滿足

　　近年來對神經傳導素（neurotransmitter）的研究增加了我們對隱藏在上述觀察現象之後的機轉。首先Feeney（1982）發現以安非它命（amphetamine）刺激腦部的新腎上腺素系統（nor-adrenergic system）可使腦部受傷的老鼠在接受復建後恢復得較那些沒有接受此一刺激的老鼠快。隨後 Crispstomo 等人在中風病人的研究裡有相同的發現。他們發現當病人給予注射安非它命時，病人的神經功能恢復情況及其接受復建的效果較好。總歸 Feeney 的一連串研究顯示參與者若能有清醒的意識並積極的參與，是復建學習成功的絕對要件。我們知道當在昏昏欲睡時或在睡覺時的學習績效非常的不好。McCormick（1989）指出在這種情況，腦部分泌的一些調解性神經傳導素會減少，特別是一些維持人意識清醒的傳導素如：乙醯膽素（acetylcholine）和前所提到的新腎上腺素。這些傳導素可維持一個人在清醒的狀態並促進腦部對各式刺激的認知。這些在人體復建所作的

醫學報告顯示：不論是功能訓練或職能復建，牽涉到腦皮質層的學習必須要有參與個體清醒的意識，與主動參與的意願才有辦法成功。

　　嬰幼兒的語言學習應也是沿襲此相同的自然律來完成。為滿足睡眠、飲食、舒適以想要被人接受的原始精神及肉體的欲求，嬰幼兒的腦神經元自然從呱呱落地之後，開始接受各類感官刺激，其中最豐富的也是最便捷能藉以和照護者溝通的即是音聲語言的刺激了。一般嬰幼兒在毫不勉強之下逐日習得該環境的音聲語言系統。起先是實物的認知，後來透過語音的表達會進一步使幼兒感到表達溝通的「快樂」，進而促進語言網路的形成，進步更快。

　　此種以情緒，慾望為原動力的學習程序（learning process），幾乎是脊椎動物主要的神經活動。它控制著個體每天的生活。此種原始動力不都是為滿足欲求而進行的，也有是為防避傷害降低恐懼者。大腦邊緣系統及其相連的組織如下視丘、包含視丘前核之帶狀腦迴、海馬回及扁桃體是負責掌控此原始情動行為的主要中樞神經結構。難怪當年 Fleschig 在猴子視覺協同區對外的連結研究上發現在視覺協同區與邊緣系統相連的神經束最為明顯。在語言的學習機制中這邊緣神經系統及基底核的功能其重要性過去一直沒有注意，現在逐漸理解其不只是在語音語言學習的機轉上扮演重要角色，其異常結構可能是造成發育型語障或整個高腦皮層功能障礙的重要原因。

㈡關連性的反覆刺激

　　由 Olds 等人（1989）在兔子所作的實驗發現兩個對照組中第一組的兔子，雖也接受同樣並等量的刺激，但兩個刺激元的施予，聲響與電擊，是以隨機施予，並無時間先後的關連性。如此的結果是無法在神經接點上引導蛋白質激活媒 C 集結，建立起記憶神經接點。其蛋白質激活媒 C 的分布與濃度和那些絲毫沒有接受刺激，僅被關在籠子內第二組的兔子所觀測到的分子細胞變化沒有兩樣。這樣的結果暗示著，制約與非制約刺激若以亂序反覆進行，仍然無法形成有效的神經記憶模板。刺激時間點前後配合以及反覆刺激是有效學習的因素之一。

　　因此，語言能力的獲得在早期由於原始欲求提供非制約的修件，在周遭環境反覆的音聲語言刺激下習得語音語言之記憶板模：透過操作制約的機制，配合整個運動功能區與其他細部協調神經反射迴路的建立，以及神經接點細部調整的成熟，在語音的表達方面，達成所處環境接受認知的音聲語言能力，並藉之以溝通。

第五節　腦傷後語言發育的神經基礎

當局部腦傷之後,受傷部位的功能可被其他的腦神經區所代替。此種情況不只是在演化進程低等的動物,同樣在人類的腦部也可觀察到的現象。成人腦部出血受傷之後可以恢復其前相當程度的技能,小兒腦部受傷之後也可以經由學習來得到近乎原本應由傷害部位腦組織負責的神經功能。小兒腦傷後語言能力的恢復,就是其中一項令人驚奇的神經功能代償表現。早期腦傷後的語言學習和發展功能的代償有幾個特徵值得我們注意的:一、是腦控制中心的對側轉移;二、是它有年齡限制,年齡越小,其轉移的效果越佳;三、是出生後的腦傷,無論多麼早,右側大腦無法完全取代左側大腦的語言功能;四、是因代償左側語言功能的緣故,右側大腦神經功能會受到影響。接下來我們要討論有關腦傷後,兒童語言學習的機制。

一、結構與功能互動的特性

首先,腦皮質層細胞與運動或感覺神經細胞的對應基本上不是一對一的,而是以功能為導向經由互相的制衡與加強來達成的。Phillips 等人發現脊髓神經內的單一神經元對應於腦部皮質層內細胞的區域可達 13 毫米平方之廣。這些對

應區有時分成好幾個。令人注意的是，單一運動神經元的皮質層對應區有時和其拮抗或協同運動神經元的皮質層對應區有重疊現象。

1981 年，Hyvarinen 等人提出一份有趣的報告：他們將猴子的雙眼眼皮縫住，使其隔絕光源的刺激為時一年。隨後在視覺神經區處以精細的電極可偵測到 20％的視神經細胞對身體感覺的刺激有反應。這在正常的情況下是不會有的現象。這些現象在更早的時候，1985 年，Murata 等人就發現到差不多有一半的視神經皮質層細胞不只是對視覺刺激有反應，對其他的刺激亦有反應，如：聽覺或針刺的感覺等。只不過這些在視神經區測到的，經由非視覺刺激所產生的反應，其延時反應（latencies）較長，且容易被阻斷。

另外的例子是先天性聾啞的同胞自幼無法利用語音語言與人溝通並學習 手語。及長因意外致左側腦傷，影響到左側顳葉聽語認知中心。其產生的症狀與一般病患的失語症類似。無法以手語系統和人溝通，隨後雖然逐漸恢復，其手勢當中仍充滿語法錯誤，手勢不明，遲疑等等和語音同胞失語症時相同的症狀。當某一功能區的刺激來源發生變化時，其他的刺激源仍可對其發生作用。透過學習完成取代作用。

這些研究顯示，在出生時雖然各功能區內的腦神經細胞不是同質潛能的（equipotentiality），但也絕不僅是單一功能的細胞而已，對個體本身的各式需要仍充滿可塑性。各大腦功能區內的細胞通常被認為僅司某項功能而已，事實上，當腦部受到損傷之後，此區專職的功能常會被週邊的細胞或

對側細胞所取代。從另一個角度來看，其他功能區的神經細
胞有時要被迫來負起該受損區的功能。語言能力就是其中之
一項。

二、神經語言區的對側轉移

Rasmussen 和 Milner（1977 ）利用腦部局部麻醉的方
式（ *Wada test*）測得那些無明顯左側大腦受傷的病人中，
96％慣用右手的人其講話中樞位於左側，其餘在右側。而那
些慣用左手或兩手並用的病人，有 70％他們的講話中心在
左側，15％在右側，而其餘的分布在兩側。這現象在有明顯
左側大腦受傷的病患當中就不一樣了。那些慣用右手的人只
有 81％其講話中心在左側，而有 12％在右側，另 7％在兩
側。而那些慣用左手或兩手並用的病人，只有 28％他們的
講話中心在左側，卻有 53％在右側，而其餘的 19％分布在
兩側。由這個研究清楚的顯示，人類控制講話的神經性功能
存在於我們左側大腦。但隨著左側大腦的受傷，其功能可移
轉至右側大腦。由於語言能力對人類進行溝通的重要性，導
致腦傷後在神經組織的架構及功能上能有如此的代償。但這
種代償卻有如下的幾個特性：

(一)功能無法完全取代

另外一個報告除了凸顯語言功能可以經由對側轉移來取
得代償之外，更進一步透露些語言功能代償的訊息。Den-

nis 及 Whitaker 在 1976 年報告三個九至十歲的個案。他們
都是自幼（五個月大以前）即因厲害的腦部疾患以手術取掉
兩腦半球之一。其中兩人僅剩右半球，一個僅具左半球。在
一連串的語言測試之後，三個小孩在一般的語音及語意認知
使用上無甚差別；然而左側大腦的小孩顯著的比僅具右側大
腦的小孩有較強對語法的認知與運用。這個報告顯示雖然語
言的能力在早期左側大腦受傷之後，可以經由學習或訓練順
利將講話的功能區轉移至右側，並使講話功能恢復至相當的
程度。然而若仔細的查驗整體語言之各項機制，右側大腦在
取代左側大腦的全部功能上仍有其侷限之處。特別是當語意
是透過語法結構來表達時，左側大腦有顯著且無取代的優
勢。

(二)年齡與代償

　　Landsdell 於 1969 年提出一個報告，有十五個自幼即左
側大腦受傷的病患，利用上述的 Wada 方法確定其講話中心
已轉移至右側大腦者。這些病患接受魏氏智力測驗，其結果
和一群腦部受傷但其講話中心仍在左側者的相比較。利用相
關及因素分析結果顯示：以控制中心仍在左側大腦病患的語
言做標準，那些腦傷越早轉移至右側的病患其語言能力比晚
腦傷致轉移的語言能力為好。但從另一個角度來看，非語言
部份的智商卻是相反，那些腦傷越早轉移至右側的病患其非
語言部份的能力比晚腦傷致轉移的為差。換句話說，那些因
左側大腦受傷致需以右側大腦為控制中心的語言能力與左側

大腦發生病變的時間有相關，越早受傷者語言能力恢復的越
好。然而同時，其代價是非語言部份的能力會受到顯著的影
響。至於什麼時間是早，什麼時間是晚，到目前仍無定論，
Milner（1974）曾經建議說年齡過了六歲，左側大腦的受傷
將無法將講話功能移轉至右側大腦。但這並非絕對的，個別
的差異性仍是存在。

(三)選擇性的轉移與代價

　　另外一個問題牽涉到受傷區域大小與位置的問題。Ras-
mussen 及 Milner 在他們對 134 個早期受到左側腦傷，罹患
有癲癇病患的手術研究中：有三分之一的病人是慣用右手
的。而以 Wada 氏的方法測試時顯示有 81％的病患他們的
講話控制中心仍是在左側。那些慣用左手的病人，只有大約
33％顯示強勢大腦在左側，有 50％顯示在右側，其餘的顯
示語言控制中心分布在兩側都有。當手術進去以後，所見明
白的顯示：並非所有左側大腦受傷的病患，不論受傷的範圍
大小，其語言中心都可以移轉至右側。只有那些傷害到額葉
或顳葉講話語言中心的病人其控制的功能區方得轉移至對
側。更進一步的顯示，並非影響額葉或顳葉其中之一，就會
引起語言功能全部的對側移轉。其功能轉移是有選擇性的，
當早期左側語言區的部分受到傷害時，只有該語言區的功能
控制移轉至右側，其餘的仍然留在左側。也就是因為如此，
才會發現有些病患其語言控制中心存在於兩側的現象。

第六節　結語

　　嬰幼兒語言的學習基本神經基礎上是三種因素互相作用的結果。

　　第一：基因的影響在胚胎時期控制著整個腦中樞神經的初級架構。提供將來發展所需的基本組織。若按目前有限的胚胎發育學以及神經生理學資料顯示，腦中樞神經的胚胎來源是從不同的神經母細胞發育組合起來的。或說：在發育非常的早期（三～四星期時）某些神經母細胞已決定其將來的專業功能性，並按基因控制逐一演化並組合成專屬「人類」的腦中樞神經。腦中樞神經出生時兩側體積及一些次級架構在兩邊並不相對稱，雖然這些現象證明剛出生的新生兒神經架構的局部化（Localization）及偏側化（Lateralization）已俱，但有證據顯示其專業性（Specification）卻尚未完成。必須至後來的皮質層神經架構在自然成長中與外界刺激產生之互動關係，各高級功能區的專業化才逐漸演化產生。皮質層的原發功能區細胞雖是源由於不同的神經母細胞發展組合而成，而且彼此之間並無直接聯繫。但透過相連的協同功能區甚至超功能協調區之各層神經元及其接點所成的網路系統的運作，使得腦部各功能區並非各自為政的，反而因網路連結的作用使我們的腦部可以進行邏輯、歸納、推理等等高級認知功能。

　　第二：從種種跡像顯示這個腦中樞神經在出生時的成熟度仍是不夠，也因此效率不彰。其不成熟的證據除了在神經軸的髓鞘化尚未完成之外，過剩的神經元細胞及超額複雜的神經纖維接點也是影響到神經傳導速率及效能不成熟重要的因素。也因此使整體腦中樞神經的功能未能在出生後不久即可表現的像其他哺乳類幼兒動物般的獨立生活的能力。但這種不成熟的組織架構恰好給個體所生活的環境留下細部調整互動的空間。這個神經架構表現型（Phenotype）的成熟固然可接受環境刺激的雕琢，但在某一程度上它的步伐仍是獨立自主的。換句話說，其成熟的速度是受個體基因控制的。各功能區有其特具的敏感期，在此敏感期間給予適當的刺激，將使中樞神經尤其是高腦皮質層功能（higher cortical function）保有日後發展的潛力。視覺神經固是典型的例子，聽語系統亦然。聽語系統的敏感期有人認為要到青春期才結束，但一些觀察顯示大約在五至七歲即已大致結束。

　　第三：人類相互溝通的慾望與行為是「本能」，但其方法卻是「技能」。語音語言能力是後者，必須學習才可得。因此牽涉到兒童語言能力獲得的神經基礎並不複雜，基本上就是一般的「學習」神經生理基礎罷了。以前對於語言的神經學的理解，由於 Broca 及 Wernike 的影響，偏重於功能區各層皮質細胞的角色扮演。近年來中樞神經邊緣系統的重要性逐漸突顯。此區的角色是啟動各式技能學習的要緊結構，語音語言的學習只是其中一部分。若以制約式學習的模式來探討語音語言的學習，則：期待透過溝通來滿足基本生

理需求的慾望是制約的條件，任何物理刺激透過個體感覺器官進入中樞神經系統者，或同時或有先後，將成為非制約刺激。只要個體的神經系統功能正常，物理刺激的強度與反覆的頻率足夠，此刺激將在神經網路上留下「印記」。在自然的狀態下，此「印記」必然包含各式感官所傳進來的資訊要素，由於音聲語言是所有溝通方式中最為便捷有效的一種，在成長發育的過程中自然被採納、學習，並進一步被使用是理所當然的。

　　當幼兒的腦部受到傷害之後，由於仍處於發育期加上腦部細胞結構網路的關係，語言能力有極強的代償性。對於語音語言來說，功能區的對側轉移是其代償方式。此一功能轉移不只是有選擇性，並且無法完全代償，效果仍有限制。最重要的是必須付出對側原本功能減弱的代價。對兒童語言發育之神經基礎的瞭解與認識除有助於我們對兒童產生語障的原因有深一層的瞭解外，也會有助於我們知道如何去幫助他們，在教學策略的運用上至為重要。

參考文獻

梅錦榮（民 80）：神經生理學。台北：桂冠出版社。

張春興（民 66）：心理學。台北：台灣東華出版社。

Bach-y-Rita, P. (1990). Brain plasticity as a basis for recovery of function in humans. *Neuropsychologia*,28 (6), 547-554.

Bach-y-Rita, P., & Bach-Rita, E. W. (1990). Biological and psychological factors in recovery from brain damage in humans. *Canadian Journmal of Psychology*,44(2),148-165.

Dennis, M., & Whitaker, H. A. (1997). Hemispheric equipotentiality and language acquisition. In: S.J. Segalowitz & F.A. Gruber (Eds), *Language develop ment and Neurological Theory*. Academic Press: Lon don. 93-106.

Finger, S., Stein, D.G. (1982). *Brain damage and recovery: Research and cliniccal perspectives*. New York: Academic Press.

Geschwind, N., & Galaburda, A.M. (1985). Cerebral lateralization: biological mechanism, associations and pathology: I. A hypothesis and a program for re search. *Archives of Neurology*,42, 428-459.

Golski S., Olds J.L., Mishkin M., Olton D.S. & Alkon D.L. (1995). Protein kinase C in the hippocampus is altered by spatial but not cued discriminations: a component task analysis source.*Brain Research*, 676 (1); 53-62.

Goodman, R. (1987). The developmental Neurobiology of language. In:Yule W.& Rutter M. (Eds.). *Language development and Disorders*.Oxford: Blackwell Scientific Publications. 129-145.

Hopkins W.G. & Brown M.C. (1984). *Development of nerve cells and their connections.* Cambridge: Cambridge University press.

Jacobson, M. (1969). Development of specific neuronal connection.*Science*,163, 543-547.

Lansdell, H., (1969). Verbal and nonverbal factors in right-hemisphere speech.*J. Comp. Physiol. Psychol.* 69:734-738.

Lenneberg, E.H. (1967).*Biological foundations of language.* New York: Wiley.

Milner, B.,(1974). Hemispheric specialization: scope and limites, In:F.O. Schmitt & F.G. Worden, (Eds.),*The Neuroscience*, Third Study program. Cambridge: MIT press.

Olds, J.L., Anderson, M.L., McPhie, D.L., Staten, L.D. &

Alkon, D.L. (1989). Imagine of memory-specific changes in the distribution of protein kinase C in the Hippocampus. *Science*, 245, 866-869.

Oppenheim, R.W. (1985) Naturally occurring cell death during neural development. *Trends Neurosci.* 8: 487-493.

Papanicolaou, A.C., Moore, B.D. & Deutsch, G. (1989). Reorganization of cerebral function following lesions in the left hemisphere. In: Bach-Y-Rita P. (Ed.) *Traumatic Brain Injury.*New York:Demos. 105-119.

Rasmussen, T., & Milner, B. (1977) The role of early left-brain injury in determining lateralization of cerebral speech function.*Ann. N. Y. Acad. Sci.* 299:328-354.

Silve, P.A., Stewart, I., Kirkland, C., Simpson, A. (1985). How impaired are children who experience persistent bilateral otitis media with effusion ? In: Duane, D. D., Leong, C.K. (Eds.) *Understanding Learning Disabilities: International and Multidiciplinary Views.* New York: Plenum. 27-37.

Yakovlev, P.I., & Lecours, A.R. (1967). The myelogenetic cycles of regional maturation of the brain. In A. Minkowski (Ed.), *Regional development of the brain in early life.*Oxford: Blackwell, 3-70.

第 5 章

神經病變與溝通障礙

詹金烈

　　人類溝通工具（如語言）運用能力的缺陷常因先天或後天性神經系統病變所造成。本文將針對腦內病灶及其所致之語言溝通障礙的形成作一對照性的描述。大致上語言溝通障礙的形式可分為接收型和表達型兩種。這兩型的最末端感應／反應器官，即眼、耳／手、口的功能異常將不在本文敘述範圍。此外，因注意力、廣泛性記憶、思想、情感、情緒或人格障礙，如急性混亂狀態、癡呆症、精神分裂症、躁鬱症、精神官能症等所致之溝通障礙，也不予討論。

第一節　造成語言溝通障礙的 腦內病灶總論

　　人腦的記憶功能無疑地決定語言、文字運用能力的發揮，這記憶體從事學習、保留／遺忘、儲存和尋回的工作。人腦的資料儲存已知和多樣式聯合皮質及其附近的聯合皮質有關；當它們受損時，以往經學習所獲得的部分能力會遭殃。表面上雖然學習其他新事物的能力還完好，但涉及該能力的「重新學習」卻大受影響，原因是學習該能力所需的神經元或其路徑也同時受波及之故。目前已知有關人類言語、文字的聯合皮質及多樣式聯合皮質在左腦的中央前回下方，（包括 area 4 和 6）及 area 44, 22, 37, 39, 40（圖一）。相當於額、頂、顳葉交界處附近，即所謂的前、後語言區。任何神經系統疾病，包括腦血管疾病（梗塞或出

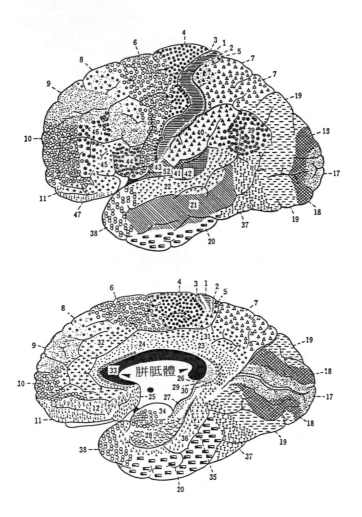

圖1　大腦半球的上外側面（上）及內側面（下）顯示Brodmann
　　　依細胞構造區分的皮質區（cytoarchitectonic corti-
　　　cal areas）分布的情況，有如一張腦地圖（map）。

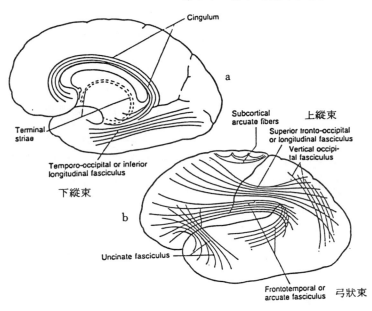

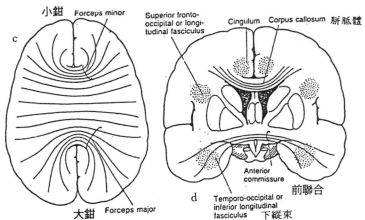

圖2　同一大腦半球內或左右大腦半球間經由聯結纖維有前後左右
的聯繫；其中又以胼胝體、弓狀束、上縱束及下縱束最顯
著。a：內側面；b：外側面；c：水平面；d：冠狀面。

血），腦外傷、腫瘤、多發性硬化症、感染、腦退化、變性、中毒及代謝障礙等，只要侵犯到上述語言區或其附近的皮質下部位，都會造成言語、文字處理能力的缺陷。此外皮質知覺／運動區，即聽覺（area 41, 42）、視覺（area 17, 18, 19）、體感覺（area 3, 1, 2 及 5, 7）／運動（area 4）皮質（圖一），因直接涉及訊息的輸入／傳出，它們的受損也會阻斷言語、文字處理的前、後步驟，因而造成相對應的溝通障礙。

　　上述大腦皮質區之間「水平」的聯繫（即同一大腦半球內或左右大腦半球間）（圖二），使訊息處理能正常進行；此外大腦與周邊之間訊息的傳遞還有賴神經纖維路徑作「垂直」的聯繫。這路徑一旦因病（如中風）被破壞，大腦知覺／運動皮質與周邊的聯絡便中斷；周邊的知覺訊息無法傳入大腦，大腦的運動指令也無法下達周邊，如此則某種形式的溝通障礙也會發生。

第二節　大腦半球優勢論與功能及解剖的左右不對稱性

　　因為左腦語言皮質已被證實負責大部份言語、文字處理的功能（Sperry, 1969），臨床上失語、失讀、失寫症也多因左腦損傷所引起，所以左右半球對稱性病灶產生不同的症狀。同時 Geschwind 和 Levitsky (1968) 也已證明大多數成

年人腦（65％）左右半球的顳葉面（相當於後上顳葉皮質）在解剖上的不對稱性：即左（約略等於 Wernicke's area）大於右。Witelson 和 Pallie (1973) 及 Wada 等 (1975) 更進一步分別在嬰、胎兒（前者從出生後第一天到三個月；後者從懷孕 30 週到出生後 18 個月）的大腦也證實此一現象（前者之流行率為 79％，後者為 56％）。一般而言，此解剖上的左右不對稱性發生在皮質聯合區；初級知覺／運動皮質還是左右對稱地存在著。另方面，即使左右對稱的結構發生病變，也可能有不同程度的症狀表現（如中央前回下方）。

第三節　構音障礙

構音的神經肌肉控制來自兩側大腦運動皮質（上運動神經元）經皮質延髓徑至腦幹神經核（下運動神經元）發出顏面神經（VII），舌咽神經（IX），迷走神經（X），和舌下神經（XII），主控兩側發音／構音器官之肌肉而完成。基底核和小腦則參與動作的協調。

依病灶的解剖位置，構音障礙可分類成三種（如表一所示）。這三種構音障礙，在單一疾病中可以單獨或混合出現。同時因兩側發音／構音器官「直接的」神經支配未牽涉大腦半球功能的分化，故單側的病灶常只造成一過性而非永久性的構音障礙。文獻中則有幾個嚴重的持續性純構音障礙的病

表一：構音障礙的臨床分類

	病灶位置	常見的病因
(1)麻痺型		
a.上運動神經元	兩側運動皮質或皮質延髓徑	多次中風後之假性延髓麻痺
		多發性硬化症
		肌萎縮性側索硬化症
b.下運動神經元	兩側腦幹神經核或腦神經VII、IX、X、XII	腦幹中風
		漸進性延髓麻痺
		肌萎縮性側索硬化症
c.神經肌肉連合處	兩側發音／構音器官	重症肌無力
(2)錐體外型		
a.寡動型	基底核	巴金森氏病
b.過動型	基底核	手足徐動症、舞蹈症、威爾森氏症
(3)小腦型	小腦	小腦萎縮
		多發性硬化症

例（Schiff, 1983），因左腦後下額葉梗塞所造成；病變範圍包括蓋部（area 44）和／或中央前回下方，或兩者之皮質下部位（圖三）；臨床上除了構音障礙外，並無失語症（aphasia）現象，即失文法症或失寫症。右腦相對應部位的病灶則少有類似報告，顯示構音本身更高階的神經控制已涉及大腦半球功能的分化。同義詞包括（言語失用症），（純

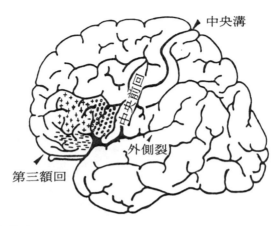

圖 3　圖中的小圓圈區即蓋部（pars operculars），十字形區即三角部（pars triangularis）；兩者合稱 Broca 區（Broca's area）點線區爲眼框部（pars orbitalis）。三者合成第三 額回（F3）。

字啞症），及（語音崩解）等。另外，上運動神經元病變所致之構音障礙在復原過程中，會由麻痺型轉變爲張力異常型，這是因神經系統功能重組的緣故。解剖上支配構音／發音的大腦皮質，其功能區別如表二所示。

表二：構音／發音的腦皮質控制

大腦皮質部位	常態功能	病態表現	大腦半球優勢
輔助運動皮質	發音	啞症或不動不言症	＋／－（　？左）
蓋部（area 44），中央前回下方（包括area 4和6）	構音	構音障礙	＋（左）

　　其實上述部位之間存在直接或間接的水平連繫（圖四），

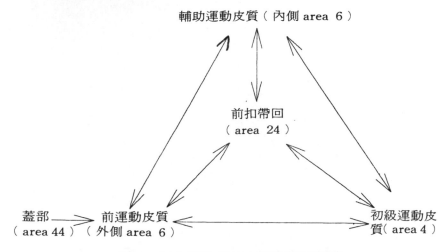

圖 4　以上構造相互之間有聯絡網路

　　其各自的垂直路徑（蓋部及前運動皮質除外）也同時參與形成錐體路徑，以便控制腦幹的下運動神經元。

第四節　額葉純失寫症之謎

　　相對於構音障礙，對大多數人而言，書寫的神經肌肉控制來自左腦運動皮質，經皮質脊髓徑至對側頸脊髓（C5-C8）前角細胞後，發出脊髓神經，再匯集成臂神經叢，主控右手之肌肉收縮而完成。因此這單一路徑一旦受損，將造成右手癱瘓。此時，如試用左手寫字，字跡雖較醜，但字形、筆畫正確（可能出現部分鏡像書寫），若會中文打字也

一樣無誤。這顯示左腦的文字處理正常，左右腦的溝通也正常。

另據文獻記載，在左腦第二額腦回的下方有個「運動書寫中心」叫 Exner's area，負責書寫的執行；但它的角色至今仍未獲公認，部分近代學者（Lecours, Lhermitte & Bryans, 1983）認為：(1)某些額葉病變確實會造成以失寫症為主的臨床表徵，(2)Exner's area 病變很少造成持久的失寫症，頂多只是一過性症狀，(3)某些額葉純失寫症是因失用症、輕癱或癱瘓後張力異常所造成。這一點與純構音障礙類似，意即它們都不是失語症現象。

第五節　皮質聾、純語聾和聽覺失認

由左、右耳傳入的聽覺訊息（語音或非語音）都能進入左、右大腦的初級聽覺皮質（area 41, 42; Heschl's 腦回）；其中語音訊息再匯集（右腦部分則經胼胝體）傳入左腦的聽覺聯合皮質 Wernicke's area（area 22）供解析之用。兩側初級聽覺皮質病變會造成皮質聾；病人表現就像聾子一樣，純音聽力測驗也顯示嚴重聽力障礙。至於單側聽覺皮質受損並不會造成任何症狀。

純語聾乃因語音訊息無法傳入完好的Wernicke's area，病灶位於左側或兩側顳葉；前者因同時傷及來自右顳葉的經胼胝體纖維之故。此時純音聽力測驗顯示聽力正常或輕微異

常，無法解釋病人異常的聽覺行為，即：聽不懂別人說的話（語音），但可聽見且辨認出是什麼聲音（包括語音和非語音）。

　　一般而言，大腦半球優勢現象使左顳葉聯合皮質專責語音處理，右顳葉聯合皮質專責非語音處理的工作。當兩側顳葉聯合皮質病變同時影響語音及非語音（包括週遭環境熟悉的聲音）訊息的處理時，即是聽覺失認。此時病人可以聽見聲音，但無法辨認出是什麼聲音或什麼意思（包括語音和非語音）（Chan, 1984）。

　　以上三類病症所衍生的構音障礙包括(1)聽不到或聽不懂別人的話，(2)因缺乏正常的語音迴饋導致語音不正，(3)複誦及聽寫特別困難，(4)命名、閱讀及自發性書寫正常。因此它們都不是失語症，而是知覺異常所致。常見的病因則來自心源性腦栓塞。

第六節　皮質盲、視覺失認和純字盲

　　兩側初級視覺皮質（area 17）和／或其傳入路徑受損時會導致皮質盲（全盲）；單側受損則引起對側半盲。皮質盲病人表現如同瞎子一般，但對於眼前物體的移動還能察覺，這是因視網膜─上丘─視丘─頂葉之間聯繫尚正常之故。如果視覺正常或輕微異常，但可以看清楚眼前事物，可是認不出是何物時，稱為視覺失認，病變位於兩側顳枕葉；

此時如果讓病人觸摸該物或聽它所發出的聲音,他將恍然大悟。當視覺失認只侷限於文字時會造成閱讀困難,即稱之為失認性失讀症或純失讀症或純字盲。病灶位於左枕葉。此時,文字理解及口讀呈明顯缺陷。

　　傳統上關於失讀症的解釋源於 Dejerine(1892, 1914),後來 Geschwind (1965) 加以發揚光大成所謂的大腦半球分隔症候群的典型。他認為左枕葉病變造成右側半盲;來自右枕葉的視覺訊息又因同時存在的胼胝體膨大部病變,而無法到達左半球角回(area 39)──文字的視覺記憶中心(圖五)

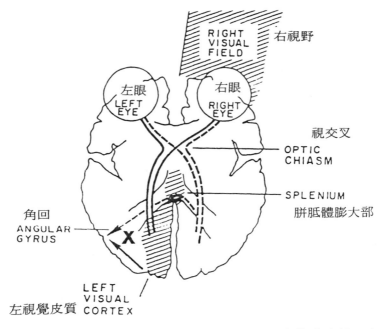

圖 5　仿 Dejerine's 1892 schema,圖中 X 表示左枕葉在側腦室後角的後方白質病變的位置。

；結果文字的視覺訊息無法被解析處理，造成失讀症。後來的研究認為胼胝體膨大部病變並非絕對必要，端視左枕葉病灶位置是否恰當地阻斷了來自同側及對側枕葉的視覺訊息而定，即 Dejerine (1914) 所指的 area X（圖五 ）。

　　起先有關失讀症的研究多數來自英歐語系，直到最近二十幾年才漸有日文（假名和漢字 ）及中文的失讀症報告。有趣的是不管何種語系，造成失讀症和失寫症的病灶位置都十分相近。這是否意味著基本文字處理的腦內機轉有其全球一致性？雖然如此，從視覺資訊處理的理論來講，漢字和假名或其他英歐語文都有明顯差異，那麼到底這些差異如何在正常及有病變的大腦中表現出來，值得進一步探討。

　　根據 Newcombe 和 Marshall (1981) 及 Lytton (1989)，文字的視覺刺激從外界傳入經大腦處理至輸出（口讀）有三條可用途徑：⑴音徑，即由「字母—字音對應法則」將文字唸出，中文或漢字的處理則無此步驟；⑵意徑，即經由文字→字義→口讀的方式唸出；因此一旦口讀正確，實已意含字義理解正常；⑶直徑，即直接從文字讀其音，而不涉及字義。此現象常可見於初學文字的幼兒。綜合中、日、英文失讀、失寫症的報告（ Iwata, 1984; Roeltgen, 1985; Friedman, 1988; Chan, 1992 ）及相關的動物實驗證據（ Mishkin 等, 1983 ）和解剖上有關大腦皮質間聯絡網路的最新資料（ Brodal, 1992; Zeki, 1988 ），上述三條路徑可能的解剖位置如圖六所示；因漢字或中文的處理不經由音徑，所以除非左下頂葉（ 角回和緣上回 ）同時受波及，不然的話左

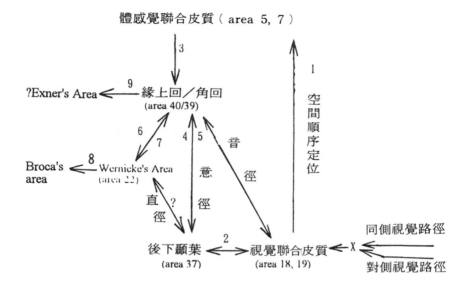

圖6　讀／寫的可能解剖路徑；其中路徑1到9與中文處理有關
（見參考文獻；Chan, 1992）。

頂枕葉間的病灶雖可造成英文（Beauvois & Derouesne, 1979）和假名（Iwata, 1984）的失讀、失寫，應不致影響漢字或中文的處理（Chan, 1993）。此外，對各種文字而言，常用的路徑其實只有一條，即意徑（Barron, 1980; Coltheart, 1980），因為它符合經濟實用的原則。速讀訓練的原理應與此有關。

第七節　純失寫症和失讀／失寫症

　　造成純失寫的病灶，據文獻記載有(1)左腦第二額腦回下方（Exner's area）（Marcie & Hecaen, 1979），(2)左上頂葉（Basso et al., 1978; Auerbach & Alexander, 1981），(3)左顬葉語言區附近（Rosati & De Bastiani, 1979），(4)左尾核及內囊附近（Laine & Martilla, 1981），和(5)左後下顬葉病變造成的純漢字失寫（Soma et al., 1989）。至於失讀／失寫症則源於左下頂葉即角回病變所造成（Dejerine, 1891; 1892）。

　　雖然詳細機轉不明，以上失寫症的病灶位置與圖六所示之讀／寫的可能解剖路徑實頗吻合。

第八節　右大腦半球和中文失讀、失寫的關係

　　對大多數人而言不論何種文字，造成失讀、失寫的大腦病灶皆位於左半球，因為與語意、語音有關的文字處理都是左半球特有的功能。至於病人殘餘的讀、寫能力可能有部份來自右半球的參與（Searleman, 1983）。

　　對於正常人文字處理的視野研究中，有關英文（Gross,

1972）和日文假名（Sasanuma 等，1977）的辨認都指向右
半視野（即左半球）優勢，這和上述之病態研究結果一致。
但漢字（Hatta, 1977; Sasanuma 等， 1977）和中文（
Tzeng 等， 1979; Cheng and Yang, 1989）的視野研究則
呈不一的結論；原則上單字的辨認呈左半視野（即右半球）
優勢；而詞的辨認則呈右半視野（即左半球）優勢（Tzeng
等， 1979; Cheng and Yang, 1989），這可能是因詞受「
語意」的約束而單字較受「形」的約束之故。一般而言，閱
讀的基本神經機轉起始於兩側枕葉皮質後，再匯集由左枕葉
統籌處理（圖六）；而書寫則可能由左顳頂葉皮質發動，經
右大腦半球參與後，再由左額葉執行。

第九節　失語症總論和臨床分類

　　後天性腦傷所致的語言（口語和文字）障礙，特指符號
本身的運用缺陷，統稱失語症。可是純符號運用缺陷易受同
時存在的運動／知覺障礙所影響，所以失語症的診斷需考慮
是否也有運動／知覺障礙所引起的說、寫／聽、讀困難混雜
其中。意即混合存在的情形有時無法避免，如 Broca's 失語
症中的構音障礙即是一例。另外，觀察失語症的臨床特徵除
了需注意和臨床分類有關的流利度，覆誦能力，口語理解力
和命名障礙之外，對於錯誤的表達方式也要加以釐清，如失
文法症，錯語：語意性／音性，錯讀：語意性／音性／視覺

性和錯寫：語意性／音性／視覺性，其中視覺性錯誤乃指因
外形的相似導致讀／寫的誤差。透過對於錯誤的分析或有助
於語言病理機轉的了解。

表三：失語症症候群

亞型	自發性言語	錯語	覆誦	言語理解	命名	閱讀理解	書寫
Broca's	NF	少見(音性錯語)	0	±	±	0	0
Wernicke's	F	常見(語意性錯語)	0	0	0	0	0
全失型	NF	不定	0	0	0	0	0
傳導型	F	常見(音性錯語)	0	+	±	+	±
跨皮質運動型	NF	少見	+	+	±	+	0
跨皮質知覺型	F	常見語意性錯語)	+	0	0	0	0
混合跨皮質型	NF	少見	+	0	0	0	0
命名困難型	F	無	+	+	0	±	±
皮質下型	F/NF	常見	+	±	±	±	±

代號說明：F＝流利；NF＝不流利；＋＝正常；0＝不正常
；±＝不定

　　關於失語症症候群的臨床分類如表三所示（Benson,
1985a）。該分類（Boston classification of aphasia）係
一九七一年 Benson 和 Geschwind 所提出，旨在統一命
名，以利互相溝通；同時藉著語言症狀和大腦病灶之間的對
應關係，作一兼具解剖和功能性的分類（Benson, 1985b）。
往後的大腦造影與臨床失語症研究（Basso, 1985; Vignolo
et. 等., 1986）卻顯示不少例外的病例；顯然地，人類對於
大腦的語言機轉尚未了解。至於失語症臨床分類的必要性，
現階段雖存有許多爭議，卻也有不得不然之慨（見曾進興
等，1992）。

第十節　失語症症狀與大腦病灶之間的 大致相關性 （部分參考 Benson, 1985b）

一、言語流利度

　　大致上以中央溝為界，前區病灶表現不流利型失語症，
後區病灶表現流利型失語症；而兩型之言語表徵區別如表四
所示。
　　嚴重失語症，不管流利型或不流利型，急性期可能呈現
啞症，這是因言語形成能力突然喪失的緣故。臨床上需與嚴

重構音障礙和內側額葉病灶所引起的無意志症或不動不言症相鑑別。後者咸信係因缺乏言語動機所致。

表四：失語症之言語表徵

	不流利型	流利型
a.量	稀少	正常
b.質	有構音障礙	正常
c.表達方式	吃力	輕鬆
d.韻律	失韻律性	正常
e.句子長度	短，1-2個單字，如電報式	正常（每句約有5-8個單字）
f.內容	只含實詞，缺虛詞，呈失文法症	空洞，缺「實詞」
g.　錯語	少見（音性錯語為主）	常見（語意性錯語）

二、複誦

　　側腦裂周邊的病灶伴隨著複誦能力缺陷；而其外圍的大腦動脈邊界灌流區梗塞所致之失語症，則保留複誦能力（圖七）。能複誦並不表示言語已被理解；它充其量只代表語音的進出路徑尚完好，亦即皮質區間（Wernicke's area→Broca's area）反射路徑正常而已。混合跨皮質型失語症因完好的傳統語言皮質被孤立，亦即其四週的腦組織（屬於大

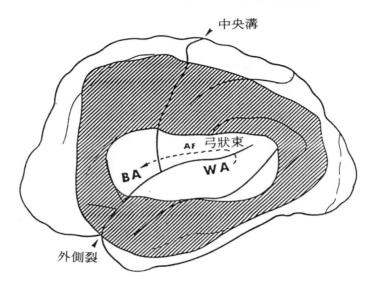

圖 7　BA＝Broca 區（Broca's area）

WA＝Wernicke 區（Wernicke's area）

AF＝Arcuate Fasciculus（弓狀束）

以上三者完好即保證可複誦，但不一定了解所複誦的話。圖中外圍（斜線部分）病變，導致語言區被孤立（isolation of the speech areas），即混合跨皮質型失語症（mixed transcortical aphasia）。單獨切斷弓狀束之病變則造成傳導型失語症（conduction aphasia）。Broca 區泛指臨床上造成 Broca's 失語症的病變位置，大致包括前語言區全部；傳統上 Broca 區則僅指 area 44 和 45，即蓋部（pars opercularis）和三角部（pars triangularis）。Wernicke 區則泛指造成 Wernicke's 失語症的病變位置，大致包括後語言區，特別是 area 22。

腦動脈的邊界灌流區）被破壞，以致進入腦內的語音經初步
登錄後，只能被覆誦，而無法再經處理以供理解，因此這類
病人，就像鸚鵡一般，呈現回語現象，但並不了解他所聽到
的（Geschwind, 1968）。

三、言語理解

　　造成言語理解困難的大腦病灶及其相對應的臨床特徵和
可能的病理機轉如表五所示。

表五：言語理解缺陷的分類

病理機轉	臨床特徵	病灶位置
接收性缺陷	純語聾	左顳葉深部
知覺性缺陷	Wernicke失語症	左顳葉聽覺聯合皮質
語意性缺陷	跨皮質知覺型失語症	左角回
結構性缺陷	Broca失語症	左後下額葉

　　其中接收性缺陷只影響言語，其餘的則同時影響言語和
文字；至於結構性缺陷指的是因句法結構而影響言語理解，
相對於言語表達的失文法症。句法結構包括句子中人、地、
時、事、物的彼此關係，而 Broca 失語症所表現的失文法
症或結構性缺陷正是以這種「關係」的處理困難為其特徵。

另外，知覺性和語意性缺陷，在病理機轉上有所差異，但在臨床表現上則很難單獨加以區別，除非同時參考其各自附帶的其他差異，如覆誦能力的缺陷與否。

四、命名

造成命名困難的大腦病灶及其相對應的臨床特徵和可能的病理機轉如表六。

表六：失語性命名困難的類型

病理機轉	語音暗示（auditory cueing）	臨床特徵指名	失語症症候群	病灶位置
造詞缺陷 a.構音性 b.錯語性	＋ ＋	＋ ＋	Broca's 傳導型	後下額葉 緣上回
擇詞缺陷	—	＋	跨皮質知覺型	顳枕葉交界處
語意缺陷	—	—	跨皮質知覺型	角回
語音缺陷	—	—	Wernicke's	後上顳葉

代號說明：＋＝有幫助；—＝無幫助

五、口讀、閱讀理解和書寫（oral reading, reading comprehension and writing）

　　失語性失讀、失寫的大腦病灶及其可能的病理機轉，大致如前所述（圖五，六）。相對於言語，有關文字書寫的失文法症或文字理解的結構性缺陷也見於 Broca 失語症。

　　一般而言，雖然失語症狀同時包括言語和文字，但是個別的嚴重度卻可以有相當的差異。以 Wernicke 失語症為例，左上顳葉附近的病灶影響言語功能較劇，左下頂葉附近的病灶則較影響文字的處理（Kirshner, Webb & Duncan, 1981; Kirshner & Webb, 1982）。這也顯示大腦的符號運作可以獨立進行，也可以相互轉換。

六、錯語、錯讀、錯寫

　　失語性錯語、錯讀、錯寫是失語症的特徵之一，它們乃源於音、意、形（文字）的運用錯亂所致。至於它們是受損的左腦半球殘餘的功能或同時有右腦半球的參與，則仍未明。

七、失文法症與錯文法症

Broca's 失語症的言語，常只含少數的詞彙，而無文法性虛詞，這種現象叫失（或無）文法症。相對地，Wernicke's 失語症的言語流利，內含實詞和虛詞，但因錯語性替代，特別是針對虛詞，而造成文法錯亂的現象，叫錯文法症。文法的概念，可能和其它的概念形成一樣，無法在解剖上予以功能定位。

第十一節　右大腦半球和失語症：交叉性失語症

一般而言，右利者其語言優勢與運動優勢皆在左大腦半球；而左利者之語言優勢可在左大腦半球（60％）或右大腦半球（40％）。若右利者的語言優勢在右大腦半球，則其病變所致之失語症稱為交叉性失語症，即左腦的運動優勢與右腦的語言優勢呈交叉存在的現象；換言之，語言優勢與運動優勢通常皆在左大腦半球，但少數情形可皆在右大腦半球，或各自交叉地存在左右大腦半球內。

第十二節 右大腦半球和失韻律症

　　語言有三共同要素，即語音、語意和語句結構；其中語音部份至少包含語文性語調和情感性語調。語文性語調隨語意而變（如馬、麻）；情感性語調隨情感而變（如悲傷、快樂等）。根據Ross等人的研究（Ross, 1981, 1992, 1993），右大腦半球病變造成情感性語調表達和接收上的障礙，即失韻律症。表七詳列出左、右大腦半球專責的部分語言功能。整體而言，左右大腦半球互補性的運作，使語言功能完整地呈現。

結語

　　語言功能的發揮需要健全的大腦皮質，發音／構音器官及其間的神經網路，好比交響樂隊的組合包括樂器（＝發音／構音器官），演奏者（＝運動神經細胞），和指揮（＝聯合皮質）及總指揮（＝多樣式聯合皮質）一般。可是作曲家（概念、思想）和樂譜（概念的符號）在哪兒？這也就是目前有關腦功能研究的瓶頸地帶，人腦負責概念形成的機轉或部位是人類最終必須克服的課題。

表七：左右大腦半球的語言功能 *

語言功能	左半球	右半球
手勢	＋	＋
語韻：時適	＋	＋
音調變化	＋	＋
音質	＋	＋
（情感）韻律	―	＋＋
語意：口語、文字	＋＋	―
概念	＋	＋
視覺影像	―	＋＋
語言結構：次序性	＋＋	―
相關性	＋＋	―

*（摘自 Benson and Zaidel: The Dual Brain, 1985）

＊編者按：本章的醫學名詞較多，為避免漢英夾雜的現象阻礙閱讀的流暢性，因此依專有名詞出現的先後次序，將英文對照表列於本附錄，以供讀者方便參考。

附錄：專有名詞中英對照

《第一節》

多樣式聯合皮質	multimodal association cortex
聯合皮質	association cortex
中央前回下方	inferior precentral gyrus
纖維路徑	fiber tracts

《第二節》

大腦半球優勢	cerebral dominance
功能及解剖的（左右）不對稱性	functional and anatomical asymmetry
顳葉面	planum temporale
初級知覺／運動皮質	primary sensory/motor cortex

《第三節》

構音障礙	articulation disorders; dysarthria
皮質延髓徑	corticobulbar tract
發音/構音器官	phonoarticulatory organs
麻痺型	paralytic
上運動神經元	upper motor neuron
假性延髓麻痺	pseudobulbar palsy

多發性硬化症	multiple sclerosis
肌萎縮性側索硬化症	amyotrophic lateral sclerosis
下運動神經元	lower motor nenron
漸進性延髓痲痺	progressive bulbar palsy
神經肌肉連合處	neuromuscular junction
重症肌無力	myasthenia gravis
錐體外型	extrapyramidal
寡動型	hypokinetic
巴金森氏病	Parkinson's disease
過動型	hyperkinetic
威爾森氏症	Wilson's disease
小腦型	cerebellar
純構音障礙	aphemia ; pure anarthria
蓋部	pars opercularis
失語症	aphasia
失文法症	**agrammatism**
失寫症	**agraphia**
言語失用症	**apraxia** of speech
純字啞症	**pure** word dumbness
語音崩解	phonetic disintegration
張力異常型	dystonic
輔助運動皮質	supplementary motor area (SMA)

發音	vocalization
啞症	mutism
不動不言症	akinetic mutism
構音	articulation
錐體路徑	pyramidal tract
腦幹的下運動神經元	bulbar nuclei

《第四節》

額葉純失寫症	pure agraphia of frontal origin
皮質脊髓徑	corticospinal tract
前角細胞	anterior horn cell
運動書寫中心	motor writing center; Exner's area
失用症	apraxia
輕癱	paresis
癱瘓後張力異常	post-paralytic dystonia

《第五節》

皮質聾	cortical deafness
純語聾	pure word deafness
聽覺失認	auditory agnosia
胼胝體纖維	transcallosal fibers
知覺異常	perception disorder
心源性腦栓塞	cerebral embolism of cardiac origin

《第六節》

皮質盲	cortical blindness
視覺失認	visual agnosia
純字盲	pure word blindness
初級視覺皮質	calcarine cortex,primary visual cortex
對側半盲	homonymous hemianopia
上丘	superior colliculus
視丘	thalamus
失認性失讀症	agnosic alexia
純失讀症	pure alexia
口讀	oral reading
分隔症候群	disconnection syndrome
胼胝體膨大部病變	splenial lesion of corpus calosum
角回	angular gyrus
音徑	phonologic route
字母—字音對應法則	grapheme-phoneme correspondence rule
意徑	lexico-semantic route
直徑	direct route

《第七節》

純失寫症	pure agraphia

失讀／失寫症	alexia with agraphia
上頂葉	superior parietal lobule
尾核	caudate nucleus
內囊	internal capsule
純漢字失寫	pure agraphia for kanji
下頂葉	inferior parietal lobule

《第八節》

視野研究	tachistosoopic visual field studies

《第九節》

錯語	paraphasia
錯讀	paralexia
錯寫	paragraphia
大腦造影	brain imaging
全失型	global
傳導型	conduction
跨皮質運動型	transcortical motor
跨皮質知覺型	transcortical sensory
混合跨皮質型	mixed transcortical
命名用難型	anomic
皮質下型	subcortical

《第十節》

言語流利度	speech fluency

中央溝	central sulcus
失韻律性	dysprosodic
電報式	telegraphic
實詞	substative words
無意志症	abulia
複誦	repetition
側腦裂	Sylvian fissure
邊界灌流區	border zone
回語	echolalia
言語理解	comprehension of spoken language
命名	naming
造詞缺陷	word production defect
選詞缺陷	wrod selection defect
語意缺陷	semantic defect
語音缺陷	phonologic defect
文法性虛詞	grammatical words, function words
錯文法症	paragrammatism

《第十一節》

交叉性失語症	crossed aphasia

《第十二節》

語文性語調	linguistic tone

| 情感性語調 | emotional tone |
| 失韻律症 | aprosodia |

參考文獻

曾進興等（1992）。失語症的分類有沒有必要。聽語會刊，
　　2, 68-78。

Auerbach, S.H., & Alexander, M.P. (1981). Pure ag-
　　raphia and unilateral optic ataxia associated with a
　　left superior lobule lesion, *J. Neurol. Neurosurg.
　　Psychiat.*, 44, 430-432.

Barron, R.W. (1980). Visual and phonological strategies
　　in reading and spelling. In Frith (ed.), *Cognitive
　　Processes in Spelling*. pp.195-213. New York:
　　Academic Press.

Basso, A., Lecours, A.R., Moraschini, S., & Vanier, M.
　　(1985). Anatomoclinical correlations of the aphasias
　　as defined through computerized tomography: Ex-
　　ceptions, *Brain Language*, 26, 201-229.

Basso, A., Taborelli, A., & Vignollo, L.A. (1978). Dis-
　　sociated disorders of speaking and writing in aphasia,
　　J. Neurol. Neurosurg. Psychiat., 41, 556-563.

Beauvois, M.F., & Derouesne, J. (1979). Phonological
　　alexia: three dissociations. *J. Neurol. Neurosurg.
　　Psychiat.*, 42, 1115-1124.

Benson, D.F. (1985a). Aphasia. In K. Heilman and E.

Valenstein (eds.), *Clinical Neuropsychology*. 2nd ed., chap. 2. New York: Oxford University press.

Benson, D.F. (1985b). Language and its disorders. In M. Swash and C. Kennard (eds.), *Scientific Basis of Clinical Neurologuy*. pp.267-280. New York: Churchill Livingstone.

Benson, D.F., and Zaidel, E. (1985). *The Dual Brain*. New York: Guildford Press.

Brodal, P. (1992). *The Central Nervous system*. chap. 17.New York: Oxford University Press.

Chan, J.L., & Hsi, M.S.. (1984). Auditory agnosia, *J. For mosan Med. Assoc.*, 83, 718-723.

Chan, J.L. (1992). Alexia and agraphia in four Chinese stroke patients with review of the literature: A proposal for a universal neural mechanism model for reading and writing, *J. Neurolinguistics*, 7(3), 171-185.

Chan, J.L. (1993). Is the two-route model for reading and writing anatomically definable? (Abstract) *Bulletin of the Neurological Society, R.O.C. (Taiwan)*.

Cheng, C. M. & Yang, M.J. (1989). Lateralization in the visual perception of Chinese characters and words, *Brain language*, 36, 669-689.

Coltherat, M. (1980). Reading, phonological recoding, and deep dyslexia. In M. Coltheart et al. (eds.), *Deep*

Dyslexia. pp. 197-226. London: Routledge & Kegan Paul.

Dejerine, J. (1891). Sur un cas de cecite verbale avec agraphie, suivie d'autopsie, *Comptes Rendue des Seances de la Societe de Biologie*, 43, 197-201.

Dejerine, J. (1892). Contribution a l'etude anatomo-pathologique et clinique des differentes varietes de cecite verbale, *Memoires de la Societ de Biologie*, 44, 61-90.

Dejerine, J. (1914). *Semiologie des affections du systeme nerveux.* 2nd ed. Paris: Masson et Cie.

Friedman R. B. (1988). Acquired alexia. In F. Beller and J. Grafman (ets.), *Handbook of Neuropsychology.* Vol. 1, chap. 20. Amsterdam: Elsevier Science Publishers B. V.

Geschwind, N. (1965). Disconnexion syndromes in animals and man, *Brain*, 88, 237-294 and 585-644.

Geschwind, N., & Levitsky, W. (1968). Human brain: Left-right asymmetries in temporal speech region, *Science*, 161, 186-187.

Geschwind, N., Quadfasel, F.A., & Segarra, J.M. (1968). Isolaton of the speech area, *Neuropsychologia*, 6, 327-346.

Gross, M.M. (1972). Hemispheric specialization for

processing of visually presented verbal and spatial stimuli, *Perception and Psychophysics*, 12, 357-363.

Hatta, T. (1977). Recognition of Japanese Kanji in the left and right visual field, *Neuropsychologia*, 15, 685-688.

Iwata, M. (1984). Kanji versus kana: Neuropsychological correlates of the Japanese writing system, *Trends Neurosci*, 7, 290-293.

Kirshner, H.S., Webb, W.G., & Duncan, G.W. (1981). Word deafnesss in Wernicke's aphasia, *J. Neurol. Neurosurg. Psychiat*, 44, 197-201.

Kirshner, H.S., & Webb, W.G.(1982). Alexia and agraphia in Wernicke's aphasia, *J. Neurol. Neurosurg. Psychiat.*, 45, 719-724.

Laine, T., & Marttila, R.J. (1981). Pure agraphia: A case study, *Neuropsychologia*, 19, 311-316.

Lecours, A.R., Lhermitte, F., and Bryans, B. (1983). *Aphasiology.* pp. 125-128. London: Bailliere Tindall.

Lytton, W.W., & Brust, J.C.M. (1989). Direct dyslexia, *Brain*, 112, 583-594.

Marcie, P., & Hecaen, H. (1979). Agraphia. In K.M. Heilman & E. Valenstein (eds.), *Clinical Neuropsychology.* 1st ed. chap. 4. New York: Oxford University Press.

Mishkin, M., Ungerleider, L.G., & Macko, K.A. (1983). Object vision and spatial vision: Two cortical pathways, *Trends Neurosci*, 6, 414-417.

Newcombe, F., & Marshall, J.C. (1981). On psycholinguistic classifications of the acquired dyslexias, *Bul letin of the Orton Society*, 31, 29-46.

Roeltgen, D. (1985). Agraphia. In K. Heilman and E. Valenstein (eds.), *Clinical Neuropsychology*. 2nd ed. chap. 4. New York: Oxford University press.

Rosati, G., & De Bastiani, P. (1979). Pure agraphia: A discrete form of aphasia, *J. Neurol. Neurosurg. Psychiat.*, 42, 266-269.

Ross, E.D. (1981). The aprosodias: Functional-anatomic organization of the affective components of language in the right hemisphere, *Arch Neurol*, 38, 561-569.

Ross, E.D. (1992). Lateralization of affective prosody in brain, *Neurology*, 42 (suppl 3), 411.

Ross, E.D. (1993). Non-verbal aspects of language, *Neurologic Clinics*, 11, 9-23.

Sasanuma, S., Itoh, M., Mori, K., & Kobayashi, Y. (1977). Tachistoscopic recognition of kana and kanji words, *Neuropsychologia*, 15, 547-553.

Schiff, H.B., Alexander, M.P., Naeser, M.A., & Galaburda,

A.M. (1983). Aphemia: Clinical-anatomical correlations, *Arch Neurol*, 40, 720-727.

Searleman, A. (1983. Language capabilities of the fight hemisphere. In A.W. Young (ed.), *Functions of the Right Cerebral Hemisphere*. chap. 4. London: Academic Press Inc.

Soma, Y., Sugishita, M., Kitamura, K., Maruyama, S., & Imanaga, H. (1989). Lexical agraphia in the Japanese language, *Brain*, 112, 1549-1561.

Sperry, R.W., Gazzaniga, M.S., & Bogen, J.E. (1969). Interhemispheric relationships: The neocortical commissures; syndromes of hemisphere disconnection. In P.J. Vinken and G.W. Bruyn (eds.), *Handbook of Clinical Neurology*. Vol. 4, pp. 273-290. Amsterdam: North-Holland Publishing co.

Tzeng, O.J. L., Hung, D.L, Cotton, B., & Wang, S.Y. (1979). Visual lateralization in reading Chinese characters, *Nature*, 382, 499-501.

Vignolo, L.A., Boccardi, E., & Caverni, L. (1986). Unexpected CT-scan findings in global aphasia, *Cortex*, 22, 55-69.

Wada, J.A., Clarke, R., & Hamm, A. (1975). Cerebral hemispheric asymmetry in humans, *Arch Neurol*, 32, 239-246.

Witelson, S.F., & Pallie, W. (1973). Left hemisphere specialization for language in the newborn: anatomical evidence of asymmetry, *Brain*, 96, 641-646.

Zeki, S., & Shipp, S. (1988). The functional logic of cortical connections, *Nature*, 335, 311-317.

第 6 章
成人失語症

李淑娥

　　失語症是指中樞神經系統病變引起的一種語言溝通障礙，成人失語症通常是在毫無預知下突然發生。有關失語症的研究自 1861 年法國的 Paul Broca 正式發表左腦額葉與語言有關，在醫學界與生理學界引起震撼後（洪振耀，民 82），陸續的研究雖然不少，但至今仍有很多神秘的黑盒子未解，所以失語症對學術界是極大的挑戰，有關失語症的理論也一直爭議不斷，難下定論。本文將從定義、本質、病理探討、分類等方面來探討失語症。

第一節　何謂失語症

一、定義

　　失語症（aphasia, dysphasia）意即「沒有語言」或「喪失語言」的意思。語言純化論者（language purists）堅持字首為「a-」表示語言能力全部喪失；字首為「dys-」表示語言能力部分喪失。臨床上，這種分野並不切合實際，因為即使非常嚴重的失語症，也會保留一點殘餘的語言能力。目前在文獻上或專業工作者之間，一般皆以「aphasia」代表所有的失語症，不論其嚴重度或類別如何（LaPointe, 1994）。

　　失語症與其他溝通障礙有何不同？ Jackson 於 1879 年

提出失語症是命題語言（propositional language）受到損害，患者主要的困難是無法就特定的主題進行語言溝通，或將所知道的語彙整合入語境（context）中來表達自己的思想；非命題語言（如自動性言語、祈禱語、諺語等）保留較多。Head（1926）認為失語症是符號的形成和表達有問題。Goldstein（1948）則主張失語症是因抽象思考能力受損而反映出命題語言的缺陷。Penfield 和 Roberts（1959）定義失語症是一個人在說話、理解、命名、閱讀和書寫上有任何一種或多種的困難，且伴隨語彙的誤用或固持化（perseveration）；但不是由於構音機轉障礙（如假延髓麻痺）、周圍神經損傷、或一般的智能退化所引起。Osgood 和 Miron（1963）提出失語症是腦部構造受到損害而在符號內容的接收、操作和表達有困難。Schuell 等（1964）定義失語症是全面性語言能力受損，橫跨所有語言層面（即聽、說、讀、寫），而不是只有特定層面受到影響。Wepman（1972）建議失語症可能是屬於思考歷程異常造成語意表達的障礙，致使口語表達困難。Weigl·與 Bierwisch（1973）先假設有一組負責內在語言的基礎系統以及一套相當複雜的成分（components）專司外在語言的執行，失語症即是這些成分受到干擾而引起。

　　Damasio（1981）簡要說明失語症是因新的中樞神經疾病使口語的理解和表達受到干擾。Chapey（1981, 1986）主張失語症是語言和認知歷程受損，使得語言的內容或意義、語言的形式或結構、語言的使用或功能、以

及語言基礎的認知歷程（如辨認、瞭解、記憶、思考）等能
力降低或功能失常，表現出聽、說、讀、寫四層面有不同程
度的缺陷。

　　Darley（1982）提出失語症是(1)由於腦部損傷，使解
釋與陳述語言符號的能力受損；(2)對傳統有意義的語言要
素（詞素及較長的片語、句子）的解碼（decode）和編
碼（encode）能力多層面的喪失或降低；(3)與其他智能的
損傷不成比例；(4)不屬於失智症（dementia）、認知混淆（
confusion）、感覺喪失、或運動機能障礙；(5)表現於外的
是語彙運用能力降低、語法規則使用效能降低、聽覺記憶廣
度縮短、以及語言輸出和輸入管道的選擇能力減弱。

　　Davis（1983）提出失語症是腦部語言功能主要負責區
域損傷，使得理解和表達方面的基礎語言處理歷程受損。其
他腦功能異常（如精神病或失智症等）也可能引起語言障
礙，但語言受損是這些病症的次級（secondary）特徵，其
語言不應稱為失語症，原因如下：(1)失語症的語言特質與精
神病或失智症不同；(2)促進復原的神經心理條件亦不同；(3)
失語症是一種有範圍的語言異常，傳統上一直是由語言治療
師主導處理。

　　Eisenson（1984）呼籲失語症學家和臨床治療師應該
有較一致性的看法來鑑別失語症，其觀察結果為：(1)在某些
時期，失語症患者會有接收和表達序列性言語的障礙。接收
困難常因記憶力或注意力時間的缺陷引起；表達困難常因描
述切合情境話題時出現語法缺陷。(2)理解溝通情境以及表達

適當口語的能力降低；愈需智慧和抽象思考的反應，語言表現就愈差。

綜合觀之（Davis, 1983），成人失語症大都是因大腦受損引起的中樞性語言障礙，以55至75歲左右年紀居多，其語言異常特徵為：(1)對口語或非口語符號的理解和表達有障礙；(2)不同層次的認知受損使得語言輸入與輸出之間的統合過程受干擾；(3)在聽、說、讀、寫四層面有不同程度的困難；(4)需思考創造的命題性、意志性語言表現較差，不需思考的非命題性、非意志性語言表現較好；(5)配合情境的口語或非口語溝通能力減退。

二、症狀

失語症在語言上呈現的偏差因人而異，很多研究試圖將之鑑別、歸類和賦予名稱，以協助臨床治療師能細微地區辨失語症之異同，對失語症的鑑別診斷、分類以及治療策略都有莫大的助益。下述症狀是失語症異於常人的語言行為，有的患者可能只出現少許症狀，有的可能出現另一組症狀，茲就聽、說、讀、寫四方面的症狀陳述於下（Damasio, 1981; Darley, 1982; Davis, 1983; Eisenson, 1984; Nicolosi, Harryman & Kresheck, 1989):

㈠口語方面

1. 命名不能（anomia）

無法說出人物、地點、或事物的名稱。失語症患者大都有此種語彙提取的困難，多數以省略、停頓、或自我改正方式來處理，造成表達時斷斷續續不流暢，是一種負向的症狀。

2. 迂迴語（circumlocution）

有的失語症者因無法提取想要表達的語彙，就使用能說出的語彙迂迴描述「目標語詞」的形狀、功能等特性試圖讓人瞭解，是一種正向的症狀。如「杯子」想不出來，患者會說「用來喝的、圓圓的東西」；如問「這裡是什麼醫院？」，患者答「很近的、走走走、十分鐘就到了」。

3. 語誤症（paraphasia）

用不正確語音取代目標語音而不自覺。依取代音與目標音之關係可分為三種類型：(1)音素型語誤（phonemic paraphasia, literal paraphasia），語音半數以上正確，但部分聲母被取代或省略。如「吃飯」說成「ㄔ　ㄅㄢˋ」、「電話」說成「ㄅㄧㄢˋ　ㄨㄚˋ」。(2)語意型語誤（semantic paraphasia, verbal paraphasia），以不適當之語詞取代目標語詞，兩者之間有語意上的相關。如「洗澡」說成「游泳」、「太太」說成「姐姐」。(3)新詞型語誤（neologism），患者能流利地說出語詞，但語音半數以上與目標音無關，亦非不流利型患者費力搜索正確構音位置之情形。如「竹子」說成「打竿」、「香蕉」說成「燒火」。

4. 失語法症（agrammatism）

是指無法處理語法規則，對句子之理解與表達均有困難。語言表達常出現(1)句子結構不完整，常省略介詞、連接詞、代名詞、助詞等側重語法功能的虛詞（function words），而名詞、動詞、形容詞等側重語意功能的實詞（content words）保留較好，如「爸爸和媽媽在看電視」說成「爸爸媽媽電視機」；(2)詞序倒置、不合句法，如「我不要再回公司做事了」說成「我做事、公司不要了」；(3)句型缺乏變化，多數只能使用簡單直述句表達。故失語法症患者的言語會呈現類似電報式的言語（telegraphic speech），不容易有效地表達自己的意思（Goodglass, 1968；陳聖芸，民73；李淑娥，民76）＊（註1、註2）。

5. 亂語症（jargon）

與電報式言語相反，患者會說出很長且流利的話語，但卻互不關連、缺乏語意、很難理解。由其語誤狀況可分為(1)新詞型亂語（neologistic jargon）。表達的語彙在辭典中找不到，如問「你叫什麼名字？」回答「ㄅㄧ ㄅㄧ ㄍㄨㄥˇ ㄍㄨㄥˇ ㄅㄚˇ ㄅㄚˇ ㄅㄧ。」(2)語意型亂語（semantic jargon）。語詞大都具有語意，但組合後卻毫無意義，如描述廚房圖片說道「他們家／比較一個好／媽媽嘛／我們吃的東西都比較好漂亮／最後還是不錯的／問題都回來」或說「我想／我開開／自己／跟開自己跟／自己開／自起／自

超」。這種前後不連貫的說話方式，又稱「不連貫語（logorrhea）」。

6. 語韻異常（aprosody, dysprosody）

是指說話時語調、重音和節律改變，通常較為平板缺乏抑揚頓挫，會影響語意的表達。尤其漢語是屬聲調語言（tone language），其影響更大。同時，患者理解語韻暗示的能力亦有障礙*（註3）。

(二)書寫方面

書寫方面的異常統稱失寫症或書寫障礙（agraphia, dysgraphia），失語症的書寫通常與口語呈現相似的障礙類型（Goodglass & Hunter, 1970），如字誤症（paragraphia）相當於口語的語誤症，字素型字誤（graphemic paragraphia）相當於音素型語誤，是英文的拼音錯誤，可視為中文的字形錯誤；語意型字誤（semantic paragraphia）如「中秋節」說成「端午節」，依此類推，故在文獻上可見到亂寫症（jargonagraphia），指除了姓名外，其餘文字皆寫得難以理解（Lecours & Rouillon, 1976）。

聽寫是將聽到的音素碼（phonemic code）轉換成字素碼（graphemic code），此過程稱為轉碼（transcoding）。有些患者會說但不會聽寫，即是轉碼的困難（Weigl & Fradis, 1977）。

另外，臨床上不同的理論背景對失寫症亦有不同的歸類（McNeil & Tseng, 1990）。常見的類別有下列數種：

1. 純失寫症（pure dysgraphia）

　　理論上只有書寫方面的障礙，而無其他失語、失讀、失用、或空間結構的問題，且一般的智力與周圍神經肌肉之執行皆正常。自發性書寫有字誤症情形，但自動性書寫和仿寫則未受損，口語拼音也比書寫拼音強，Auerbach 與 Alexander（1981）認為可能與眼手協調不佳有關。

2. 失用型失寫症（apraxic dysgraphia）

　　英文書寫異常可分為字母組成困難與拼音錯誤兩種情況，失用型失寫症主要特徵是字母組成的困難，不是肢體動作失用，Crary 與 Heilman（1988）認為可能是在字母影像辨認（letter imagery recognition）有障礙。

3. 音韻型失寫症（phonologic dysgraphia）

　　書寫的字彙其提取有兩條路徑，其一是經由音韻的轉換，另一是經由語意的轉換（Ellis, 1982）。音韻型失寫症是無法經由唸出聲音的音韻線索寫出相對稱的字彙，故此類患者可以寫出有意義的、與音韻不對稱的不規則字彙，卻無法寫出複誦過的非字或假字，其原因可能是音素碼轉換成字素碼的障礙。

4. 深層失寫症（deep dysgraphia）

　　與音韻型失寫症相同的障礙，無法藉由聽覺線索寫出非字或假字，與前者不同的是寫出的真字中會出現語意型字誤症，名詞等實詞表現比介詞等虛詞佳。

5. 語彙型或表層失寫症（ lexical/surface dysgraphia ）

與前兩者不同，此類型失寫症可以寫出字素與音素
對稱的非字或假字，但書寫不規則的真字有困難，寫漢
字常出現同音字或類似音的錯誤。

以上所提的大都是印歐語系的資料，其文字屬音符文
字（ alphabetic orthography ），以字音為基礎；而漢語語
系屬意符文字（ logographic orthography ），以字型為基
礎。中國文字是由筆劃（ stroke ）和部首（ radical ）構成，
筆劃是最接近 26 個拉丁字母的部分，總共約有 20 種不同的
筆劃；而部首未見於任何語言，傳統使用的約有 214 種（
Wang, 1973 ）。

在書寫方面，中國字需要幾千個不同的單位才能代表所
有的中國字；而英文只需要 26 個字母即能代表所有的字。
中國字的書寫空間結構是方塊結構；而英文是線性結構。兩
者字素與音素對稱的程度亦不同（ Fok & Bellugi, 1986 ）。
故中文的書寫障礙應該別有特色，茲就工作分析的觀點來探
討漢語失語症患者其文字書寫的特徵（ Wang, 1985 ；林麗
英，民 74 ；錢葆友、高素榮，1993 ）*（註 4 ）。

1. 筆劃結構（ orthography ）

筆劃省略（ 錶→表、桌→卓 ）；筆劃替代（ 游→
汯、紅→江 ）；筆劃添加（ 牙刷→芽刷、正義→正儀 ）
；不正確空間位置（ 影→�、甲→ 甲 ）；鏡像書寫（ 牙
刷→镸佩、筷子→䇞予 ）；假字（爬山→趄山、跑步→
跑 歨 ）、非字（㣺老、㐄疋 ）。

2. 語言學（linguistic）

　　音韻錯誤（仁愛→人愛、美華→梅花）；語形錯誤（禮→體、明天→朋天）；語意錯誤（下雨→雲雨、洗碗→洗水）；語法錯誤（走路→路走、媽媽在替寶寶洗澡→媽媽洗澡寶寶）；語意型亂寫症（站立邊準一些東拿、做但氣花時水）。

3. 書法技巧（calligraphy）

　　因上肢麻痺或動作失用造成書寫時筆劃扭曲、歪斜及不正確，如

4. 視覺空間結構（visual-spatial）

　　常見於右腦傷患者因左視野忽視現象，書寫時字體分布均偏右側，且空間結構凌亂。

(三)聽覺理解方面

　　聽覺理解是內在的心智活動，可由患者不切題的回答問題或不能遵從指令上得知。嚴重的患者常會對別人的話語缺乏反應似重聽者，有些會很仔細聽對方說話，然後微笑點頭，恰似聽懂一般。要真正瞭解失語症患者的聽覺理解能力，必須利用嚴謹選擇的語言刺激，不予患者任何臉部表情或情境暗示，所得結果才正確，若只由自然情境之對話來判斷，易高估或低估患者的能力。

　　聽覺理解常見的障礙型態有下列幾種（Brookshire, 1978; Darley, 1982; Davis, 1983）：

1. 無法聽辨單字、名稱、片語、或句子。
2. 發音相近之語彙容易混淆。
3. 間斷性的聽辨，同時段的對話有時聽懂，有時聽不懂。
4. 理解起動慢，遺漏前面訊息，瞭解後面訊息。
5. 似噪音干擾，開始聽得不錯，後面聽得較差。
6. 聽覺記憶短暫，訊息愈長，表現愈差。
7. 有時重述多次才能理解。
8. 句子愈複雜，困難度愈高。

㈣閱讀方面

　　失語症的閱讀異常統稱失讀症或閱讀障礙（alexia, dyslexia, acquired dyslexia），觀察閱讀障礙有兩條路徑，一為朗讀，一為理解。有下列幾種障礙類型（Marshall & Newcombe, 1973；胡超群、李漪，1992）：

1. 視覺性失讀症（visual dyslexia）

　　　是文字符號的視知覺受干擾，無法辨認字形，如開和關分辨不清楚。

2. 表層失讀症（surface dyslexia）

　　　患者能朗讀得相當正確，只有少數語音以類似音取代；也能利用有邊讀邊，無邊讀中間的原則讀出假字；但不懂所讀文字的意思。在字圖配對，語音相近的語彙易選擇錯誤。

3. 深層失讀症（ deep dyslexia ）

　　患者朗讀時常出現語意取代的現象，也不完全瞭解
意思，如將「警察工作很多」唸成「警察工作忙碌」。
在字圖配對，語意相近的詞彙易選擇錯誤。

4. 朗讀錯誤（ paralexia ）

　　是朗讀時發音不正確的統稱。

(五)固持症（ perseveration ）

　　是指失語症患者會一直重複先前的反應，這種不自主的
相同反應當患者找不到適當的答案或疲憊時更易發生，患者
會有挫折感而搖頭（ Eisenson, 1984 ）。如圖片命名中，說
出「蘋果」，接著不論呈現檸檬、橘子、或其他物品，患者
會重複回答「蘋果」。書寫時，也會重複畫相同圖形或寫
出「台北縣縣縣縣縣」、「天母天天天母天天母」的住址。

(六)失算症（ acalculia, arithmetic disturbance ）

　　是指計算能力的障礙，可能由於計算過程無法執行，也
可能因說或寫文字符號的障礙引起，若為後者，即不屬於失
算症。大部份患者可以做簡單加減的運算，但無法執行較複
雜的運算。

三、相關障礙

　　失語症常會伴隨神經系統病變所引起的一些相關障礙，其復健處理方式與失語症不同，必須辨認清楚，否則易與失語症混淆，並會干擾語言溝通效果（Davis, 1983; Eisenson, 1984; Love & Webb, 1992），主要相關障礙如下：

(一)接收管道

　1. 感覺異常（sensory disorders）
　　(1)老年性聽障（presbycusis）
　　　由於內耳的退化，造成高頻率聽力障礙。大腦聽覺接收區和聽覺路徑退化時，對語音的分辨能力也會變差。
　　(2)老年性遠視眼（presbyopia）
　　　由於老化逐漸喪失近距離的視力。
　　(3)偏盲（hemianopia）
　　　指半邊視野缺陷，左半腦病變的患者，有些無法看到放置在右手邊的物品。
　　(4)視覺忽視（visual neglect）
　　　右腦傷患者有些可能伴隨左半邊視野忽視現象。
　　(5)感覺遲鈍（anesthesia）
　　　腦傷亦會造成患者患側觸覺、溫度覺和痛覺比較遲鈍的現象。

2.辨認異常（disorders of recognition）

　　腦傷會造成比較高層次的失認症（agnosia），能由正常的感覺系統接收到外來的刺激卻無法辨認其意義。

(1)聽覺失認症（auditory agnosia）

此為廣義的名詞，泛指對非符號的聲音（如機械或動物噪音）、人類非口語的聲音（如咳嗽、打噴嚏、拍手）、或說話的語音（音素、語彙、句子）的辨認異常。

①聲學失認症（acoustic agnosia）：專指對語言中語音系統（音素特質）的失認，愈相近的語音辨認錯誤率愈高，如／ㄅ／和／ㄆ／、／ㄏ／和／ㄈ／；Luria（1966）認為聲學失認症是聲學皮質的分析—組合活動受損，以致無法分辨語音的異同，是說話障礙的基本原因。

②聽覺口語失認症（auditory verbal agnosia）：是無法理解口語的意思，亦稱純詞聾症（pure word deafness），患者僅在聽覺理解有障礙，自發性言語、閱讀及書寫正常或只少許障礙。渥尼克氏失語症（Wernicke's aphasia）也是對口語理解有困難，但其在說、讀、或寫方面也有明顯的障礙，Albert等（1981）強調失語症應與聽覺失認症區分。

(2)視覺失認症（visual agnosia）

此亦為廣義的名詞，泛指視力正常但不瞭解視覺所接收到的刺激。

①物品失認症（visual object agnosia）：指無法僅由視覺刺激說出物品名稱，可能會與失語症的「物品命名障礙（object-naming deficit）相混淆，這兩種異常會合併出現或分別出現。物品失認症能在會話中使用名稱，亦能藉由觸摸等非視覺管道說出物品名稱，而失語症卻不能。

②顏色失認症（color agnosia）：指會分辨顏色的不同，但無法說出顏色名稱、無法由多種色彩中選出指定的顏色、或說出物品本身特有的色彩（如草莓是紅色）。

③面孔失認症（prosopagnosia）：是無法辨認腦傷前所認識的面孔，包括最熟悉的家人。

④純詞盲症、或稱純失讀症（pure word blindness, alexia without agraphia, pure alexia）；是無法辨認視覺的語言符號，患者會書寫，但讀不出來、讀不懂自己所寫的字，能聽寫或寫出觸摸到的文字，但卻不能藉由視覺抄寫。

(3)觸覺失認症（tactile agnosia, astereognosia）

指無法由觸摸方式辨認物品，但不一定有觸覺遲鈍問題，神經學家要求患者閉眼來測驗觸覺失認症。

(二)表達管道

1. 動作異常（motor disorders）

　　肌肉接收神經纖維的傳導產生動作，腦部損傷會造成肌肉機能的異常，包括軟弱無力、麻痺、僵直或協調不佳。吶吃（dysarthria）即是說話肌肉群受到影響，造成呼吸、發聲、構音及語韻上的言語異常，說話特徵為語音含糊（slurring）、語音歪曲（distortion）、鼻音過重與氣息聲，干擾說話清晰度甚巨（Darley, Aronson & Brown, 1975; Rosenbek & LaPointe, 1985）。

2. 動作組合安排異常（disorders of motor planning）

　　大腦受損亦會阻礙高層次動作的組合安排，即使肌肉本身並無異常，但仍無法執行意志性動作（volitional movement）。言語失用症（apraxia of speech）即是無法意志性地控制口腔肌肉動作說出正確的語音，如「洗澡」說成「ㄅㄧˇ　ㄅㄠˇ」，有語音替代（substitution）、語韻異常與自我矯正等現象（Johns & LaPointe, 1976; Rosenbek, 1985）。口腔動作失用（oral apraxia, oral nonverbal apraxia, bucco-facial apraxia, articulatory apraxia）是指無法意志性地控制口腔執行非口語的動作，如舌頭外伸、牙齒上下咬合、咳嗽等。因其肌肉正常，日常生活中進行此些動作毫無困難，如吃飯時，舌頭、牙齒、嘴唇、咽喉會自動密切配

合，完成咀嚼與吞嚥動作。

(三)**整體性異常**（ *generalized disorders* ）

因擴散性腦傷或多次區域性腦傷會造成整體性智能退化，常有時間和地點認知錯誤、記憶力減退、判斷力差等現象，影響溝通效能。頭部外傷和失智症患者常伴隨整體性腦部功能異常（ Wertz, 1985 ）。

第二節　失語症的本質

失語症的語言缺陷究竟是語言能力的喪失或只是受到干擾；是整體性的語言障礙或可分割為多層面的語言障礙；是內在語言能力的問題或是外顯執行能力的問題；以及是否為語言能力退化成兒童某階段的現象。這些迥異的看法引領對失語症不同的定義及不同的治療策略與目標。

一、喪失或干擾（ loss or interference ）

很難找到臨床失語症學家相信失語症是語言能力的喪失，若相信語言能力受到干擾，則治療應直接針對干擾的歷程而不是對特殊的語彙進行訓練。Hughlings Jackson（ 1879 ）是最早確認失語症是在提取命題語言的語彙的過程受干擾，而不是在語彙記憶中喪失這些語彙。Schuell 等（

1964）也提出失語症「語言貯存系統相當完好」的結論。
Schuell 等（1964）與 Eisenson（1973）認為語言治療師
應該是一個刺激者而不是一個老師，試著與患者溝通，刺激
被干擾的歷程使其恢復最大功能。Seron 等（1979）比較兩
種不同的治療方式，一種是訓練大量的語彙，要患者重新學
習這些已喪失的字彙；另一種只密集集中在少數語彙但強調
激發語彙的策略，結果後者的療效較佳。

二、一元論或多元論（unidimensional or multidimensional）

　　多元論的觀點是將語言歷程分割為多層成分，不同的成
分被破壞，就造成不同的失語症類型，所以失語症的分類是
可行的，但因大家對語言歷程的成分看法不一，因此失語症
的分類有不同的版本。相反的，一元論主張語言歷程是整體
性的，不能分割，不同的失語症狀乃因單一的語言歷程受不
同程度的干擾所致，失語症的分類是不被認定，也不可能
的。這兩種不同的理論將治療分成不同的導向，多元論的觀
點認為失語症有不同的類型，可能需要不同的治療方式，而
一元論的觀點認為任何失語症皆可用相同的治療過程。
　　Schuell 等（1964）與 Darley（1982）是一元論的擁
護者，分別提出實驗證明失語症是語言整體的問題，不能細
分為多層面，Darley 強調不同類型的失語症並不是哪個層
面絕對沒有受損，只是程度上相對的差異而已。Head（

1920,　1926）、Lesser　（1978）、及　Boston　系統的
Goodglass、Geschwind、Benson　是多元論的擁護者，
Head 堅持語言功能是多層面的組合與高度的整合，視哪個
層面受影響，就會有不同的症候群。雖然每個層面或多或少
都受影響，但分類仍能區辨失語症間的個別差異。

三、內在能力或外顯表現（competence or performance）

　　內在能力和外顯表現是語言功能的認知基礎的兩層面，
內在能力最初是 Chomsky（1965）定義的，指聽與說的內
在知識，很多語言學家相信他們的語法、語意、及音韻的知
識是貯存於長期記憶中。相反的，外顯表現是指理解與表達
的歷程，在正常情況，有時理解和表達也會有偏差，是因為
記憶力和注意力的機轉限制內在知識的使用所致。失語症到
底是內在能力喪失、外顯表現不佳、或兩者皆是（Schuell,
1969），照理若贊成失語症是語言能力喪失的，則應贊成是
內在能力問題；贊成失語症是語言能力受到干擾的，則應同
意是外顯表現受干擾的論點。但事實不然，因每個人對內在
能力的解釋不同，所以產生很多分歧的意見。
　　Taylor 與 Anderson（1968）主張內在—外顯是連續
性的，失語症可能在任何一處受破壞。Schuell（1969）認
為內在能力比外顯表現少受破壞，因為患者只要語彙量增
加，其言語中句長與流利度也跟著提昇。

　　要跳出對內在能力—外顯表現之區別進退兩難的窘境，
Lesser（1978）提出比較不同的內在能力觀點，其一是
將「單一內在能力」的觀念由「多種內在能力」取代；其二
是放棄內在能力—外顯表現二分法，以語言認知的結構和歷
程取代之。依其內在能力觀點，首先，說者與聽者之間具有
一種認知結構，如交談的規則中何者為社會接受的語言使用
方式，這種內在能力失語症並未喪失（Holland, 1977）；
第二，語言的內在能力可分為不同層次，包括音韻、語法和
語彙，理解與表達歷程使用不同的層次，失語症者可能喪失
某層次的語法知識而使表達比理解差（Zurif & Caramazza,
1976）。

　　Lesser（1978）認為成人失語症的語言內在能力理論
上應與生病前本身的能力相比較，而不是與理想中的語言使
用者相比較。再者，我們可能要拋開理解與內在能力、表達
與外顯表現之聯結，患者理解或表達中出現某種語法障礙，
並不表示已喪失此知識（內在能力），也可能反映和該語言
成分有關的心智處理（外顯表現）問題（Davis, 1983）。

四、退化假設（regression hypothesis）

　　有人提出失語症是語言能力退化至兒童期語言發展的某
階段，此假設引起失語症與兒童語言特質的比較研究。
Dennis 與 Wiegel-Crump（1979）從文獻調查中得到的結
論是「成人失語症與兒童語言是不同的，退化到起源的歷程

不足以解釋失語症」。Brown（1976、1977）也提出失語症、語言發展、以及區域性腦功能發展是互相平行的，腦部受傷當時的特殊歷程決定失語症的類型。

第三節　失語症的病理探討

一、病因

失語症是由於大腦主司語言的區域病變所造成，絕大部分人在左側大腦。導致失語症的腦傷原因有⑴大腦血管病變，如阻塞、栓塞、出血、動脈瘤、或腦部暫時性缺血；⑵腦瘤；⑶意外腦傷，使腦部受到撞擊，如車禍、槍傷、跌倒、或受重擊；⑷感染，如腦炎、腦膜炎；⑸退化性疾病（Davis, 1983; Wertz, 1985）。其中以腦血管病變者佔最多，又因大腦中動脈及其分枝分佈於負責耳朵和口腔功能之大腦皮質，故失語症以大腦中動脈病變者居多（Eisenson, 1984；陳思甫等，民 83）。

二、神經病理

大腦分為左右兩半球（hemisphere）。在解剖上，左側半球稍大且重，內部組織兩半球亦有差異；在功能上，左右

腦各司其職。自二次世界大戰後的研究中，發現大部分人的語言行為由左腦半球所控制，而右腦半球主要與視覺空間結構有關，所以左腦半球被定位為口語行為的優勢半球，右腦半球被定位為非口語行為的優勢半球（Davis, 1983）。事實上，右腦與語韻異常及高層次抽象思考的語言技能也有關係（Eisenson, 1984; Burns, Halper & Mogil, 1985）。

大腦表面呈灰色，名為皮質或灰質，皮質主要分為四區，大致而言，額葉主運動，頂葉主體覺，顳葉主聽覺，枕葉主視覺。近代語言功能與大腦定位關係的研究史由 Broca 於 1861 年發現語言障礙與左腦第三額腦回病變有關揭開序幕，接著 Wernicke 於 1874 年報告左腦後區第一顳腦回病變也會造成語言障礙，Déjerine 於 1891、1892 年亦描述失讀伴失寫與失讀未伴失寫症狀的現象，其報告將大腦與文字相聯結，如同 Broca、Wernicke 與口語相聯結（Damasio, 1981）。

此後，很多人相信語言功能被大腦特定區域所控制，但反對者聲浪也很高。前者主張特殊的心理功能是由大腦特定區域所指揮，是為局部定位學說（localization theory）；後者主張心理功能是由整體大腦所控制，因為每個區域內部皆相連，不應認為功能可以獨立完成，須依賴其他區域的相互配合。這些爭辯在失語症文獻中發現頗多（Eisenson, 1973, 1984）。

解決上述問題的困難是我們對認知或心理歷程，以及特定的語言歷程瞭解有限，Geschwind （1965, 1970）用近

代解剖和生理名詞描繪左腦語言區與其周圍聯結的關係圖，用來解釋失語症與其相關的障礙，至今仍廣為大家所接受（Davis, 1983; Damasio, 1981）。1973 年腦部斷層掃描（CT scan）的來臨改變對人類高等行為解剖研究的景象，斷層掃描對失語症定位學說的研究幫助極大，除了腦傷部位清楚之外，周圍未受傷部位也十分清楚。第一個利用大腦斷層掃描探討失語症定位理論的是 Naeser 與 Hayward（1978），他們將布洛克氏（Broca's）、渥尼克氏、傳導性（conduction）及全失性（global）失語症的解剖位置與以前的研究相對照，印證相同的結論，Kertesz、Harlock 與 Coates（1979）的研究也得到相同的結果。

　　定位學說受肯定後，以大腦定位為基礎的波士頓失語症研究中心的分類法漸被廣知，目前更為大家廣泛使用。以下是採用 1983 年 Goodglass 與 Kaplan 的分類法，綜合 Damasio（1981）、謝富美等（民 75）、Love 與 Webb（1992）所報告各類型失語症常見的病變位置介紹之。

　　布洛克氏失語症的病變位置為布洛克區及其附近，有些患者會延伸至底下白質部份，影響底核（basal ganglia）和內囊（internal capsule）。渥尼克氏失語症病變的位置是渥尼克區及擴展至第二顳腦回（temporal gyrus）及鄰近的頂葉，尤其是角回（angular gyrus）。傳導性失語症的病變位置是聯結渥尼克區與布洛克區的弓狀束（arcuate fasciculus）、角回、及緣上回（supramarginal gyrus）。名稱性失語症（nominal aphasia）之病變位置最不確定，角

回、額葉或顳葉都有可能，Benson （1979）稱之「無定位區症候群（nonlocalizing syndrome）」。經皮質運動性失語症（transcortical motor aphasia）病變位置在布洛克區上方或前方、或深部白質區。經皮質感覺性失語症（transcortical sensory aphasia）的病變位置為後顳頂葉及枕葉。全失性失語症病變位置牽涉整個左腦區，包括所有失語症類型的腦傷部位，除額葉、顳葉和頂葉廣泛性病變外，甚至深入內囊或底核。各類型失語症病變部位如圖一（修改自 Chapey， 1995:5）*（註5）。

　　大腦皮質下（subcortical）受損，也會引起語言障礙（Eisenson, 1984; Damasio, 1981），腦部斷層掃描與核磁共振（MRI）等科技使皮質下病變更為確定，其中丘腦（thalamus）和底核與語言處理歷程關係最密切（Robin & Schienberg, 1990）。皮質下的語言障礙是否也稱之失語症見仁見智，Damasio （1981）稱為非典型失語症（atypical aphasia），多數人以皮質下失語症（subcortical aphasia）名之。

　　神經解剖與臨床語言症候群之關係，經過一百多年的研究，由病理解剖至斷層掃描等先進科技，已證實失語症候群與左側大腦部位有其相關性（Goodglass & Kaplan, 1983;謝富美等，民75；張權維等，民75）。但有小部分例外，特別是慣用左手者，有15%其語言優勢半球在右腦，15%可能左右腦皆是；另有一小部分慣用右手者（4%），其語言優勢半球可能也在右腦（Rasmussen & Milner, 1977），

因此右半球腦傷亦會造成失語症，此種案例稱之為交叉性失語症（crossed　aphasia）（Damasio, 1981）。

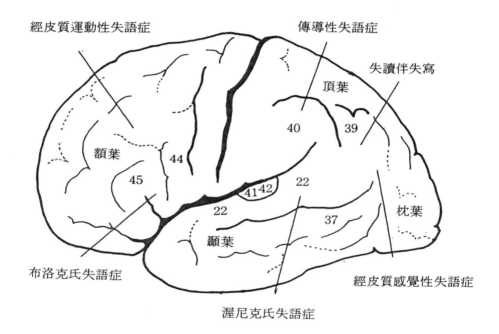

圖一　各類型失語症病變部位與 Brodmann 分區圖。
Brodmann 44、45 區相當於布洛克區，22 區相當於渥尼克區，41、42 區相當於原級聽覺區，40 區等於緣上回，39 區等於角回，37 區位於第二顳腦回後方。

第四節 失語症的分類

失語症的分類問題如同語言功能在大腦局部定位問題一樣，贊成與反對爭議至今仍無共識（曾進興，民81），Darley 堅決反對將失語症加上形容詞予以分類，其理由是(1)失語症的類別在恢復過程中會改變；(2)類型與病灶部位變異很大，要由類型推斷病灶位置只能憑猜測；(3)分類常會簡化、扭曲真正的語言特質，如布洛克氏失語症被認為無聽覺理解障礙；(4)尚且只憑類別的形容詞也無法擬定適當的治療計劃。Holland 贊成分類，其原因為分類可以增加我們對大腦和行為之間關係的知識，並且可以彰顯不同患者之間的異同，有助於對症治療。國內從事神經性語言障礙研究或臨床工作者，大致皆同意有效性的分類對臨床診斷、治療、或神經行為知識的探討是不可或缺的。以下簡列較具代表性分類法供讀者參考。

一、二分法

是傳統的分類法，簡單分為表達型（ expressive ）與接受型（ receptive ）兩類（ Schuell, et al., 1964 ），說話表達有困難者歸為表達型或運動型（ motor ）失語症，理解語言有困難者歸為接受型或感覺型（ sensory ）失語症。

Geschwind 於 1965 年亦提出另一種二分法（引自 Albert &
Helm-Estabrooks, 1988; Davis, 1983），視患者口語表達
能力分為非流暢型（nonfluent）與流暢型（fluent）失語
症。非流暢型失語特徵與大腦前區受損相符，因此又稱為前
區型（anterior）失語症，流暢型又稱後區型（posterior）
失語症，Benson 與 Kerschensteiner 等提出十種參數，用
以區分流暢型或非流暢型，如表 1 所示（引自 Davis, 1983:
19）。

表 1　流暢型失語症與非流暢型失語症之比較

語言參數	非流暢型	流暢型
選詞	多用名詞	多用語法功能詞
語意型語誤	很少	很多
語法完整性	不完整	完整
固持性	時常發生	很少發生
語句長度	短於四個詞	長於四個詞
說話費力	明顯	不明顯
說話速率	較慢	接近正常
停頓	很多	很少
構音	困窘	順利
語韻	缺乏	接近正常
主要特質	失語法症	迂迴語
	電報式言語	各類語誤及亂語症

二、Head（1926）依語言符號的形成與表達分類

1. 口語性失語症（verbal aphasia）：說話困難，很難說出語詞，類似布洛克氏失語症。
2. 語法性失語症（syntactical aphasia）：可說出話語，但詞序組合不佳，且理解有困難，類似渥尼克氏失語症。
3. 名稱性失語症（nominal aphasia）：命名困難，閱讀與書寫亦有障礙。
4. 語意性失語症（semantic aphasia）：只能理解語詞或片語，理解句子有困難。

三、Wepman 與 Jones（1961）依語言處理過程分類

1. 語用性失語症（pragmatic）：形成表達符號有障礙，泛指表達困難者。
2. 語意性失語症：無法說出適當名詞或具體語詞，有迂迴語，或以手勢表達，類似名稱性失語症。
3. 語法性失語症：所說言語語法結構差，有失語法現象，似電報言語，類似布洛克氏失語症。
4. 亂語性失語症：說話有語調，但無法辨認其語音。
5. 全失性失語症：理解與表達皆嚴重受損，患者只會說出

簡單的自動性言語或難以理解的新詞。

四、Luria （1964）依神經心理學分類

1. 感覺性失語症：語音之分析和組成受干擾，故語音之理解與表達均差。
2. 聲學遺忘性失語症（acoustic-amnestic）：因語音聽覺記憶差，只會複誦短句，類似渥尼克氏失語症。
3. 傳入運動性失語症（afferent motor aphasia）：言語動作之肌動感覺分析有障礙，類似傳導性失語症。
4. 傳出運動性失語症（efferent motor aphasia）：言語序列性動作之分析有障礙，只能說出單音，無法說出較長的語詞、句子，類似布洛克氏失語症。
5. 語意性失語症：理解連續言語有困難，類似渥尼克氏失語症。
6. 動態性失語症（dynamic aphasia）：因內在語言能力差，故缺乏表達意圖，類似經皮質運動性失語症。

五、Goodglass 與 Geschwind 等（Geschwind, 1970）

依大腦定位為基礎的神經心理語言學分類，並與流暢——非流暢二分法相配合，以口語流暢度、聽覺理解、複誦及命名四項能力歸類，是目前最被廣泛使用的分類法，主要症候群如下（Goodglass & Kaplan, 1983; Deal, 1986;

LaPointe, 1990）＊（註 6 ）。

1. 布洛克氏失語症（Broca's aphasia）

又名表達型失語症、前區失語症、或運動型失語
症。口語表達為非流暢型，具所有非流暢型失語症之特
徵，患者可能可以說出單詞或短語，大部份是名詞與少
數動詞，為失語法症或電報式言語。聽覺理解相當好，
複誦語詞或句子亦受損。圖片或實物命名亦差，尤其動
作名稱最困難（Bates, et al., 1991），自動性序列言
語如數數字較好，朗讀和書寫也同時受損，閱讀理解比
較好。

2. 渥尼克氏失語症（Wernicke's aphasia）

又名接受型失語症、後區失語症、或感覺型失語
症。口語表達為流暢型，與布洛克氏失語症相反，患者
說話語句長且不易停止，有些能構音清晰地說出合語法
的句子，但常少具意義，缺少實詞，聽者很難理解，稱
之「不連貫語」或「空洞語（empty speech）」。口
語會出現音素型和語意型語誤，但語調則相當完好。聽
覺理解受損嚴重，非但聽不懂別人話語，本身有時亦不
明白自己言語不具意義。複誦也因理解困難而無法執
行，圖片命名時物品名稱易有錯誤（Bates, et al.,
1991），讀與寫同時受損。

3. 傳導性失語症（conduction aphasia）

又名中央性失語症（central aphasia）。口語表達
為流暢型且有語誤，類似渥尼克氏失語症，相異處是不

會滔滔不絕，有較多的遲疑和停頓，雖為流暢型，但介於布洛克氏與渥尼克氏失語症之間。聽覺理解相當不錯，有些幾乎近正常，此亦是與渥尼克氏不同處。最嚴重的障礙是複誦。閱讀理解相當好，但朗讀與書寫也會受損。

4. 經皮質運動性失語症（transcortical motor aphasia）

　　口語表達很類似布洛克氏失語症，為非流暢型，但複誦能力較佳。聽覺理解通常相當好。朗讀與閱讀理解亦不錯，書寫能力受損。

5. 經皮質感覺性失語症（transcortical sensory aphasia）

　　口語表達流暢且有語誤，類似渥尼克氏失語症，聽覺理解也明顯受損，不同的是其話語常被形容為「回音語（echolalia）」，複誦能力佳但不瞭解意思，讀和寫亦有障礙。

6. 名稱性失語症（nominal aphasia）

　　又稱命名性失語症（anomic aphasia），比較是代表嚴重度而不是指一種類型，表示輕度失語而已。口語表達流暢，常見尋詞困難（word finding）和迂迴語，圖片命名最差，聽覺理解、複誦、閱讀理解和朗讀均相當好，書寫亦有障礙。名稱性失語症可能是獨立的症候群，也可能是其他類型失語症恢復至最後階段的症狀。

7. 全失性失語症（global aphasia）

　　此名稱亦是比較代表嚴重度而非一種類型，不但所有語言功能受損而且是極為重度，故又名「全部失語

症（total aphasia）」。口語表達可能只是重複說固定幾個詞而已。聽覺理解通常也嚴重受影響，閱讀與書寫能力也不存在。很多患者剛發病時會出現全失性失語症候群，但逐漸慢慢好轉，除非腦傷部位非常廣泛，才會長期處於全失性失語狀態。各類型失語症之一般語言特質歸納如表 2 所示：

表 2　各類型失語症之語言特質

類型	口語流暢度	聽覺理解	複誦	命名	朗讀	閱讀理解	書寫
非流暢型							
布洛克氏	－	＋	－	±	－	±	－
經皮質運動性	－	＋	＋	±	±	±	－
全失性	－	－	－	－	－	－	－
流暢型							
渥尼克氏	＋	－	－	±	－	－	－
經皮質感覺性	＋	－	＋	±	－	－	－
傳導性	＋	＋	－	±	±	＋	－
名稱性	＋	＋	＋	±	＋	＋	－

「＋」表示比較完好；「－」表示較嚴重受損；「±」表示因嚴重度而異。

六、皮質下失語症（subcortical aphasia）

　　自 Penfield 與 Roberts （1959）就發現丘腦是語言活動的整合者，近代應用電刺激更證實皮質下的語言角色，皮質下失語症之分類仍不一致，依部位可廣義分為兩大類（Albert & Helm-Estabrooks, 1988; Robin & Schienberg, 1990）：

1. 丘腦性失語症

　　　　口語表達為流暢型伴有語誤現象，複誦能力好，聽覺理解輕微受損，有尋詞困難，閱讀能力尚佳，但書寫相當差（鄭靜秋等，民 82）。

2. 底核性失語症

　　包括尾核（caudate）、殼核（putamen）、內囊及鄰近的白質。

　　　　一般類似經皮質運動性失語症，自發性言語較差，複誦能力好，輕微命名困難，聽覺理解好。由於受損範圍與部位不同，失語類型亦不同，臨床也見過類似全失性失語者（Yang, et al., 1989）。

　　失語症是指單純的語言障礙或認知問題牽涉其中，內在語言能力與外顯執行能力如何區分，大腦局部定位對神經行為學發展的影響，以及失語症分類對失語症學的研究與臨床價值等，雖然至今尚無定論，但這些爭議引導著人類對大腦的奧秘繼續探索的興趣，有助於未來失語症學的發展。至於失語症的評估與治療容後再詳細討論。

註解

註 1 ：Goodglass （ 1968 ）與 Albert 等（ 1981 ）提出失語
　　　症的語法問題有兩種類型：一種是語法錯用（ parag-
　　　rammatism ），常見於渥尼克氏失語症，雖然言語相
　　　當流利，語法結構亦很複雜，但在名詞和動詞的詞尾
　　　變化上常發生錯誤。此現象在漢語的量詞上常反映出
　　　類似的錯誤，如「兩隻水」（ Tzeng, Chen & Hung,
　　　1991 ）。另一種類型為失語法症，常見於布洛克氏失
　　　語症，其言語不流利，僅出現實詞或簡短片語，虛詞
　　　皆被省略，量詞多用「個」取代。

註 2 ：對漢語失語法症有興趣的讀者可參考陳聖芸，民 73
　　　；李淑娥，民 76 ；林彩娟，民 78 ；徐雯，民 79 ；
　　　Packard, 1990, 1993; Tzeng, Chen & Hung, 1991;
　　　Bates, et al., 1991 ；蘇宜青、羅心寶，民 81 ；吳瑾
　　　瑋，民 82 ；Lu, 1994。

註 3 ：對漢語語韻異常有興趣的讀者可參考 Hughes, Chan
　　　& Su, 1983; Packard, 1986、1993 ；呂菁菁，民 79
　　　；薩文惠，民 84。

註 4 ：對漢字書寫障礙有興趣的讀者可參考 Li, et al., 1984;
　　　Wang, 1985 ；林麗英，民 74 ；陳聖芸，民 75 ；吳咨
　　　杏，民 75 ；McNeil & Tseng, 1990 ；趙曉薇、連書
　　　平、李淑娥，民 81 ；Chan, 1992 ；錢葆友、高素

榮，1993。

註 5：Brodmann 按皮質細胞結構描繪分區圖，數目字僅代
　　　表完成劃分區域的先後，並無其他意義。大致上，
　　　Brodmann 所劃分的區域各有其特定的功能（梅錦
　　　榮，民 80 ）

註 6：約 40% 以上的患者無法用波士頓分類法歸類，
　　　Lecours 與 Lhermitte （ 1983 ）建議以混合型失語
　　　症（ mixed　aphasia ）來說明。

參考文獻

吳咨杏（民 75）。從左腦腦傷患者的認字策略探討中國文字的處理。聽語會刊，3, 39-43。

吳瑾瑋（民 82）。中文失語症病人量詞研究。清華大學語言學研究所碩士論文。

呂菁菁（民 79）。台語失語症病人聲調研究。清華大學語言學研究所碩士論文。

李淑娥（民 76）。失語症病患文法失用問題之治療—病例報告。中華復健醫誌，15, 99-105。

林彩娟（民 78）。失語症之國語介動詞探究。台灣師範大學英語研究所碩士論文。

林麗英（民 74）。大腦受傷患者的書寫障礙。聽語會刊，2, 45-49。

洪振耀（民 82）。二十世紀初法國失語學界記事。聽語會刊，9, 10-26。

胡超群、李漪（1992）。失讀病人語句、篇章閱讀中形、音、義關係的探討。中國語文，3, 191-194。

徐雯（民 79）。探索心理詞彙的結構：從中文失語症入手。清華大學語言學研究所碩士論文。

張權維、胡美秀、連倚南、陳榮基、徐劍耀（民 75）。腦中風後傳導性失語症病變位置之研究。台灣醫誌，85, 1059-1068。

梅錦榮（民 80）。神經心理學。台北：桂冠心理學叢書。

陳思甫、劉燦宏、謝富美、連倚南（民 83）。全失性失語
　　症病因之探討。中華復健醫誌，22（2），37-43。

陳聖芸（民 73）。從四個虛詞探討中文失語症現象。輔仁
　　大學語言學研究所碩士論文。

陳聖芸（民 75）。從腦傷病患看中國文字的本質。聽語會
　　刊，3, 35-38。

曾進興（民 81）。失語症的分類有沒有必要？聽語會刊，8,
　　68-78。

趙曉薇、連書平、李淑娥（民 81）。右腦傷書寫問題之探
　　討─個案報告。聽語會刊，8, 82-88。

鄭靜秋、謝富美、連倚南、賴金鑫（民 82）。丘腦性失語
　　症─病例報告。聽語會刊，9, 92-97。

錢葆友、高素榮（1993）。失寫症。載於高素榮主編：失語
　　症（pp. 171-197）。北京：北京醫科大學、中國
　　協和醫科大學聯合出版社。

謝富美、張權維、連倚南、鄧子雲（民 75）。中風後失語
　　症與電腦斷層病變之相關性。台灣醫誌，85（9）
　　, 878-882。

薩文惠（民 84）。漢語失語症病人的音律表現：字長與基
　　頻的研究。國立政治大學英國語文研究所碩士論
　　文。

蘇宜青、羅心寶（民 81）。一個中文失語法症病人之語句
　　理解的個案報告。聽語會刊，8, 79-81。

Albert, M. L., & Helm-Estabrooks, N. (1988). Diagnosis and Treatment of Aphasia. *JAMA*, 259 (7), 1043-1047.

Albert, M. L., Goodglass, H., Helm, N. A., Rubens, A. B., & Alexander, M. P. (1981). *Clinical Aspects of Dysphasia.* New York: Springer-Verlag.

Auerbach, S. H., & Alexander, M. P. (1981). Pure agraphia and unilateral optic ataxia associated with a left superior parietal lobule lesion. *Journal of Neurology, Neurosurgery, and Psychiatry*, 44, 430-432.

Bates, E., Chen, S., Tzeng, O., Li, P., & Opie, M. (1991). The noun-verb problem in Chinese aphasia. *Brain and Language*, 41(2), 203-233.

Benson, D. F. (1979). *Aphasia, Alexia, and Agraphia.* New York: Churchill Livingstone.

Broca, P. (1861). Portée de la parole. Romollisement chronique et destruction partielle du lobe antérieur gauche du cerveau. *Paris Bulletin de la Société d' Anthropologie* 2, 219.

Brookshire, R. H. (1978). *An Introduction to Aphasia* (2nd edi.). Minneapolis: BRK.

Brown, J. W. (1976). The neural organization of language: Aphasia and lateralization. *Brain and Language*, 3, 482-494.

Brown, J. W. (1977). *Mind, Brain, and Consciousness: The Neuropsychology of Cognition.* New York: Academic Press.

Burns, M. B., Halper, A. S., & Mogil, S. I. (1985). *Clinical Management of Right Hemisphere Dysfunction.* Maryland: Aspen System Corporation.

Chan, J. L. (1992). Alexia and agraphia in four Chinese stroke patients with review of the literature: A proposal for a universal neural mechanism model for reading and writing. *Journal of Neurolinguistics* 7(3), 171-185.

Chapey, R. (1981). An introduction to language intervention strategies in adult aphasia. In R. Chapey (Ed.), *Language Intervention Strategies in Adult Aphasia* (p.31). Baltimore: Williams & Wilkins.

Chapey, R. (1986). An introduction to language intervention strategies in adult aphasia. In R. Chapey (Ed.), *Language Intervention Strategies in Adult Aphasia.* Baltimore: Williams & Wilkins.

Chapey, R. (1995). An introduction to language intervention strategies in adult aphasia. In R. Chapey (Ed.), *Language Intervention Strategies in Adult Aphasia* (p.5). Baltimore: Williams & Wilkins.

Chomsky, N. (1965). *Aspects of the Theory of Syntax.*

Cambridge: MIT Press.

Crary, M. A., & Heilman, K. M. (1988). Letter imagery deficit in a case of pure apraxic agraphia. *Brain and Language*, 34, 147-156.

Damasio, A. (1981). The nature of aphasia: Signs and syndromes, In M. T. Sarno (Ed.), *Acquired Aphasia* (pp, 51-64). New York: Academic Press.

Damasio, H. (1981). Cerebral localization of the aphasics. In M. T. Sarno (Ed.), *Acquired Aphasia* (pp. 27-50). New York: Academic Press.

Darley, F. L., Aronson, A. E., & Brown, J. R. (1975). *Motor Speech Disorders*. Philadelphia: W. B. Saunders.

Darley, F. L. (1982). *Aphasia*. Philidelphia: W. B. Saunders Company.

Davis, G. A. (1983). *A Survey of Adult Aphasia*. N. J.: Prentice-Hall, Inc.

Deal, J. L. (1986). The nature of aphasia: Primary deficits and differentiating features, *Seminars in Speech and Language*, 7 (2), 111-121.

Déjerine, J. (1891), Sur un cas de cécité verbale avec agraphie, suivi d'autopsie. *Nemoires Société Biologique*, 3, 197-201.

Déjerine, J. (1892). Contribution à l' étude

anatomo-Pathologique et clinique des différentes variétés de cécité verbale. *Memoires Société Biologique*, 4, 61-90.

Dennis, M., & Wiegel-Crump, C. A. (1979). Aphasic dissolution and language acquisition. In H. Whitaker and H. A. Whitaker (Eds.), *Studies in Neurolinguistics*. vol 4. New York: Academic Press.

Eisenson, J. (1973). *Adult Aphasia: Assessment and Treatment*. New York: Appleton-Century-Crofts.

Eisenson, J. (1984). *Adult Aphasia* (2nd ed.) N. J.: Prentice-Hall, Inc.

Ellis, A. W. (1982). Spelling and writing (and reading and speaking). In A. W. Ellis (Ed.), *Normality and Pathology in Cognitive Function*. London: Academic.

Fok, A., & Bellugi, U. (1986). The acquisition of visual spatial script. In H. Kao, G. P. van Galen, & R. Hoosain (Eds.), *Graphonomics: Contemporary Research in hand writing* (pp. 329-355). Amsterdam: Elsevier Science Publishers. B. V.

Geschwind, N. (1965). Disconnexion syndromes in animals and man. *Brain,, 88, 237-294, 585-644.

Geschwind, N. (1970). The organization of language and brain. *Science*, 170, 940-944.

Goldstein, K. (1948). *Language and Language Distur-*

bance. New York: Grune & Stratton.

Goodglass, H. (1968). Studies on the grammmar of aphasics. In S. Rosenberg & T. H. Kaplan (Eds.), *Applied Psycholinguistic Research*. New York: Macmillan Co.

Goodglass, H., & Hunter, M. (1970). A linguistic comparison of speech and writing in two types of aphasia. *Journal of Communication Disorders*, *3*, 28-35.

Goodglass, H., & Kaplan, E. (1983). *The Assessment of Aphasia and Related Disorders* (2nd edi). Philadelphia: Lea & Febiger.

Head, H. (1920). Aphasia and kindred Disorders of speech. *Brain*, 43, 87-165.

Head, H. (1926). *Aphasia and Kindred Disorders of Speech*. New York: Cambridge University Press and Macmillan.

Holland, A. L. (1977). Some practical consideratios in aphasia rehabilitation. In. M. Sullivan & M. S. Kommers (Eds.), *Rationale for Adult Aphasia Therapy*. University of Nebraska Medical Center.

Hughes, C. P., Chan, J. L., & Su, M. S. (1983). Aprosodia in Chinese patient with right cerebral hemisphere lesions. *Neurology*, 40, 732-736.

Jackson, J. H. (1879). On affections of speech from disease of the brain. *In Selected Writings*, vol 2. New York: Basic Books (1958), 184-204.

Johns, D. F., & LaPointe L. L. (1976). Neurogenic disorders of output processing: Apraxia of speech. In H. Whitaker and H. A. Whitaker (Eds.), *Studies in Neurolinguistics.* vol 1. New York: Academic Press.

Kertesz, A., Harlock, W., & Coates, R. (1979). Computer tomographic localization lesion size, and prognosis in aphasia and nonverbal impairment. *Brain and Language*, 8, 34-50.

LaPointe, L. L. (Ed.). (1990). *Aphasia and Related Neurogenic Language Disorders.* New York: Thieme Medical Publishers, Inc., 1-129.

LaPointe, L. L. (1994). Neurogenic disorders of communication. In F. D. Minifie (Ed.), *Introduction to Communication Sciences and Disorders.* (pp. 351-397). San Diego: Singular Publishing Group, Inc.

Lecours, A. R., & Lhermitte, F. (1983). Clinical forms of aphasia. In A. R. Lecours, F. Lhermitte & B. Bryans (Eds.), *Aphasiology* (p.100). London: Bailliere Tindall.

Lecours, A. R. & Rouillon, F. (1976). Neurolinguistic analysis of jargon aphasia and jargonagraphia. In H.

Whitaker & H. A. Whitaker (Eds.), *Studies in Neurolinguistics.* vol 2. New York: Academic Press.

Lesser, R. (1978). *Linguistic Investigations of Aphasia.* London: Edward Arnold.

Li, X. T., Hu, C. Q., Zhu, Y. L., & Sun, B. (1984). Neurolinguistic analysis of Chinese alexia and agraphia. In H. Kao & R. Hoosain (Eds.), *Psychological Studies of the Chinese Language.* H. K.: The Chinese Language Society of Hong Kong.

Love, R. J., & Webb, W. G. (1992). *Neurology for the Speech-Language Pathologist.* 2nd edi. Boston: Butterworth-Heinemann.

Lu, L. (1994). *Agrammatism in Chinese.* Dissertation. Boston University School of Medicine.

Luria, A. (1964). Factors and forms of aphasia. In A. DeReuck & M. O'conner(Eds.), *Disorders of Language* (pp. 143-167). London: J. & A. Churchill.

Luria, A. R. (1966). *Higher Cortical Functions in Man.* New York: Basic Books.

Marshall, J. C., & Newcombe, F. (1973). Patterns of paralexia. *Journal of Psycholinguistic Research*, 2, 175-199.

McNeil, M. R., & Tseng, C. H. (1990). Acquired neurogenic dysgraphias. In L. L. LaPointe (Eds.),

Aphasia and Related Neurogenic Language Disorders (pp. 147-176). New York: Thieme Medical Publishers, Inc.

Naeser, M. A., & Hayward, R. W. (1978). Lesion localization in aphasia with craniel computed tomography and the Boston Diagnostic Aphasia Exam. *Neurology*, 28, 545-551.

Nicolosi, L., Harryman, E., & Kresheck, J. (1989). *Terminology of Communication Disorders* (3rd edi). Baltimore: Williams & Wilkins.

Osgood, C., & Miron, M. (1963). *Approaches to the Study of Aphasia*. Urbana: University of Illinois Press.

Packard, J. L. (1986). Tone production deficits in nonfluent aphasic Chinese speech. *Brain and Language* 29, 212-223.

Packard, J. L. (1990). *Agrammatic Aphasia: Cross-Language Narrative Source Book*. Amsterdam: Jhon Benjamis.

Packard, J. L. (1993). *A Linguistic Investigation of Aphasic Chinese Speech*. Boston: Kluwer Academic Publishers.

Penfield, W., & Roberts. L. (1959). *Speech and Brain Mechanisms*. Princeton: Princeton University Press.

Robin, D. A., & Schienberg, S. (1990). Subcortical lesion

and aphasia. *Journal of Speech and Hearing Disorders.* 55, 90-100.

Rosenbek, J. C. (1985). Treating apraxia of speech. In D. F. Johns (Ed.), *Clinical Management of Neurogenic Communication Disorders*, 2nd edi. (pp, 267-312). Boston: Little, Brown and company.

Rosenbek, J. C., & LaPointe, L. L. (1985). The dysarthrias. In D. F. Johns (Ed.), *Clinical Management of Neurogenic Communication Disorders* (2nd edi) (pp. 97-152). Boston: Little, Brown and company.

Rasmussen, T., & Milner, B. (1977). The role of early left brain injury in determining lateralization cerebral speech functions. *Annals of the New York Academy of Sciences.* 299, 355-369.

Schuell, H. M. (1969). Aphasia in adult. *In Human Communication and Its Disorders- An Overview.* Bethesda: U. S. Department of Health, Education, and Welfare.

Schuell, H., Jenkins, J. J., & Jiminez-Pabon, E. (1964). *Aphasia in Adult.* New York: Harper Medical Division.

Seron, X., Deloche, G., Bastard, V., Chassin, G., & Hermand, N. (1979). Word-finding difficulties and learning transfer in aphasic patients. *Cortex*, 15, 149-155.

Taylor, O. L. & Anderson, C. B. (1968). Neuropsycholinguistics and language retraining. In J. W. Black & E. G. Jancosek (Eds.), *Proceedings of the Conference on Language Retraining for Aphasics.* Columbus: The Ohio State University Research Foundation.

Tzeng, O. J. L., Chen, S., & Hung, D. L. (1991). The classifier problem in Chinese aphasia. *Brain and Language*, 41(2), 184-202.

Wang, S-Y. (1973). The Chinese Language. *Scientific American*, 228, 51-60.

Wang, X. (1985). Mirror writing. *Chinese Journal of Neurology and Psychiatry*, 18, 108-110.

Weigl, E., & Bierwisch, M. (1973). Neuropsychology and linguistics. In H. Goodglass & S. Blumstein (Eds.), *Psycholinguistics and Aphasia* (P. 26). Baltimore: Johns Hopkins Press.

Weigl, E., & Fradis, A. (1977). The transcoding process in patients with agraphia to dictation. *Brain and Language*, 4, 11-22.

Wepman, J. (1972). Aphasia therapy: A new book. *Journal of Speech and Hearing Disorders*, 37, 203-214.

Wepman, J., & Jones, L. (1961). *Studies in Aphasia: An*

Approach to Testing. Chicago: University of Chicago, Education-Industry Services.

Wernicke, K. (1874). *Der Aphasische Symptomkomplex*. Breslau: Cohn and Weigert.

Wertz, R. T. (1985). Neuropathologies of speech and language: an introduction to patient management. In D. F. Johns (Ed.), *Clinical Management of Neurogenic Communicative Disorders* (2nd edi) (pp 1-96). Boston: Little Brown and Company.

Yang, B. J., Yang, T. C., Pan, H. C., Lai, S. J., & Yang, F. (1989). Three variant forms of subcortical aphasia in Chinese stroke patients. *Brain and Language*, 37(1), 145-162.

Zurif, E. B., & Caramazza, A. (1976). Psycholinguistic structures in aphasia studies in Syntax and semantics. In H. Whitaker and H. A. Whitaker (Eds.), *Studies in Neurolinguistics*. vol 1. New York: Academic Press.

第 7 章
運動性言語障礙

曹英嬌

　　「運動言語性障礙」（motor speech disorders）與「失語症」（aphasia）可作以下概略的區分。「運動性言語障礙」強調的是口語表達的問題，其中「吶語症」（dysarthria）與「言語失用症」（apraxia of speech）是最具代表性的兩大類。兩者共通的特徵是自主性「言語運動控制」（speech motor cortrol）能力失調或減弱。譬如由於韻律節拍（prosody）失調，導致說話聲調缺乏抑揚頓挫。這類患者的語言和認知功能也許較發病前差，但通常並未喪失或嚴重退化。相對的，失語症係中風（腦血管破裂或阻塞）所造成的語言能力之缺損，聽、說、寫、讀都可能在病發之後有所障礙。這些困難基本上是高層次語言符號處理的異常。失語患者在低層次的口腔動作控制（oral movement control）上，尤其是非言語性（或維生性）的運作（如呼吸，吞嚥），通常仍保有相當的功能。另外，這類患者在語言使用上的困難，往往是由於一時無法從記憶庫中，找出意欲表達的字彙，或者在文法結構上呈現混亂、異常的現象。簡言之，失語症與運動語言性障礙患者之間最大的不同是，前者的內在語言符號的處理功能已然有喪失或減退，而後者的內在語言之基本功能（聽、讀、寫）大致上尚稱完整，只不過其在口語表達上呈現語音錯誤或困難。

　　本章將分為三節討論。第一節描述人類運動系統之機轉及運動控制的過程，並討論這些運動系統功能對言語表達的重要性及其影響。同時將舉例說明運動性言語障礙在神經解剖與神經生理上的可能部位與導因。第二節則將從臨床與理

論的角度探討吶語症與言語失用症的定義、本質與成因，希
望藉著對這兩者之間的差異之了解來提供臨床上歸類之參
考。第三節將以評估為經，治療為緯，分別對吶語症與言語
失用症詳加描述與討論。

第一節　運動機轉與控制過程

一、運動的基本歷程與反射動作

　　「運動控制」（motor control）遵循神經科學（neuro-
science）、運動學（kinesiology）及生物力學（biomecha-
nics）等各方面的原理，在此將對運動控制的神經基礎加以
探討。運動控制指的是對身體部位的姿勢(posture)與動
作（movement）的控制，主要的關鍵是腦部如何與其他身
體部位（如肌肉、關節）相互協調與配合，達到對身體姿
勢、動作的控制。基本上，這一控制過程，可分為三個階
段：⑴「方案計劃」（planning）——概念之形成，⑵「程
序安排與組合」（programming）——運動神經指令之傳
送，⑶「運動神經指令的執行」（implementation）——肌
肉與神經之間的協調與控制。簡言之，運動控制過程所包括
的是「訊息處理」（information processing）以及「感覺
運動」（sensorimotor）的協調。一般而言，每一個身體動

作來自最初始的一個「想動」的意念，加上經由人體各種感覺管道傳來的訊息之配合，從記憶中找出反應型態透過神經衝動之傳導，對適當部位的肌肉予以刺激。如此，再由相關的肌肉纖維所形成的「運動單元」（motor unit）來完成最後的執行工作，如坐姿、站姿、走路、慢跑、舉筷、用匙，或振筆疾書等等。

　　從意念的產生到動作的形成，其間神經衝動的傳導乃受制於「神經指令」（neuro－commands），以完成「有目的」的動作。換言之，人類大部分動作的學習都是經過上述過程而產生。而自主性的感覺運動過程，則又植基於非自主性的反射動作弧。所謂的「反射動作弧」（reflex arc）指的是「快速、即時」的行為反應，如手碰到高熱的東西會自然的縮回，又如腳底踩到圖釘能夠一方面將腳盤傾斜或上翹，一方面又能以相對邊的手臂來保持身體的平衡以免摔跤。這種「非自主性」的反射動作之所以能不須透過繁複的資料處理與輸送過程而能即時反應，乃憑藉著兩個主要的系統：(1)alpha 運動系統，(2)gamma 運動系統。前者是最簡單、也是最基本的「伸直反射」（stretch reflex），其所仰賴的是用來接受感覺訊息的「肌肉軸」（muscle spindle）。「肌肉軸」中的 la 肌肉纖維群對肌肉長度與速率敏感，而 II 肌肉纖維群中的「肌肉軸纖維接收器」（spindle receptors）則只對長度敏感。感覺神經訊息由「背側根部的神經節細胞」（dorsal root ganglion cell）傳入脊髓（spinal cord），並且在脊髓白質部與運動神經單元相連；然後再透過 alpha

神經纖維束由脊髓部的腹側將神經衝動傳回肌肉軸。由於此一反射動作的神經通路，不必經過高層次（如大腦）的訊息處理或者小腦的協調作用，所以其反應時間較其他自主性的動作反應來得短。至於 gamma 運動系統則須透過由腦部高層次（如中腦）所發出的 gamma 運動神經單元將神經衝動送達脊髓，當 gamma 神經纖維在脊髓部經過兩個（以上）的運動神經單元的突觸後，其將合成後的神經衝動或訊息直接傳到「肌肉軸」以便直接調整肌肉軸本身的肌肉纖維。這種傳送過程不須仰賴外來的訊息刺激，譬如有意識的將肌肉軸本身伸直或彎曲，以便改變肌肉本身的長度即是一例。

除了 alpha 與 gamma 運動系統所造成的反射動作外，GTO（Golgi tendon organs）的反射作用，指的是為了維持肌肉緊張度的穩定性所產生的反射作用。這種反射動作乃為了減少或阻止被刺激了的 alpha 運動神經單元的不斷發放，使其因 1b 肌肉纖維所引起過度的肌肉緊張度有所舒解。舉一個實際的例子，當刻意把一個端坐著而雙腿平放的人的一隻小腿用力往上前方拉而後放手，我們可以觀察到有一股相對方向的力量迫使小腿往下後方回到原來靜止的位置上。這正是 GTO's loop 因感受到某一程度的緊張度而刺激了 1b 肌肉纖維的活動。而 1b 肌肉纖維由於在脊髓中與其他的運動神經單元合成而產生了「抑制」作用，以便抑止那因肌肉被拉直而受刺激的 alpha 運動神經單元。此一抑制結果，將使原本被拉直的小腿得以自然反彈回來。以上三種反射動作均屬簡單的反射作用。其他較複雜的正常反射作用

有：(1)受神經相互支配（reciprocal innervation）的肌肉反射作用，如將手臂「彎曲」時，臂膀內側的雙肌鍵與其外側的三肌鍵會呈現一伸一縮的協調作用，(2)多層次的脊髓環的反射作用（inter－segmental reflexes），(3)冗長的脊髓反射作用（long spinal reflexes）。以「一雙小狗坐著仰望主人」作為例子，我們可觀察到的是，當小狗將脖子伸長或上仰時，其前肢呈現伸直著地現象，但其後肢則較可見伸縮性的曲捲著。這種反射作用所需的時間較其他反射作用來得費時，主要是因其所牽涉到的不僅是脊髓，另有前庭（vestibular）系統的參與。

二、運動性言語障礙的神經解剖與生理基礎

由於言語是人類一種「半自主性」的行為，一般對言語產生的看法是腦部主司言語的區域接受外來的刺激，所引發的一連串「感覺——運動」神經衝動之間的協調，由此起動了言語運動機轉，配合個人內在處理語言符號的能力以致產生說話行為。中樞神經系統與言語產生機制有關的部位包括前葉的大腦運動皮質區，相當於 Brodmann 第四區，與 Brodmann 第六區的補助性運動皮質區（supplementary motor cortex）直接相連；此外，運動皮質區也與小腦的兩側相通。至於大腦聯結區則分佈於第八、九、十區的額葉，第五與第七區的頂葉，以及位於第十二與第二十二區的顳葉。另外與大腦運動皮質區相接的是與丘腦有直接相關的基

底結節綜合體（basal ganglion complex）。「運動皮質區」與「補助性運動皮質區」對於自主性動作的策劃、組織安排有其絕對的重要性。此一高層次運動神經網的損傷，所引起的言語運動障礙是言語組合、順序、與排列的因難與混亂。此外，言語運動「執行階段」所反映的是一連串的神經衝動傳導，根據高層次的既定計劃與組合安排，並順著「錐體通道」（pyramidal pathway）而完成既定的言語行為。在這整個神經傳導通路上，其他的大腦部位，特別是所謂的「錐體外通道」（extra－pyramidal pathways）有其不可被忽視的重要性。雖然到目前為止，大部分的實驗仍都以人體的四肢運動控制為主，不過其間一些基本的概念與原則是可以應用在言語運動控制上的。

　　對言語運動障礙的研究是另一個了解言語運動控制的重要知識來源。舉例來說，「運動失調型」的吶語症（ataxic dysarthria）者之所以可依其言語特徵與行為動作之異常而加以推論、診斷為小腦功能的病變，其間的道理很簡單，由於小腦具有對感覺神經與運動神經之間的協調、平衡、整合的功能，也因此可預期這類患者呈現在動作協調上的不一致，如音量突然增大、音調突然增高、或手腳無法自如的擺置在某一定點上，也因此其在走路時會有身體搖擺不停，或無法正確的以手指碰觸自己的五官等現象。至於被歸因於基底神經結節功能異常的「帕金森症」患者，其所表現出的動作範圍有限（如說話音調之平平、或走路跨步極小）與肢體僵直現象，正是由於個體的頡抗肌（antagonistic muscles）

相互的調整作用衰退或不協調。另外，帕金森症患者在長時間遲疑不動之後，表現出的「急速」移動腳步或開口說話，顯示錐體外系統對運動皮質區的抑制功能受到了干擾。由於基底神經結節同時負有對動作的整體控制，因此我們可觀察到「帕金森症」患者在面對多種動作必須同時存在以完成某一特定行為時，卻無法使各動作之間得以依序呈現或相互協調（Dick ＆ Marsden, 1985）。

　　此外，可能引起運動性言語障礙的神經部位可分兩大類：一是「上部運動神經元」（upper motor neuron, UMN），二是「下部運動神經元」(lower motor neuron, LMN)。前者之受損通常有如下的症候群：「整體」但非個別的肌肉纖維群的麻痺，通常其麻痺僅止於局部性。其肌肉的輕微萎縮則通常由於長期廢棄不用所導致。此類患者的特徵是高度的肌肉痙攣、抽搐與收縮。身體部位僵直而且有高度的肌鍵反射動作，肌肉表現出高度的抗地心引力的狀態，而且有「間痙攣」（clonus）之現象。其在 Babinski 氏反射測驗上呈現「正的」反應——那就是當患者腳底受外物刺激時，其腳趾與腳掌呈現向上向外翹的異常現象。而其腹部肌肉的反射作用則幾乎完全喪失了。儘管如此，其小肌肉纖維通常沒有出現顫動的現象。以上各現象均可見諸於痙攣性的吶語症。至於下部運動神經元受損患者，則可以鬆弛性吶語症為例。其症候群大致上相對於上部運動神經元病變症狀，如整體與單一的肌肉纖維同時有顯著的麻痺現象，其肌肉鬆弛與強度削減情況則通常伴隨著深度肌鍵反射的喪

失。此類患者在 Babinski 氏反射測驗上則呈現「負的」反應——腳趾與腳掌在受到刺激時並沒有呈現任何異常的反射現象。不過,其局部肌肉纖維發生顫動的現象時而可見。總之,以上兩大類神經病變之間的差別,乃在其「病變起因」與「部位」不同以致病患在臨床上呈現出獨特不同的肌肉運動控制癥狀。由於上部運動神經元所受損的是脊髓以上任何一部位的神經系統,因此呈現有在肌肉上高度(hyperactivity)的反射反應。相反的,下部運動神經元所受損的則是在脊髓部位或肌肉神經衝動在其傳導上的缺失,因而造成患者在反射動作上呈現萎縮或不及(hypoactivity)的現象。另外,前者呈現不正常的 Babinski 氏的反射現象,而後者則保有正常的腳掌、腳趾的反射動作。

三、言語的定義與本質

在對一般運動控制的機轉與形成過程有所了解之後,我們必須考慮的是如何將同樣的概念應用在言語的表達上。對這個問題,我們所必須了解的是:「言語」與「非言語」之間的關係,如兩者之間有何相似或不同的地方?「非言語」的動作表現是否合適用來推測「言語」的行為?在嘗試回答這兩個問題之前,我們必須對所謂的「言語」加以定義與了解。根據 Netsell(1984; 1986)的看法,言語指的是一種「有目的」的口語(verbal)表達。其目的乃是希望透過

有彈性的「身體動作」（特別是唇、舌、下顎、喉頭、聲帶、胸腔、氣管）與聽覺上的回饋與內在自我偵測而發出一個為他人所理解的音聲波型（acoustic pattern）。換句話說，「言語」是言語機轉起動形成音聲波型，因而將個人的想法、感覺透過象徵性的語言符號與文法結構而表達出來。言語之表達乃來自於口語肌肉的運動與感覺輸入機轉之間的協調與控制的結果。Scheibel（1979）認為言語的運動控制有其「特殊」的神經聯絡網與獨特的口語肌肉活動的型態。一般而言，人類言語運動控制能力的獲得與發展是一個具有連續性的過程。言語行為的產生，正符合一般「精細運動」技巧的要求。譬如說，言語的產生有其一定的「精確性與速度」。言語的表達不僅反映說話者本身對語言知識的運用，且透過不斷的練習而使言語能力有所改進。言語的表達也反映出運動功能本身所具有的「彈性」，如不同的人可以用不同方式來發出同一個元音，或同一個人在出同一字音時也可能呈現在肌肉用力上的不一致。此外，值得強調的是，言語的表達幾乎是一種半意識狀態下的「自動控制」動作。這所謂的「半意識」狀態指的是當我們說話時，我們不須特別去思考該如何張口、閉唇、捲舌等等的每一個動作細節（Woelff, 1979）。也正是一般人所經驗到的是想說什麼就能不費勁的「開口就說」。

四、言語、非言語、與維生性行為與功能

　　現在讓我們來看看言語與非言語行為之間的關係。所謂「非言語」行為或「維生性」的功能，指的不外是呼吸、吞嚥、吸飲、咀嚼、吹口哨等，從表面上看來，似乎與言語行為使用某些同樣的機轉，如口腔、舌頭、咽喉、聲帶等。從個體發展上來說，這種非言語行為，尤其是呼吸與吞嚥行為似乎在時間上比言語行為來得早些；同時，由於此種行為幾乎是一種不須經過特別學習的自動反射行為，不免讓人懷疑在時間稍後才出現的言語能力可能植基於此。換句話說，一個人必得先具有呼吸、吞嚥等生存的基本功能，才有可能在稍後發展出或學習到說話的能力。基本上，Netsell（1986）並不同意這種推理，相反的，他認為言語與非言語能力指的是並行的兩個運動過程各自所產生的結果。尤其是言語運動控制能力乃屬於人類行為中經過不斷的精細練習而產生的某一種特別的能力。這種功能絕對不是單純來自於與生俱來的「基本原始能力」（如呼吸、吞嚥、吸飲等）。Netsell強調個體的神經系統的「成熟度」才是個體對其言語運動能力的控制的重要根基之一。

　　在上述對言語與非言語所提出的假設之下，兩者之間的相似點與不同處可列舉如下。首先，很明顯的是這兩者同時具有其在行為上的自動性之特點。只不過在「說話」時，這種自動性的非言語行為通常被抑制以使得言語機構（唇、

舌、下顎、咽喉與聲帶）之間的協調與配合有其可能性。也因此 Netsell 認為吞嚥等非言語動作可能與言語動作共用某些神經機轉或結構。所不同的是，這兩者可能有其各自的神經功能系統來控制其功能。此外，Netsell（1984）進一步指出人類「言語的運動控制乃植基於最後才進化的新皮質（neocortex）；至於呼吸、吸飲、咀嚼、吞嚥等維生性功能則受制於位於腦幹（brainstem）部位的運動型態產生器（pattern generators）」。總而言之，也許目前尚無足夠的證據能明白的指出一個精確的言語或非言語的控制中樞。不過在言語運動控制研究領域裡，普遍的一個共識是：言語與非言語（或維生性）的行為在使用的機轉上與基本的功能上的確有其不同之處。

　　基於上述的共識，臨床上使用非言語或維生性的行為表現來作為言語能力的評估與治療，似乎有待重新思考。由於非言語能力所反映出的言語能力未必正確，因此改善患者的維生性功能，並無法保證言語表達能力也會因之改善。另外，臨床上常用輪替動作（diadochokinesis, DDK）作為評估病患言語表達的能力，我們應該進一步了解言語能力所必備的一般運動控制能力有多少？用「輪替動作」來測量病患的非言語能力的「最大限度」（maximal performance）的意義與價值又是什麼。換言之，我們所具有的力量的極限到底能否用來推估正常的言語能力？Barlow 與 Abbs（1983）的研究結果指出，需要用來說話的言語運動控制肌肉力量與強度，似乎遠低於我們所能達到的最大的控

制力量。這一事實，不免讓人反問，評量患者最大限度的控制能力似乎對言語能力的評估意義不大。Netsell（1984）更明白的指出說話或言語表達的運動比起眼睛的運動來得慢而且肌肉纖維收縮的力量（或強度）也比較弱，加上每一個語音所須的運動單位往往是比供給眼睛運動的運動單位來得小一些。此外，不同的說話速度可能有其不同的運動控制型態及不同層面的言語動作之參與（Netsell, 1986）。

五、言語運動控制能力與最大限度的非言語運動能力之評估

　　最大限度的非言語運動控制能力之評估，除了上述的輪替動作外，其他常用的評估項目是要求患者將一個母音（如／ㄚ／或／ㄧ／）或一個子音（如／ㄙ／或／ㄇ／）在深吸一口氣後，儘量拉長到其極限為止。或有測量患者最大的肺活量或其音調的最高與最低限度等等其他類似的測驗項目，然後再將所測得的結果與所謂「一般平均標準」來作比較。Kent 與 Rosenbek（1987）對這一類測驗項目有很詳盡的分析與評估。他們發現所謂的「一般標準」因著不同的研究方法而有不同的指標或標準。同時幾乎每一種研究報告結果都有相當大的「變異性」（variability）──這代表著研究資料中，受試者的得分分佈在一個相當大的範圍內；如有些人得分相當高，有些人的得分則特別低，其他人的得分則可能分散在整個量表上。在這種情況下所取得的平均數所能代表

整個團體的可能性就不夠了。尤其是同一受試者與不同的受試者之間所呈現的變異性,可能來自各種可能的因素,如測量時間不同,個人受測時的內在穩定性,所接受的測驗指導語不同等其他內在心態、情緒與外在環境刺激。基於以上種種因素,不難了解 Kent 等人對這些最大限度的測量的質疑。他們認為既然一般說話或言語表達並不需要用到最大限度的能力——如肺活量、發聲、口腔運動等功能,那麼,對患者的最大限度之測量,似乎缺乏其實質上的意義。更何況「大的變異性」暴露了這種研究資料在臨床上的應用與解釋是不恰當的。另外,對於這種測量「非言語」能力在運動控制上的強度、速度,與最大限度等的結果與對真正「言語」能力的推估,不少學者均抱以懷疑的態度。

　　不過 Luschei(1991)對非言語與最大限度的測量方式感到樂觀,他認為這種簡單而客觀性的測量方式有其潛在的價值性。原因很簡單:首先,他認為「客觀性」的測量本是科學的基礎。尤其是當其他各種可能因素都不適合用來解釋患者的問題時,這種客觀的數據可能就很有用。至於最大限度的測量標準或許有不完美之處,對有些人也可能並不合適;不過這種對個體有能力達到正常「極大限度」功能的測量多少有其「間接」上的意義。至於 Kent 等人(1987)所提出的對受試者本身所表現出在能力上的「大變異性」之質疑本是一個在統計上永遠會存在的事實。另外對受試者與受試者之間的差異性,Luschei 則建議透過適當的實驗設計與統計分析可以對此一差異性加以修正。他同時強調「輪替動

作」的價值乃在於其所能提供對言語運動的「協調能力」的評估。Luschei 指出雖然每一個個體有其獨特的表現方式與個別差異的存在，一個具有正常運動協調能力的個體應該能夠作出適度的重複動作。總而言之，Luschei 認為只要在實驗設計與統計上加以小心的設計與處理，並配合當前高度的科技或最新的儀器，一個簡單可行的客觀性且具信度與效度的測量方法應該不難發展出來。對此有興趣的讀者，可參照 Barlow 與 Netsell（1989）所發展出的多功能性的口語動作儀器系統。Lusche; 1991）甚至針對 Kent 等人的評論而提出個人的看法。他認為目前在「言語運動控制」的研究領域裡，學者專家之所以對傳統所謂的「客觀」測量方式，也就是「最大限度」能力表現持保守態度的原因可能是：這種「最大限度」能力表現的測量方式仍缺乏其對臨床上所能提供出一種在實質上具意義與裨益的方法，特別是缺乏一個足夠用來作參考、對照的「標準」。這種測量法，稱其「客觀」仍有其在施測上的主觀；因此不足以用來完全代替臨床專業人員的經驗與使用儀器或對數據的技巧。換言之，如何正確的使用儀器並對所測量到的數據加以適當的詮釋，仍得仰賴臨床專業人員本身所具有的學識與經驗。

六、神經肌肉的成熟度與神經的退化

在正式討論「運動性言語障礙」之前，另一個值得探討的問題是「肌肉神經的成熟度」對言語運動能力的影響。

Kent（1981）指出一個六個月大的嬰兒所具有的「呀呀學語」（babbling）的能力可見諸於以下三種存在的事實：(1)嬰兒本身的「口腔到聲帶以上」的部位，在其解剖上的演進與成長實有助於言語的產生。(2)運動技能學習所必須具備的大腦皮質（cortical）與其皮質下（subcortical）的神經網路通常在出生六個月左右發展出來。(3)在這一階段嬰兒同時已漸擁有一個相當敏銳的「聽覺靈敏度」以便用來調整自己的發聲以讓其更接近大人的言語型態。以上這些事實有其解剖上與實驗上的證據可循。而在本章以「運動性言語障礙」的主題之下，「肌肉神經系統」因年齡的增長而有所衰退的現象更值得注意與探討。以美國方面的資料統計來言，大約有60％到80％的言語運動障礙罹患者是超過六十歲的成人。原因無他，主要是由於一般上了六十的老年人，其在神經生理上多少有衰退的現象，如其腦容量或因著神經細胞單元的日漸喪失而變小，或因此而間接減緩了神經化學物質的傳導速度。尤其是多巴胺（Dopamine）的大量喪失會因而引發所謂的「帕金森氏」吶語症，至於阿滋海默症（Alzheimer's disease）患者則可能導因於神經細胞纖維化或斷裂。另外，若從生理結構上來看，不少研究報告（Beasley & Davis, 1981）指出老年人的肌肉強度有減弱的現象──如呼吸系統部份（胸腔、橫膈膜、與腹部）變得較僵直且缺乏原先的彈性。另外，聲帶肌肉開始起纖維化而喉頭的軟骨則漸趨骨化，諸如此類種種老化現象多少可用來解釋老年人音量之所以變弱，嚴重者或甚至出現吞嚥上的困難。至於外表可觀察

到的面頰、唇部、下顎之萎縮無力與牙齒掉落也多少與老年
人在言語表達能力的減弱有關。

第二節　運動性言語障礙

一、吶語症與言語失用症

　　「運動性言語障礙」大致上可分為「吶語症」
(dysarthria)與「言語失用症」（apraxia of speech）兩大
類。根據 Darley, Aronson, 及 Brown, J.（1975）以及
Duffy(1995)的定義，「吶語症」指的是，在言語表達的基
本運動過程中，任何損傷引起言語機轉的肌肉控制受到干
擾，產生了言語的含混不清、沙啞、單調或其他異常的說話
特徵（如說話速度緩慢、遲疑、斷續等等）。換句話說，由
於言語肌肉在控制上的失調（太弱、太慢或無法協調）造成
呼吸、發聲、共鳴（resonance）、構音（articulation）以
及韻律節拍的問題。Darley 等人推測這種障礙乃是來自中
樞神經系統或周圍神經系統受損。因此，病患所表現的障礙
通常包括運動上的準確性、速度、強度與協調等方面不正
常。「言語失用症」呈現用字之序上的混亂與咬音上的不清
晰，導源於腦中某一神經（運動或感覺）通路上的受挫，引
起構音器官（articulator）在言語形成的運動程序上（運動

指令的安排、組合）所出現的混亂狀態（Darley et al, 1969）。「言語失用症」患者會呈現輔音或元音相互顛倒的構音錯誤。在說話節拍和韻律上也有所改變，依 Darley 等人的看法，這種說話韻律上的異常可能來自患者對其構音困難所衍生出的補償作用。這種病症的病變所在往往是左半大腦部位。「言語失用症」一個主要的特徵是，患者往往能在「不自主」的情況下適當地運作構音器官（如咀嚼、或伸舌舔食唇上的東西等等），但卻無法聽從他人的指令作「自主性」的伸舌、或嘟嘴等動作。

　　總括來說，吶語症與言語失用症的不同點可歸納如下：

　　1.「吶語症」導因於肌肉之萎縮與其控制上的失調，「言語失用症」則往往是言語運動控制程序上的混亂所造成的。前者患者的肌肉通常有萎縮的情況，而後者則未必呈現肌肉萎縮的現象。

　　2.「吶語症」往往涉及所有的言語形成過程，如呼吸、發聲、共鳴、構音、與韻律等功能的異常。相反的，「言語失用症」的言語異常則大致出現在構音的形成過程與功能上。這兩者之間的差異可能基於病變所在之不同。「吶語症」的病變所在通常發生在左右大腦中樞神經部位或可能在周圍神經肌肉系統上，而「言語失用症」則通常僅限於左半大腦的病變。

　　3.「吶語症」患者所呈現的言語上的特徵是字音的偏差或扭曲（distortion），這通常是因神經肌肉反應的遲疑，衰弱等問題所引起的。至於「言語失用症」患者則呈現字音

替代（substitution）的現象。其中另一個重要的現象是，
前者所呈現出的構音上的錯誤有其相當的一致性，相反的，
後者所呈現在構音上的問題則往往缺乏一致性可依循，尤其
是在表達冗長與複雜的句子時，後者有很明顯的構音器官上
的互動協調上的偏差（Kent & Rosenbek, 1983）。簡言
之，以言語的形成與其運動過程的角度而言，言語失用症乃
屬較高層次的言語形成與其運動控制（計劃、策略、或運動
指令之傳送）的受損，而吶語症則屬較低層次的言語運動控
制上（神經運動指令之執行——肌肉之收縮與放鬆）的問
題。以上憑藉這種「相對性」的病因、病變部位、其所影響
的言語過程、以及其在言語運動上的特徵來區分吶語症與言
語失用病是梅爾診所（Mayo Clinic）所倡議的。事實上，
其他後來的學者專家則對以上如此的分法有所爭議。畢竟，
依患者所呈現的言語功能上的異常而將運動性言語障礙分成
這兩類，似乎是有點牽強。理由很簡單——在所存在的事實
裡，我們往往很難截然的將兩者分得很清楚。這可從 Kent
與 Rosenbek（1983）對言語失用症患者的研究報告結果得
到支持。他們指出一般所宣稱的不正常的「韻律」乃屬言語
失用症者的特有言語特徵，卻同時被發現存在於吶語症者的
言語表達裡，另外 Odell 等人（1990b）在其嚴格的對兩類
患者的言語樣本分析中發現，在基本上這兩者有一些共通的
特徵，如困難起音或開口說話。

　　上述這種偏好於不將吶語症與言語失用症強加區分開來
的取向可由 Forrest 等人（1991）對不同構音的錯誤型

態（error patterns）的重要研究所作的回顧與結論中得到
進一步的了解與支持。他們首先舉出「正向的指證」來反映
出「運動性言語控制」失調所造成的構音上可能的錯誤因著
這兩大類病症而有其在英文音素上的「扭曲」（Odell et al,
1990）、「替代」（Lapointe & Johns, 1975），構音器官上
的「嚐試錯誤」或「探索」（groping）（Johns & Darley,
1970），說話或起音上的困難（initiation）（Kent &
Rosenbek 1983, Robin, Bean and Folkins 1989），以及
構音器官失調所造成的一致性上（Kent & Rosenbek,
1983）的不同。另一方面則指出從「相對性」的報告結果所
顯示的是，以構音上的錯誤型態來將「吶語症」與「言語失
用症兩者區分開來缺乏其「絕對性」的效度。其原因不外是
兩類患者在言語表達上常有相似的特徵。此外，另有實驗結
果指出這兩組的受試者在言語構音上所犯的錯誤並沒有達到
統計上顯著的不同。例如，在 McNeil 與 Adams（1990）
針對吶語症與言語失用症患者的言語運動控制能力從運動學
的角度所作的研究中發現，這兩組患者所表現出在說話時
的「不正常的力量使用與姿勢維持與移動」等的運動控制能
力相當接近，這兩類患者所顯示出的不同點，乃是在其構音
器官運動速率改變程度上。對於此一結論，Robin 等人
（1989）在其對兩類患者在其構音器官移動上的研究報告中
予以反駁。他們提出剛好相反的結論：「兩類患者在言語運
動上的速率改變程度並沒有任何明顯的差異。」另一個有趣
的研究報告是，Itoh 等人（1979）以 X 光對「言語失用」

患者的顎咽部（velar pharyngeal）運動的研究中發現，在
聽覺上聽起來像「替代音」的言語錯誤，其在 X 光上所顯
示的現象實際上是由於在時間上失調所造成的「扭曲音」。
由此一證據，我們可明白的是，以這種可能的假相的替代音
來將言語失用症患者與吶語病患者加以區分顯然是一種不可
靠的標準。嚴格說來，「運動性言語障礙」患者的病變所在
與其臨床上所表現出的言語特徵等行為表現之間的關聯仍不
清楚，並有待進一步的研究與考量（Rosenbeketal, 1994）。
譬如 Kertesz（1984）指出十個言語失用症的患者曾顯示其
病變所在，在大腦皮質下的部位。這種發現與 Darley 等人
所強調的「左半大腦」的變病並不相符合。

　　總而言之，從這正反兩面的研究結果的證據中，所意涵
的不外是，到目前為止仍然缺乏一個「絕對」的標準或證據
可以用來將吶語症與言語失用症加以明白的區分開來。也因
此，在 Rosenbek 與 McNeil（1991）的報告中，嚴正的提
出，早先由 Darley 等人（1969, 1975）所提的一些病理上
的假設，可能在過去三十年來已無形中造成了一些研究方向
的偏差。因此 Rosenbek 與 McNeil 建議將先前的一些對吶
語症或言語失用症在病理上的假設先擱置一旁，而儘量的收
集各種可能的相關資料並從各種層次層面加以分析。譬如「
聲譜圖」上的聲紋波形分析，「運動學」上對構音器官在動
作上之速率或其協調的測量，「聽覺」上病患所呈現的異常
言語特徵，或「神經生理學」上對病患的病理、生理與解剖
上各方面的研究等等。他們同時強調稍後的研究應該儘可能

的大量收集有關正常人與具有神經病變或腦傷等病患的資料，以期由這些各方收集來的有關資料的分析中得到一個較客觀、可靠的結論。總之，Rosenbek 與 McNeil 呼籲學者專家秉著自身對言語運動控制的生理層面上的知識，將之與認知心理學、言語學，與人類一般的運動系統所有的互動加以分析與了解，然後從整體的模式中去推測生理部位或神經肌肉某功能的受損，可能造成的言語表達上的問題。很顯然的，這與傳統上由解剖學上的梅爾診所 Darley 等人所倡議的「由病患所表現出的言語行為特徵，來推測其可能的病變所在」論調剛好「背道而馳」。

二、吶語症的分類

　　儘管眾多的爭議與批評一致指向早期梅爾診所所發表的「由言語運動障礙病患的『言語特徵』可對其神經生理上的疾病類別與病變所在下診斷」的理論，不可否認的是在過去三十年來，Darley 等人所持的論調在一般對運動性言語障礙分類上的看法，與在實際臨床評估與診斷上始終佔著舉足輕重的地位，至今仍具有其不可被忽視的價值。其主要的原因乃是由於其在臨床上所收集的病患的言語樣本相當大，且對各類型言語運動障礙病患的異常言語行為特徵有相當詳盡的描述，也因而提供了臨床診斷上一個重要的參考架構。基於此一實質上的貢獻，筆者將對梅爾診所所提出的神經病理分類的假設與其實際研究工作一些重要的觀點與其意義予

以如下的介紹。

　　Darley, Aronson 與 Brown（1969）三人各自將所收集到的三十個吶語症病患的說話樣本憑藉其個人的「聽覺上的判斷」（auditory perception）來加以分析。他們所根據的指標是彼此之間事先確認的三十八個不同向度的言語特徵。根據一個七點量表（7－point scale）針對患者的三十秒的說話樣本予以區辨與評量，然後從中歸類出某一群特定的「病候群」（clusters）（特別指的是言語行為的特徵）來作為對不同病因與不同病變所在的各類型的「吶語症」患者加之指認與診斷。換句話說，他們憑藉著這種特定的病候群將一群同時被歸類為吶語症患者們，透過進一步的「區別診斷」（differential diagnosis）而從中再加以細分為不同類型。Darley 等人對此透過「區別診斷」的細分類所持的信念是：「基本上，每一類型的吶語症患者，其彼此在言語行為上的差異是可以由聽覺上之判斷來加以區分的。」這種「異質性」相當高的特徵，可以說是吶語症的一大特點。

　　以下將以 Yorkston 等人（1988）所整理出，以 Darley 等人所描述各類型的吶語症為架構，而對不同類型的「吶語症」其病因、病變所在，言語行為特徵以及其在言語運動控制上的異常，分別予以介紹與探討。

㈠假性延腦性的麻痺（Pseudobulbar Palsy）

　　指的是「痙攣性」的吶語症（spastic dysarthria）。這類患者通常呈現出緩慢與用力的說話特徵。其在構音上所犯

的錯誤，特別是複雜難發的子音的咬音不清或扭曲，有其相當的一致性。至於其說話的音調不僅較一般人的音調來的低，且呈現單調缺乏變化的情形。同時其說話的音質常是聽起來刺耳、粗糙（harsh）或讓人有一種很「緊壓」（strangled-sounding）的感覺。此外，這類患者說話時時帶有過度的鼻音（hypernasality），不過通常缺乏可聽得出的「鼻腔漏氣」（nasal emission）的現象。至於不正常的非言語現象，在臨床上此類患者所呈現的不外是「深度肌鍵反射」（deep tendon reflex）的強度增強，下顎「抽搐或痙攣」（jaw jerk）舌頭特別遲鈍不靈活（sluggish tongue），以及附屬的呼吸器官的肌肉之活動有非正常的增強趨勢。

(二)「延腦性的麻痺」（Bulbar Palsy）

　　指的是「鬆弛性」的吶語症（flaccid dysarthria）。其最顯著的說話特徵乃是同時出現過度的鼻音與鼻腔漏氣的現象。在其吸氣時通常可清楚的聽到其氣息聲，而在其吐氣時則呈現明顯的漏氣，以致於一口氣所能提供的往往只是很短的詞句表達；這不外是由於顎咽部（volarpharyngeal）在結構上的短缺，或其本身肌肉在功能上的萎縮以致無法完全閉合，因而影響口腔內壓力的形成有困難或不足，造成咬音含混不清。另外則可能是由於舌下神經（IX）與顏面神經（VII）的受損而影響到舌頭與雙唇的活動不靈活以致無法清楚的發出字音。至於其非言語現象所呈現的則是，舌頭

肌肉局部抽動與萎縮、舌頭與雙唇輪替動作速度減低，或軟
顎肌向上提的力量不夠，因而衍生出兩端鼻翼收縮與面部扭
曲的補償動作。

㈢肌萎縮性脊髓側索硬化（*Amyotrophic Lateral Sclerosis, ALS*）

指的是「痙攣性」與「鬆弛性」的吶語症的合併症。這
類患者的特色是說話障礙隨病情演變而有不同的影響。在早
期發病之時，通常只呈現「痙攣性」或「鬆弛性」吶語症其
中一種特徵。到了晚期，這類患者在言語表達上將同時擁有
以上兩種類型的特徵。換言之，患者將說話遲鈍、聲調過低
而單調、音質沙啞與拉緊、過度鼻音與鼻腔漏氣，或因而其
咬音顯得非常不清楚。此外，由於患者的呼吸相當短促致使
每一口氣所能表達的詞句很短。一般而言，患者所作的無效
或不適當的發聲與咬音，往往起因於肌肉無力與萎縮。

㈣小腦的病變

指的是「運動失調型」的吶語症（ataxic dysarthrias）。
兩種可能的言語偏差類型，通常可見諸於這類患者中，一
是「間斷性」的構音器官之整合失常，加上說話的節拍韻律
失調，以及音調與音量不規律或不穩定。另外一種指的是說
話韻律上的轉換，所包括的現象不外是將每個字音拉長，或
者每個字音在聲調、用力上相似而缺乏「輕重」之分，或有
字音與字音間的間隔不適當被拉長的現象。換句話說，患者

所說出的話像機器人,音調平平,而有一個字音接一個字音的現象。由於這兩種言語偏差現象互相抵觸,因此兩者很少會同時呈現在同一患者身上。

㈤帕金森症(*Parkinson's Disease*)

是「運動不及型」的吶語症(hypokinetic dysarthria)最具代表性或常見的一種病症。此類患者的特徵是很少開口說話,且往往長時間性的停留在某一固定的姿勢上——如坐著不動而難以按其本身的意願起身或由某一定點移到另一定點等類似「膠著」的現象。「撲克臉」(poker face)乃用來形容此類患者的缺乏情緒表達而面無表情。在長時間的停頓或內在的掙扎之後,患者一旦開口,其說話的音調與音量往往呈現平平而缺乏變化;再不然就是在說話中有不合邏輯的停頓現象,通常是話語短促且速度不一。此一短促、急速的說話現象,也許正是造成患者在構音上的含混不清,特別是輔音或元音的偏差或扭曲可能來自於字音緊縮或尾音中斷所造成的。根據非正式的觀察報告,不少這類患者能作某種程度的非意識的反射動作,如用手擋住突然投向他身子的球,如何引發患者的動作成為一大關鍵,迄今仍是謎中謎。

㈥肌肉張度失調(*Dystonia*)

指的是「運動過度型」的吶語症(hyperkinetie dysarthria)。這類患者身體與面部通常呈現有過度活動的現象,

其聲音往往有突然中斷或停滯的情況發生，此外，其構音器官的整合失調，以致發生音量大小之過度起落，以及元音偏差與扭曲。以上這些症狀可能間接導致患者有意將說話速度放慢，或減少音調與音量上該有的抑揚頓挫的變化，同時故意將字音與字音之間的距離拉長或者在各字音之間作不適當的停歇。

(七)舞蹈指痙症（*Choreoathetosis*）

指的是另一類型的「運動過度型」的吶語症。此類病患的症狀是不自主的肢體動作，引起正常呼吸循環的運作所導致的突然性的大口吐氣說話、音量的突增、音調上揚、以及構音器官的整合失調。一般而言，音量增高，突然性的說話中斷，其字音之間的停頓時間出現或時而增長、或時而縮短的各種可能的速度。此外，所有的字音在語氣的強調上幾乎是「輕重」不分。換言之，患者的說話呈現出音調平平、缺乏變化的現象。

三、聽覺辨析的向度

總括來說，依梅爾診所的研究分析法而言，其在原則上將言語特徵分為音調、音量、音質、呼吸、韻律、構音、與其整體上的言語清晰度（intelligibility）或「怪異性」（bizarreness）等幾個向度。在音調（pitch）向度上，其所包括的特徵指的是音調的高低、中斷、單調缺乏變

化、或高度起伏不定。在音量（loudness）向度上，則指其音量之高低、穩定度與變化性、過度的高或低、或逐漸減弱。另外在音質（voice quality）向度上指的是其聲音的沙啞、粗糙刺耳、混濁不清、氣息喘聲、聲帶漏氣或緊壓、過度或不及的鼻音、以及鼻腔漏氣等等現象。至於在呼吸（breathing）向度上所觀察到的特徵則是太用力的吸氣與呼氣、或者吸氣時呈現旁人可聽得到氣息聲等。再來是在韻律節拍（prosody）向度上的問題，指的正是說話速度太快、太慢、不穩定、與缺乏抑揚頓挫等變化等。最後在構音（articulation）向度上所關切的是字音之清晰與否、其在時間上的間距之恰當性（太長、太短、或長短不當）、同一字音不斷的被重複以及元音的被扭曲。簡言之，根據梅爾診所的研究結果發現在七類神經障礙中，每一類都可憑藉著一組獨特的「偏差性的言語特徵」來對病人的病變作相當準確的評鑑診斷。這一組獨特的言語特徵共包括八大向度：1. 構音的不準確性，2. 韻律節拍的過度，3. 韻律節拍的不足或欠缺，4. 構音器官與呼吸系統之間的不協調，5. 發聲上的偏差，6. 發聲上的不足或微弱，7. 共鳴效果的欠缺，8. 發聲與韻律上的不足或失調。換句話說，不同病變所在的吶語症在這八大向度上各有不同程度的偏差。舉例來說，假性延腦性麻痺的吶語症在構音準確向度上的偏差（3.98）遠大於延腦性麻痺患者（2.91），但不及帕金森患者（4.64）肌萎縮性脊髓側硬化患者（4.39）。相對的，延腦性麻痺患者在共鳴的向度上（3.61）的偏差則遠甚於假性延腦性麻痺患

的（2.64），又如帕金森患者在音調變化向度上的 4.64 則遠高於其他所有的類型。

Darley 等人的看法在過去三十年來在運動性言語障礙領域佔有領導地位；儘管如此，這種過度憑藉「聽覺上的辨析」來推估診斷病人的病因與病變所在並加以歸類的方法有限制。此外，Warren（1992）與 Gilbert 等人（1991）雖坦承梅爾診所所作的貢獻與價值，卻也強調只有透過對各層面的資料加以分析與統合，才能確實提供一個較真確的「區別診斷」工作。Zyski 與 Weisiger（1987）對 Darley 等人的理論重新加以評估，他們指出單憑聽覺上分析的結果，對呐語症的「歸類」與「確認」準確性並不高；他們因此建議聽覺上的分析應與生理或神經上的評估相互配合，以便提高評估與診斷之準確性。

四、後天腦傷所造成的言語失用與先天發展而來的言語失用症

根據 Bowman、Aethoff 以及 Anderson（1982）與 Signoret, Castaigne, Lhermitte, Abelanet 以及 Lavorel（1984）的研究報告，言語失用症者的言語特徵往往伴隨著一些屬於表達性失語症（expressive aphasia）的特徵出現。Itoh, Sasanuma, Tatsumi, Murakami, Fukusako，以及 Suzuke（1982）更明白指出，純粹言語失用症的例子並不多見；這兩類患者之所以常有行為特徵上的共通，可能與兩

者的病變所在都同時位於左半大腦多少有其相關。一般所謂
的言語失用症通常有其可推究的病因——明顯的腦傷或老年
腦神經生理病變。個體說話的動作控制與協調異常者—非腦
傷或後天的神經生理病變引起，則是所謂的先天「發展性」
的言語失用症（developmental apraxia of speech）（Mo-
rley, 1965）。這類病患往往可發現其在神經系統方面的異
常，如精細的運動控制、走路穩定性與四肢輪替動作上有困
難（Yoss & Darley, 1874）。到目前為此，由於這類病患
很少見，加上在這方面的研究不多，因此對這類患者的了解
比起腦傷或疾病得來的言語失用症來得少多了。

第三節　評估、診斷與治療

一、運動性言語障礙的評估與診斷

　　談到如何評估吶語症者的言語運動功能，McNeil　與
Kennedy（1984）的看法與建議是：經由評估我們可以對於
一個質疑的個案來加以偵測與確認；此外，透過「區別診
斷」可對不同類型的吶語症加以細分。從另一角度而言，患
者的病變所在與病變大小，輕重程度也可以透過聽覺的判斷
上對患者說話、行為等特徵的判斷或神經生理上的檢定來決
定。如此，臨床專業人員才能對患者的病情預後有一個較清

楚的概念，也因此有可能擬出一個較詳細而正確的處理方式。精確的評估診斷不但可避免對患者病情不當的處理或延遲，也有益於決定治療的重心與目標。同時臨床專業人員也可以對治療工作何時該告一個段落有所概念。畢竟，對一個腦傷患者，我們是無法期待他們的言語與身體之運動功能能完全回復到病發前的狀況。也就是說患者本身在神經生理上的受損有其功能上的限制，所以臨床專業人員與患者本身的努力結果也有一定的極限。至此，我們不難了解到評估的意義與重要性；也因此，如何選擇一個適當的測驗或測量方式來評估患者的狀況、並能對測驗結果給以正確的詮釋，也就理所當然的成為一個很值得關切的問題。Putmann（1988）指出，早期 Darley 等人（1975）的分析、描述與歸類導致聲學上「聲紋波型」分析的驗證，並嘗試將此結果與生理現象作相關連結，目的是提供較客觀的分析，也因此發展出言語清晰度的評估量表。

　　在這同時，另一股重要的研究取向乃完全偏重生理上的測量，藉著儀器對患者說話時的生理現象加以觀察、評估與測量，然後將結果與正常人作比較。這種研究取向起源於1970 年代，如 Rosenbek 與 LaPointe（1978），Netsell 與 Danill（1979），並在 1980 年代掀起一股熱潮。如 Yorkston 與 Beukelman（1981），Abbs 等人（1983, 1986, 1987）等。前階段的研究（例如 Netsell 等人）偏向於九種基本要素（functional components）的評估，強調針對唇、舌、顎、顎咽、咽腔、鼻腔、聲帶等功能，分別個

別給以評估與檢定。至於後階段的研究則偏向以 Abbs 等人為主的較繁複的「生物力學」的（biomechanical）技術之使用。這一取向所努力的是利用高科技發展出一套精細的測量工具，來將神經生理現象在生物力學的層次上予以量化。儘管如此，另一股正在蘊釀的研究取向乃是對於此一量化的絕對性提出質疑。

Weismer 與 Liss（1991）指出「量化分析」限制，並指出「質化分析」（qualitative analyses）所倡議的是如何由一群數值中找出具代表性的型態，然後再將不同型態加以比較。Weismer 與 Liss 所植基的邏輯推理是，言語本身是整個神經生理過程的產物，單是對某一機轉加以評估，其所能代表的「整體性」功能的效度有待考慮。

另外，即使同一個人在說同一個字音時，其生理機轉上在生物機械力學上的運作就有一定的差異性存在。也就是說，不管是在用力上不同或口中含著東西在說話，我們仍能發出一個讓別人聽得懂的同一字音，這種現象也就是所謂的「同等的運動」現象（motor equivalent）。Forrest（1988）進一步指出，最好能由各方面同時收集相關的資料，不管是「聲紋波型」分析、神經生理功能測量或聽覺上的判斷，都值得分析與整合，以期對患者之評估與診斷既保有主觀的判斷，但卻不致完全仰賴儀器分析。對吶語症的言語運動能力之評估，當前研究主要的焦點不外是言語的「清晰度」、「自然性」（naturalness）等主題。如前所述，清晰度所代表的是說話的整體功能表現，也因此其可用來作為腦

傷患者言語障礙程度的指標。這其實是因為「吶語症」患者
說話的速度通常較一般正常人來得慢，言語的清晰度也較
差，這種情形是世界共通的現象，而且對患者與其家人而
言，言語清晰度一詞與一般所謂的「說話清不清楚」意義相
似，因此，使得臨床人員在為患者或家屬解釋病情時較容易
溝通。另外，評量者對「說話者」的熟悉度將多少影響言語
評估的結果。以上各種因素可能造成的影響，清晰度測驗往
往設法予以控制。除了清晰度以外，說話自然與否，說話速
度與咬音的正確度都是屬於聽覺上的評估與測量。對此
一層次的測量，Rosenbek 與 LaPointe（1985）則提出可能
的缺點。他們認為對「評估者」施以嚴謹的「聽覺判斷」的
訓練有實際的困難。由於病發前患者的言語特徵難以追溯，
也因此無從與目前的言語障礙作一適當的比較。此外，言語
清晰度的特點是與其他「言語運動」能力的測量（如「輪替
動作速度」等）有相當高的相關性。（Platt et al., 1978;
Beukelman & Yorkston, 1979）。

　　由於運動性言語障礙牽涉到中樞神經與周圍神經，因
此，有效的評估應對於各種神經解剖結構與生理，特別是整
個運動系統有所了解。

　　早期語言治療人員只負責對病人言語特徵予以錄音分
析，再針對其錯誤給予構音上或聲音上的糾正。這有如「瞎
子摸象」無法對問題有整體的了解，也因此導致不恰當或無
效的治療處置。由於愈來愈多語言治療人員接受神經解剖與
生理上的訓練，研究報告不斷提供這方面的知識，使得運動

性言語障礙的癥狀得到理解，譬如，為何小腦損傷患者常有步伐不穩，說話斷續不接現象；而左右半腦運動區受損的患者則有用言不當或次序混亂的現象，已不再是一個謎。研究言語運動控制的學者指出聲譜分析（Weismer, et al., 1992）或高度微波顯像測量（Forrest, 1989），對於某些特定的病患，可以有效的推知患者的病變所在、大小及神經生理上的導因。

此外，言語清晰度也可用來作為診斷與治療的依據。言語行為往往因不同情境而有所不同，譬如說「單字」或朗讀一篇文章，或隨意的發表對事的看法，或生活的經驗等不同情境所取到的說話樣本也將影響言語清晰度。另外，取樣的儀器（如收錄音機或錄影機等）在傳真度上，也多少會影響清晰度。此外，嚴重的「咬音不清」影響對「高度鼻音」的判斷，同一癥狀有一種以上的原因，癥狀可能在某一特定狀況下發生，卻不呈現在其他狀況下。諸如此類種現象，單靠「聽覺」來對患者神經生理病變的推估，確有實際上的困難。

反過來看「生理」層面上的要素，包括輪替動作，肌肉的強度與其在移動時所施的力量，聲帶下或口腔內的氣流與壓力。但視所欲測量的要素與其功能是什麼，使用的儀器也因之不同，如肌電圖（electromyography）可測出其肌肉的活動量與強度，X 光微波高速器（x-ray microbeam）則可偵測說話器官的活動實況，電喉圖（electroglottography）可觀察聲帶振動的情形。總之，這種生理測量符合 Netsell

（1979）的「多種生理要素」以及 Abbs 等人（1983）極力鼓吹的信念：「低層次的言語運動之基本要素與功能的評估，可以推估高層次大腦神經與其通路上的障礙。」

　　由於臨床人員的信念與所受的訓練不同、儀器的有無與對其功能的了解程度不同，加上醫療制度之差異，不同的臨床人員各有其獨自的評估量表與程序。因此，筆者無意對任何一個學派的測量予以詳加討論，也不願輕率列舉任何測量表格，為的是避免太多個人成見。筆者鼓勵臨床人員增廣自己在專業上的知識，對每一學派者背後的理論假設予以深入的了解，配合自己的信念及對患者問題的認識與了解，來發展出一套適合國人性情與社會文化的評量程序，如此才具有真正實際的價值。話雖如此，任何一種測量都應植基於對患者的問題予以評估，譬如對運動性言語障礙的患者，我們所須著重的是對運動系統與其功能的評估與測量，這可參考 Darley 等人（1975）及 Duffy（1995）所提出的一般原則：(1)「運動系統與其功能」失調的評估，如肌肉強度與力量，動作的速度與伸展的範圍與正確性，(2)「神經學」上的檢查，過去的神經病史、障礙呈現在運動功能上的癥狀，(3)非神經方面的測量，如眼球運動，身體感覺的（somatosensory），本體感受刺激的（proprioceptive），辨別性（discrimination），自動性的（automatic），與心智功能（mental function）等，(4)言語運動方面的檢查與評估，例如言語運動無力，不協調或不對稱，面部下顎、舌頭肌肉、與顎咽在個體運動（自主性與不自主的反射）或靜止

狀態時的活動狀態。這也包括聲帶肌肉活動在靜止與活動時
的觀測。同樣是運動性言語障礙，對吶語症患者與對言語失
用症患者的評估，則又有層次與重點的不同。前文提到，言
語失用症患者的問題，可能較偏向在時間上或空間上的組
合、安排、與訊息傳導上出了毛病，且有「自主性」運動功
能失調的現象。因此，臨床上所須偵測的是，患者在聽覺上
對言語的接收與腦部言語處理，以及中間訊息傳導到周圍神
經肌肉的過程。當然，臨床上所憑藉的正是由患者所犯的言
語錯失，來加以推測，或依賴 X 光等儀器對動作反應來提
供生理上的證據。由於對一般運動系統與功能，特別是對言
語的運動過程所持的假設與信念不同，各個學派對如何評估
與診斷言語失用症有其迥異的取向。對於吶語症的評估所著
重的正是各種生理功能上的問題，如呼吸、發聲、共鳴、構
音，以期對說話的功能障礙提供適當的處置與訓練。此外，
不容忽視的是對患者說話的抑揚頓挫提供必要的糾正與策
略，以期患者說話的節拍韻律能趨於正常。這類患者的說話
速度與韻律節拍，往往有相當一致性的失調。總之，詳盡正
確的診斷有助於預知病變將來的發展，因而使臨床治療人員
能夠作出較適當的決定，不管「提供病患言語治療或建議其
他切合實際的處置，至少治療人員對病患的預後有較合適的
期待，對何時該終止治療也有所概念。

二、運動性言語障礙的治療與處理原則

　　一般而言，對於障礙程度不同的患者，基本的處理措施不同，譬如對於重度患者，由於無法透過一般「言語治療」而有所進展，如何選擇適當的輔助性的溝通器也許成為首要的處理重點。相對的，對介於輕、中度障礙之間的患者，「言語治療」可能可以使言語產生相當顯著的進步。以 Yorkston 等人（1988）的觀點來看，一般治療的取向如下。

　　(1)藉助生理功能之增進，以減輕患者在言語表達上的障礙程度，譬如，增加肌肉強度、力量與動作的正確性，以期對言語能力有間接性的增進。

　　(2)藉助行為的補償作用，來增進患者說話的清晰度，如訓練患者學會用簡短的詞句來說話，以配合其呼吸上的短促與不足。

　　(3)藉助適當的矯正輔助器材來替代或彌補特定功能的喪失或不足，如顎咽上提輔助器（palatal lifts）往往用於「顎咽閉」功能殘缺的患者，以減少過度鼻音的現象。

　　(4)對患者在病發後所衍生出的不良或無效的補償性的行為加以修正，如小腦病發的患者，其在走路時所呈現大步橫向（wide－paced gait）的步伐很可能是為了維持其自身的重心以免跌倒的一種補償性行為。

　　(5)有效的溝通可透過對患者在與他人互動的技巧上之訓

練而有所增進。一般而言，不同障礙程度的患者，所採取的策略隨著患者本身的溝通問題與剩餘能力而有所不同，如以隨身攜帶的打字機或事先寫好的詞句來替代言語表達上的困難。除此之外，Rosenbek（1985）強調對患者與家屬的心理輔導，則有益於患者在言語與心理上的復健。

　　無疑的，實際的治療目標與計劃，將因患者障礙的嚴重程度、患者本身的意願、期望，以及周遭環境（如家人的配合、醫療保險）而有所不同。根據梅爾診所的建議，對吶語症患者，除了醫藥的治療外（如對帕金森症患者給予適當的藥物可多少減輕其症狀，或如對痙攣性的吶語症患者施以中腦通路的切斷手術，以抑制其過度的僵直現象），行為上的治療方面，除了讓患者逐一的練習有關的策略（如增進肌肉強度與運動力量）並指點患者對其行為改變上的認知，然後，配合一個有組織性的治療計劃或訓練程序，對患者作個別或團體的治療。因此，治療之首要在於尋求適當的醫療診斷與治療，例如，對病情會漸趨惡化的患者（如 ALS，MS 或 PD）給予必要的藥物，以控制或緩慢其病情之變化。再者是對患者的生理基本功能的維持作適當的處置，如使用 cervical collar 對頭頸部無法挺直的患者予以固定，一則有利呼及功能之得以維持，另則可以考慮進一步的言語治療。在展開任何非言語或行為上的訓練或治療之前，臨床人員應該設法對患者剩餘的生理功能有所了解，以便加以充份利用。

　　至於對言語失用症患者的治療原則，不同學派對言語失

用症的成因推論上有所不同，其治療的重心也有所不同。舉例來說，認為言語失用症困難乃來自內在言語上的錯亂者（Lesser, 1978），其治療目標將著重在對其內在言語之重新評估與糾正。對於強調言語失用症乃是由於運動系統在功能上出了毛病的（Roy & square, 1985），則特別著重運動機轉在執行任務時在時間與空間上的協調與控制。至於持折衷看法的家學者（如 Buckingham 1983; Mlcoch & Noll, 1988）則認為此類患者之口語表達問題乃是內在言語結構與神經結構與生理互動下的產物，因此所提出治療的原則則傾向內外在不同機轉之間的統合（Tonkovick & Marguardt, 1987）。同一系統內基本功能的互補，例如以「耳譜」（whisphereel speech）來補助其表達；另外則是同時提供患者多於一種的刺激（如在聽覺上給予標準的字音，在視覺上給予圖片以及在行為上給予口語動作上的示範），這是所謂的「刺激統合策略」（Simmons, 1980）。至於較嚴重的患者，Rabidoux 等人（1980）則建議以一種類似「溝通板」（communication board）的手用言語合成器（speech synthesizer）使患者得以維持其與他人之間的溝通。很顯然的，上述不同治療原則與策略乃植基於對兩大類患者其病變成因與言語機轉之不同而衍生發展而來的。大體上說來，由於吶語症與言語失用症均屬運動性言語障礙，因此在處理上仍有其一般共通的原則、目標與策略。譬如，針對在節拍韻律與抑揚頓挫上有問題的患者，如何對其說話構音系統上的機轉與功能予以確認與糾正，對兩類患者都是相

同的治療目標。至於在時間向度上,如何讓患者減慢其說話的速度,以使能清楚的表達自己,則是兩類患者通常都有的一個治療策略。當然,對於伴有失語症的嚴重患者,或患者本身已講得很慢的,則不適用此策略。此外,向病患與家屬解釋其言語現狀與可能改進到什麼程度,如何改進或將有的練習,以及可能碰到的困難,並給予適時的鼓勵與支持等,則是對所有溝通障礙患者該有的態度。

　　至於言語失用症患者之治療,依 Rosenbek (1985) 的看法,則可分兩方面來發展出治療訓練的計劃。(1)呈現給患者的刺激輸入,可分為非言語的動作練習(如輪替運動)與言語動作上的訓練(如構音的方式或位置,也就是舌頭或雙唇在發某一特定的字音時,該有的位置與動作,或如何在適當的位置或時候加以重音);(2)刺激呈現的形式,可分為聽覺上、視覺上或觸覺上等,或僅呈現一種形式或同時呈現,可視患者本身的問題所在而由最容易的方式著手。

參考文獻

Barlow, S., Cole, K., & Abbs, J. (1983). A new head-mounted lip-jaw movement transduction system for the study of motor speech disorders. *Journal of Speech and Hearing Research*, 26, 283-288.

Bowman, C., Althoff, L., & Anderson, N. (1982). Error patterns in apraxia of speech. In R.H. Brookshire (Ed.), *Clinical Aphasiology Conference Proceedings*. Minneapolis, MN: BRK Publishers.

Buckingham, H. (1983). Apraxia of language vs Apraxia of speech. In R. A. Magill (Ed.), *Memory and Control of Action*, Amsterdam: North-Holland Press.

Bugbee, J. & Nichols, A. (1980). Rehearsal as a self-correction strategy for patients with apraxia of speech. In R. H. Brookshire (Ed.), *Clinical Aphasiology Conference Proceedings*. Minneapolis, MN: BRK Publishers.

Darley, F. L., Aronson, A. E., & Brown, J. R. (1975). *Motor Speech Disorders*, Philadelphia, W. B. Saunders Company.

DiSimoni, F. & Darley, F. (1977). Effect on phoneme duration control of three utterance-length conditions in an apractic patient. *Journal of Speech and Hearing Disorders*, 42, 257-264.

Edwards, M. (1973). Developmental verbal apraxia. *British Journal of Disorders Communication*, 8, 64.

Fromm, D., Abbs, J., McNeil, M. et al. (1982). Simultaneous perceptual-physiological method for studying apraxia of speech In Brookshire, R. H. (Ed.): *Clinical Aphasiology: Conference Proceedings*, 251-262. Minneapolis: BRK Publishers.

Haynes, S. (1985). Developmental apraxia of speech: symptoms and treatment. In D. Johns (Ed.), *Clinical Management of Neurogenic Communicative Disorders*, 359-266.

Hammarberg, R. (1982). On redefining coarticulation. *Journal of Phonetics*, 10, 123-137.

Hirose, H. (1986). Pathophysiology of motor speech disorders, *Folia Phoniat.*, 38, 61-88.

Itoh, M., Sasanuma, S., Hirose, H., Yoshioka, H., & Ushijima, T. (1980). Abnormal articulatory dynamics in a patient with apraxia of speech: x-ray microbeam observation. *Brain & Language*, 11, 66-75.

Itoh, M., Sasanuma, S., & Ushijima, T. (1979) Velar movements during speech in a patient with apraxia of speech. *Brain & Language*, 7, 227-239.

Itoh, M., Sasanuma, S., Tatsumi, I., Murakami, S., Fukusako, Y., & Suzuke, T. (1982). Voice onset time characteristics in apraxia of speech. *Brain and Language*, 17, 193-210

Keatley, M. & Pike, P. (1976). An automated pulmonary function laboratory: Clinical use in determining respiratory variations in apraxia. In R. H. Brookshire (Ed.):*Clinical Aphasiology: Conference Proceedings*. Minneapolis: BRK Publishers. 98-109.

Kent, R. (1981). Articulatory-acoustic perspectives on speech development. In R. Stark (Ed.), *Language Behavior in Infancy and Early Childhood*. New York: Elsevier/North-Holland.

Kent, R. (1984). Brain mechanisms of speech and language with special reference for emotional interactions. In R. Naremore (Ed.), *Language Science*. San Diego: College-Hill Press.

Kent, R. & Rosenbek, J. (1982). Prosodic disturbance & neurologic lesion. *Brain and Language*, 15, 259-291.

Kent, R. & Rosenbek, J. (1983). Acoustic patterns of apraxia of speech. *Journal of Speech and Hearing Research*, 26, 231-249.

Luria, A. (1981). *Language and Cognition*. New York: Wiley & Sons.

Mlcoch, A. & Beach, W. (1983). The efficacy of phonological process analysis for apraxia of speech. In R. Brookshire (Ed.), *Clinical Aphasiology Conference Proceedings*. Minneapolis: BRK Publishers.

Mlcoch, A., Darley, F., & Noll, J. (1982). Articulatory consistency and variability in apraxia of speech. In R. Brookshire (Ed.), *Clinical Aphyasiology Conference Proceedings*, 50-53.

MacNeilage, D. (1981). Speech production mechanisms in aphasia. In S. Grillner, B. Lindblom, J. Lubker, & A. Person (Eds.), *Speech Motor Control*. London: Pergamon.

Marshall, Gandour, & Windsor (1988). Selective impairment of phonation: A case study. *Brain and Language* 35, 313-339.

McNamara, R. (1983). A conceptual holistic approach to dysarthria treatment In W.R. Berry (1983), *Clinical Dysarthria*. San Diego: College-Hill Press.

McNeil, M., Caligiuri, M. & Rosenbek, J. (1989). A comparison of labiomandibular kinematic durations, displacements, velocities, and dysmetrics in apraxic and normal adults. In T.E. Prescott (Ed.), *Clinical Aphasiology*, 18, 173-179. Boston: College-Hill Press.

McNeil, M., Liss, J., Tseng., C-H., & Kent, R. (1990).

Effects of speech rate on the absolute and relative timing of apraxic and conduction aphasic sentence production. *Brain and Language*, 38, 135-158.

McNeil, M. Weismer, G., Adams, S., & Mulligan, M. (1990). Oral structure nonspeech motor control in normal, dysarthric, aphasic, & apraxic speakers: isometric force and static fine force position control. *Journal of speech and Hearing Research*, 33, 255-268.

Moore, C. A., Yorkston, K. M., & Beukelman, D. R. (1991). *Dysarthria and Apraxia of Speech*. Maryland: Baltimore. Paul H. Brookes Publishing Co.

Moore, J. (1980). Neuroanatomical considerations relating to recovery of function following brain injury. In P. Bach-y-Rita (Ed.), *Recovery of Function: Theoretical Considerations for Brain Injury Rehabilitation*. Baltimore: University Park Press.

Morley, M. (1965). *Development and Disorders of Speech in Childhood* (2nd ed.). Baltimore: Williams & Wilkins.

Netsell, R. (1976). Physiological bases of dysarthria. Final Report for Research Grant NS 09627. Bethesda, Institute of Neurological & Communicative Disorders & Stroke (unpublished).

Netsell, R. (1981). The acquisition of speech motor

control: A perspective with directions for research. In R. Stark (Ed.), *Language Behavior in Infancy and Early Childhood.* New Youk: Elsevier/North-Holland.

Netsell, (1982). Speech motor control and selected neurologic disorders. In S. Grillner, B. Lindblom, J. Lubker, & A. Persson (Eds.), *Speech Motor Control.* London: Peygamon.

Netsell, R. (1984). A neurologic view of the dysarthrias. In M. McNeil, J. Rosenbek, & A. Aronson (1984). *The Dysarthrias: Physiology, Acoustics, Perception, Management,* 1-36. San Diego: College-Hill Press.

Netsell, R. (1986). *A Neurobiologic View of Speech Production and the Dysarthrias.* California: San Diego. College-Hill Press.

Netsell, R. & Daniel, B. (1979). Dysarthria in adults: physiologic approach to rehabilitation. *Arch. Phys. Med. Rehabil.,* 60, 502-508

Perkell, J. & Nelson, W. (1982). Articulatory targets and speech motor control: A study of vowel Production. In S. Grillner, B. Lindblom, J. Lubker, & A. Persson (Eds.), *Speech Motor Control.* New York: Pergamon Press.

Putnam, A. H. B. (1988). Review of research in

dysarthria, In H. Winitz (Ed.) *Human Communication and Its Disorders: A Review-1988*, pp. 107-223.

Robin, D., Bean, C., & Folkins, J. (1989). Lip movement in apraxia of speech. *Journal of Speech and Hearing Research*, 32, 512-523.

Rosenbek, J. & LaPointe, L. (1985). The Dysarthrias: description, diagnosis, & treatment. In D. Johns (Ed.), *Clinical Management of Neurogenic Communicative Disorders*, 97-152.

Rosenbek, J. & McNeil, M. (1991). A discussion of classification in motor speech disorders: dysarthria and apraxia of speech. In C. Moore, K. Yorkston, D. Beukelman (Eds.), *Dysarthria and Apraxia of Speech: Perspectives on Management*. Baltimore: Paul H. Brookes Publishing Co.

Rosenbek, J. & Wertz, R. (1976). Veterans administration workshop on motor speech disorders. Madison, Wisconsin (unpublished).

Rosenberg, R. (1983). Clinical Neurochemistry. Short Course presented to the 35th Meeting of the America Academy of Neurology. San Diego.

Roy, E. & Square, P. (1985). Common considerations in the study of limb, verbal and oral apraxia. In E.A. Roy (Ed.), *Neuropsychological Studies of Apraxia and Related Disorders*. Amsterdam: North-Holland Press.

Rubow, R., Rosenbek, J., Collins, M., & Longstretch, D. (1982). Vibrotactile stimulation for intersystemic reorganization in the treatment of apraxia of speech. *Archives of Physical Medicine and Rehabilitation*, 63, 150-153.

Shewan, C., Leaper, H., & Booth, J. (1984). An analysis of voice onset time (VOT) in aphasic and normal subjects. In J. Rosenbek, M. McNeil, & A. Aronson (Eds.), *Apraxia of Speech: Physiology, Acoustics, Linguistics, & Management*. San Diego, Ca: Collge-Hill Press.

Shinn, P. & Blumstein, S. (1983). Phonetic disintegration in aphasia: Acoustic analysis of spectral characteristics for place of articulation. *Brain and Language*, 20, 90-114.

Signoret, J., Castaigne, P., Lhermitte, F., Abelanet, R., & Lavorel, P. (1984). Rediscovery of Leborgne's brain: Anatomical description with CT scan. *Brain and Language*, 22, 303-319.

Simmons, N. (1980). Choic of stumulus modes in treating apraxia of speech: A case study. In R. H. Brookshire (Ed.), *Clinical Aphasiology Conference Proceed-*

ings. Minneapolis, MN: BRK Publishers.

Square-Storer, P. (1987). Acquired apraxia of speech. In H. Winitz (Ed.), *Human Communication And Its Disorders: A Review-1987*, 88-166. New Jersey: Ablex Publishing Corporation.

Tonkovich, J. & Marquardt, T. (1977). The effects of stress and melodic intonation on apraxia of speech. In R. H. Brookshire (Ed.), *Clinical Aphasiology Conference Proceedings*. Minneapolis, MN: BRK Publishers.

Wertz, R., LaPointe, L., & Rosenbek, J. (1984). *Apraxia of Speech in Adults: The Disorder and Management*.

Yorkston, K. M., Beukelman, D. R., & Bell, K. R. (1988). *Clinical Management of Dysarthric Speakers*, Boston: Little, Brown and Company.

Yoss, K. & Darley, F. (1974). Developmental Apraxia of speech in children with defective articulation. *Journal of Speech and Hearing Research*, 17, 399.

第 8 章

唇腭裂的語言障礙

吳咨杏

　　唇裂、顎裂或唇顎裂是一種常見的先天性疾病，源於遺
傳因素和環境因素的交互作用，致使胎兒在發育過程中唇、
顎癒合不全，臺灣的發生率為每千人有 1.45-1.92 人。唇顎
裂依其癒合不全的情況可分：單側唇裂、單側唇顎裂、雙側
唇裂、雙側唇顎裂、顎裂、黏膜下顎裂。唇裂及唇顎患者以
男性為多，顎裂患者則以女性為多，單側唇裂或唇顎裂均以
左側較右側為多（王淑玲等，1989 ）。

　　唇顎裂伴隨而來的是外觀的畸型、攝食困難，因中耳炎
導致的聽力問題，牙齒的異常生長、語言發展及說話問題，
往往需要團隊醫療共同處置它的所有問題。一般團隊治療包
括的專業人員有：整型外科醫師、牙科矯正醫師、語言病理
師、臨床心理師及社會工作者。其最終目標在使患者獲得良
好的顏面發育及牙齒咬合、正確的語言及健全的心理。一般
患者需在三個月大左右接受唇顎裂修補術，一歲前再接受一
次或二次的顎裂修補術（ Noordhoff, Huang & Wu, 1990）。
75％的患者在唇、顎裂修補手術後，皆能隨年齡發展正常的
語言，其餘患者卻發展唇顎裂者典型的「唇顎裂語言」（
McWilliams, Morris & Shelton 1990 ）。

　　凡是唇裂併顎裂、顎裂或顱顏畸形的患者，都有罹患溝
通障礙的可能性。其障礙程度會因個人顏面之構造異常情
況、伴隨症候群與否而異，且問題之發生期也不一致。隨著
遺傳醫學的進步，與唇顎裂有關的症候群今已診斷出，約有
四百餘種。症候群的診斷不在給病人下標纖，而是提供治療
者對可能的相關問題有清楚的瞭解、正確的治療方針及癒後

效果（Shprintzen & Goldberg, 1995）。大致而言，伴隨著症候群的唇腭裂患者，比只有唇腭裂之患者有更高比率會有嚴重的溝通障礙，例如：外觀正常卻有腭裂或隱性腭裂的腭顏心臟症候群（velo-cardio-facial syndrome)，因伴隨學習障礙、情緒障礙，其語言及溝通問題更顯複雜（Shprintzen et al, 1978)。語言治療師評估患者的溝通能力時—包括口語能力、語言能力、聽力以及認知功能——需仔細評估是否伴隨症候群，再從發聲道的構造，到所有可能影響語言功能的顏面構造異常逐項仔細評估，才能有正確的診斷及治療方針。

第一節　知覺性語言評估

語言評估始於語言治療師憑專業知識及經驗，以其「金耳朵」做「知覺性語言評估」（perceptual speech assessment)，評估項目可細分為：共鳴、鼻漏氣、構音、音聲異常、語言清晰度、語言接納度六項（Subtelny, 1972）。

一、共鳴異常及其評估（Resonance Disorder）

(一)共鳴的分類

1. 正常共鳴—非鼻音之語音，不含鼻腔共鳴，而鼻音之語

音帶有鼻音共鳴，即為正常共鳴。

2. 鼻音過重——由喉腔上升的氣流同時在口腔，及鼻腔共振，使得鼻音過重。其嚴重度可分輕度、中度及重度。構成鼻音過重最主要原因為腭咽閉鎖不全（velopharyngeal insufficiency），或硬軟腭上有瘻洞（fistula）。其次可能是舌頭運用不當，張口程度不足（mouth opening），腭咽閉鎖功能失調等（Witzel & Stringer, 1988）。

3. 鼻音不足——當鼻腔的氣流阻力因為鼻塞而上升，氣流在鼻腔振動程度就下降，以使鼻音不足，使／ㄇ、ㄋ／或／m、n／等語音類似／ㄅ、ㄆ／或／b、p／。

4. 混合性鼻音——鼻音過重與鼻音不足的情況同時並存，原因是鼻塞以及腭咽閉鎖不全引起的異常。此類口腔鼻腔共鳴失調，使得／ㄇ、ㄋ／聽來含糊，非鼻音的語音又夾帶鼻音。

(二)評估步驟：

共鳴的判斷以連續性語言為主。請患者從 1 數到 10 或重覆測試句子，再憑聽覺判斷正常與否。亦可借助 cue-de-sac test，要求患者一捏一放鼻子，同時一邊說／ㄆㄧ／十次，若在捏放中察覺共鳴的變化超過二次，則患者具有鼻音過重的現象（Bzoch, 1972）。鼻音過重或不足雖有多種計分法，但以四等分計法為實用和普遍，可分為：(1)正常(2)輕度～幾乎正常，僅在韻母／一／帶鼻音，(3)中度～介於

輕、重度間(4)重度～極度異常。鼻音嚴重度有時會被沙啞的
聲音遮蔽，不易正確判斷（Shprintzen, Witzel & Wu,
1996）。

二、鼻漏氣（nasal air emission/nasal escape）

在說非鼻音的語音時，多餘且不適當的氣流由鼻孔釋
出，此現象稱之為鼻漏氣。其英文名稱諸多，有 nasal air
emission、 nasal escape、nasal rustle, nasal turbulence
等。可伴隨或不伴隨氣流迴旋聲（nasal turbulence），其
臨床意義不同。一般認為有氣流迴旋聲意謂較小的腭咽閉鎖
不全（Kummer et al, 1992）。

鼻漏氣現象可由反射鏡查出或由聽覺判斷。當有鼻漏氣
時，意謂著腭咽閉鎖不全或硬軟腭上尚存瘻洞（fistula）。
鼻漏氣和鼻音過重並非同義字，但兩者可並存。鼻漏氣出現
時，患者有時亦伴隨顏面動作，如皺鼻、蹙眉等，以試圖阻
擋氣流的釋放。對鼻漏氣的記錄，簡單以有、無分之，同時
再記錄有無氣流迴旋聲，不需分嚴重程度（Shprintzen,
Witzel & Wu, 1996）。

三、構音異常（Articulation Disorder）

構音是一項極需高度協調的精緻工程，從呼吸肌群到咀
嚼肌群，包括腹腔、橫膈膜、喉頭、口腔、咽腔、硬腭、軟

腭、鼻腔、上腭、下頦、唇、舌、齒等構造，相互間的運
作。以正確的構音器官接觸位置與氣流釋放方式形成一個語
音。構音器官的接觸位置可沿發聲道產生，外自雙唇的接觸
形成雙唇音／ㄅ、ㄆ、ㄇ／，漸內至唇齒接觸形成唇齒音／
ㄈ／，舌尖前音／ㄗ、ㄘ、ㄙ／，舌尖音／ㄉ、ㄊ、ㄋ、ㄌ
／，舌尖後音／ㄓ、ㄔ、ㄕ、ㄖ／，舌面前音／ㄐ、ㄑ、ㄒ
／及舌根音／ㄍ、ㄎ、ㄏ／。氣流釋放有五個氣門，喉頭、
腭咽門、鼻口、舌頭與硬、軟腭的接觸面，唇齒及齒間的自
身及互相接觸（謝國平，民 74）。

　　唇腭裂患者因其發聲道構造、功能有異常，構音的正確
性自然受影響，而其構音型態可分為：

(一)必然性（obligatory）的影響

　　此類構音行為是受口腔器官不健全或不正常而導致的，
患者如果下頦外突（retrusive maxilla），上顎內縮，則難
以發出唇齒音／ㄈ／，經正顎手術後不僅可改善外觀，也可
使某些構音方便些（Witzel, Ross & Munro, 1980）。患
者如果硬腭上有瘻洞（ONF），會造成舌面異常的回饋感
而避免去接觸它，因此舌面音／ㄐㄑㄒ／等會受到影響，改
善的方法即是以手術關閉瘻洞或以牙蓋板（dental plate）
遮住瘻洞減少異常的舌面習慣（吳咨杏等，民 79）。因構
造異常而引起的必然性錯誤須改善構造才能改善行為。

(二)代償性構音（ compensatory articulation ）

　　代償性構音為典型的唇腭裂語言特徵。一般認為此類構音行為是學習養成的，並非全然因為腭咽閉鎖不全或硬、軟腭未修補而造成。唇腭裂患童的代償性構音行為，尤以喉塞音（ glottal stop ）為最普遍。這類構音的形成遠在患童腭部未修補的語言呢喃期即已開始（ O'Gara & Logemann, 1988; Chapman, 1991 ）。而患童父母偏好代償性構音不接受鼻音，負向鼓勵的結果，即使是腭部修補後，仍有為數不少的患童持續其特殊的代償性構音行為（ Paynter, 1987; Bradford & Culton, 1987 ）。此狀況亦常見於腭咽閉鎖重建後，腭咽閉鎖功能正常的患者，其代償性構音錯誤行為不減。因此代償性構音行為並非藉改善器官就可改變行為，而是要藉助語言治療以改善其構音習慣。代償性構音型態共計下述幾種：喉塞音（ glottal stop ）、咽塞音（ pharyngeal stop ）、咽擦音（ pharyngeal fricative ）、咽塞擦音（ pharyngeal affricates ）、腭擦音（ velar fricative ）、腭面塞音（ mid-dorsum palatal stop ）、鼻音化的擦音（ posterior nasal fricative ）（ Trost, 1981 ）。代償性構音行為的特色在其構音位置比正常的構音位置更後方，氣門位置偏低，如喉門、咽腔或會厭軟骨處。

(三)發展型

　　此類構音型態與器官功能無關，與年齡有關。林寶貴（

民 83) 指出一般性的構音錯誤可分為替代音、省略音、歪曲音、添加音、聲調錯誤及整體性的語音不清。一般兒童構音發展完成年齡約五歲左右。較普遍的發展型構音替代型有：⑴不送氣型 (unaspirated) —送氣音被不送氣音取代，如：ㄅ／ㄆ，ㄉ／ㄊ，ㄍ／ㄎ。⑵前置型 (fronting) —舌尖音ㄉㄊ取代其他聲母，如ㄍ、ㄎ、ㄐ、ㄑ、ㄒ、ㄗ、ㄘ、ㄙ。

　　另有舌根化 (backing)，即是用ㄍ、ㄎ替代其他聲母，如：ㄎ／兔子。此類構音型態常見於構音異常兒，也常見於接受晚期硬腭術的患童。Cosman 與 Falk (1980) 探討晚期硬腭術患童的構音型態，發現他們為避免異常的口腔迴饋感，構音部位集中於舌根。吳咨杏等 (民 79) 亦發現即使是早期硬腭術的患童也常有舌根化構音型態出現。其造成的原因值得進一步探討。

四、音聲異常 (Phonation Disorder)

　　唇腭裂患者之音聲問題尚未有較完整地研究，一般仍以嗓音學上的名稱來形容他們的發聲問題，如沙啞 (hoarseness)、氣息聲 (breathiness)、音高異常、音量過小等，這些問題可能是功能性也可能是器質性引起。邊際性腭咽功能者可能為補救氣流的流失而聲帶過度用力引起聲帶發炎、充血、聲帶結節。有代償性構音者也因長期使用喉力，而引起音聲異常 (McWilliams, Lavorato, & Bluestone, 1973)。

音量過小時，可能是患者無法保持住足夠的口腔氣流，也可能是因為想掩飾鼻音的現象（McWilliams, 1990）。對音聲異常的評估主要是提供我們對判斷鼻音及腭咽閉鎖功能、補救性構音的輔佐資料，可以有、無異常，是否影響對鼻音的判斷為主。

五、語言清晰度（intelligibility）

聽者對說話者整體性語言的瞭解程度，可能受下列因素影響：構音、共鳴、鼻漏氣、音聲特色、說話速度與流暢性、語調、語氣、口音等，其中以共鳴和構音影響較大，兩者中又以構音異常對語言清晰度的負面影響最大（Subtelny et al, 1972, Moore & Summers, 1973）。語言清晰度是綜合性判斷，會受聽者本身是否熟悉說話者的溝通方式，談話內容，語用複雜性等影響。評估時可簡單以良好、尚好、不佳為分類。

六、語言接納度（acceptability）

包括聽者對患者或患者對自身的語言及說話模式的接納度。文獻上指出唇腭裂家長對患童的代償性構音比鼻音能接納（Paynter, 1987）。說話時的異常顏面小動作或表情也可能降低聽者對患者的語言、顏面及社交的接納度。評估語言接納度時可簡單以良好、尚好、不佳為分類。

第二節　顏面構造的檢查

除了聽力智力可能會影響唇腭裂語言的正常性外，顏面構造的健全與否影響最大（Witzel, 1995）。可能影響語言的顏面構造如下。

1、唇：

雙側唇裂患者由於其唇環肌（orbicularis oris muscle）不足，張力大及術後疤痕，上唇之肌肉張力及活動力受限，在對於圓唇音或雙唇音的掌握會較單側唇裂者困難。臉中部發育不全，下頷突出引起下唇外翹，可能使唇齒音如／ㄈ／較難發出。上下唇異常也可能是其他異常的指標，如下唇內側有兩個小洞，是 Van der Wonde 症候群的特徵，非唇裂者卻上唇稍薄，可能是顏面腭咽心臟異常症候群的特徵（velo-cardio-facial syndrome）。

2、鼻：

唇腭裂患者鼻部問題，如鼻中隔彎曲、鼻夾肉肥厚、鼻腔黏膜紅腫、發炎或鼻翼下塌、鼻腔較小，可能造成鼻腔阻塞而顯得鼻音不足。

3、牙齒：

牙齒間隙縫太大或缺齒，都有可能影響擦音／ㄒ、ㄙ／的氣流特質，如所謂的漏風，或是舌面前音／ㄐ、ㄑ、ㄗ、ㄘ／或舌尖音／ㄉ、ㄊ／舌頭不經意的往縫隙間填放，而造成歪曲音或聽者視覺上的干擾。

上下牙咬合不正，除了會影響上述語音的氣流特質，咬合嚴重不正者會影響唇齒音／ㄈ／的咬合位置。前牙開咬（open bite）可能使塞擦音、擦音混濁或被舌尖音／ㄉ、ㄊ／取代，雙唇音因雙唇無法緊閉而有困難。

4、上腭：

唇腭裂患者常有上腭塌陷，造成硬腭過窄的現象，使舌頭在接觸硬腭時因空間的限制，造成舌面前音／ㄐ、ㄑ、ㄒ／舌間前音／ㄗ、ㄘ、ㄙ／受影響，輕者只是歪曲音，嚴重可能由舌根音／ㄍ、ㄎ／取代之。

5、下頷：

下頷內縮或外突，再伴隨其他咬合問題的話，可能影響雙唇音、唇齒音、舌間前音、舌面前音等的特質。

6、舌頭：

一般單純唇腭裂或唇裂患者之舌頭大小、形狀、功能均屬正常。但若伴隨其他症候群，則可能有舌頭異常的現象，如唐氏症者舌頭往往過大，而造成語音整體性不清晰，半邊

小臉症者因為顏面神經痲痹，舌頭受影響而歪向病灶邊，造成語音困難。

　　一般常存在的舌繫帶過長，也常見於唇腭裂患者，若是舌尖受制舌繫帶，無法碰觸齒齦／ㄉ、ㄊ／之位置，則可能影響舌尖音、舌間前音、舌面前音等，嚴重者會影響到口腔內食物之清洗。

　　唇腭裂患者雖然舌頭大小、功能屬正常，但有時會因為口內構造異常，而影響舌頭功能的發揮，如硬腭上有瘺洞，舌面傾向鼓起以填住瘺洞（吳咨杏等，民79）；患者有腭咽閉鎖不全現象時，其舌頭位置常有後傾現象，以試圖擋住氣流失散造成代償性構音。

7、硬腭：

　　硬腭的不健全，可能導致舌面與硬腭接觸時的異常迴饋感，即影響正確的舌頭位置。硬腭未修補時，患者有共鳴異常，且其舌尖音均受影響。若硬腭上尚存瘺洞，患者可能避免異常的回饋感而變更正確的舌頭位置（Witzel, Sayler & Ross, 1984）。若硬腭過份狹窄，不僅舌頭與它的接觸面受限，且會影響氣流的釋送。

8、軟腭：

　　軟腭的異常是造成腭咽閉鎖不全的主要關鍵。未修補的軟腭裂、隱性腭裂，修補後軟腭過短、萎縮、軟腭瘺洞，軟腭提昇力不足、軟腭長度與鼻咽腔室比率不足（Wu,

Huang, Huang & Noordhoff, 1966）等都是軟腭異常的現象，可能造成腭咽閉鎖不全，引起鼻音過重或鼻漏氣。

9、隱性腭裂（submucous cleft）：

隱性腭裂（submucous cleft）的出現率為四百分之一，臨床上卻常被忽略，它在解剖學上典型的特徵為：(1)懸雍垂分裂（bifid uvula），(2)提腭肌分裂（midline diastasis），(3)posterior nasal notch（Calnan,1954）。另有先天性腭咽閉鎖不全（congenital VPI），其原因有四：(1)鼻咽腔構造與軟腭長度比率異常，肌肉活動正常。(2)軟腭肌肉活動異常，構造正常。(3)綜合第一及第二項原因。(4)特殊個案（Kaplan, 1975）。隱性腭裂或先天性腭咽閉鎖不全，除非有語言異常，否則很少被發現或需要臨床治療。

10、淋巴腺體（lymphoid tissues）：

位於鼻咽腔後壁的腺樣體（adenoid）是人類較其他靈長類進化的主要發聲器官之一，孩童在六歲以前的腭咽閉鎖活動主要藉助軟腭向後靠攏及腺樣體的接觸，因此腺樣體基本上是一種有利的發聲器官，唯其過份腫大時會造成呼吸道不暢，產生鼻音不足（Croft et al, 1981; Gereau & Shprintzen, 1988）。位於口腔內的扁桃腺體其功能則相反。當扁桃腺腫大時，會妨礙腭咽閉鎖活動，而造成鼻音過重或混合鼻音或口腔共鳴異常，舌頭因為扁桃腺腫大，口腔空間減少的關係，為助於呼吸道順暢，有往外伸出的習慣，在構音上因而

有所影響（Shprintzen et al. 1987）。在唇腭裂患者，腺樣體及扁桃腺體對共鳴的影響特別值得注意，其治療方法也大不相同。

　　語言治療師除了進行語言評估外，對上述構造也應逐項仔細檢查，以便瞭解語言異常原因。

第三節　腭咽閉鎖功能的生理機制及檢查方式

一、腭咽閉鎖功能的生理機制

　　腭咽閉鎖活動的完成是三度空間的活動：提腭肌（levator veli palatini）收縮將軟腭向上向後帶動，括約肌（sphincter constrictor）向內縮將兩側咽肌向內靠攏其活動約在軟腭下方約 1 公分處，而懸雍垂（musculus uvula）使軟腭末端變厚，成為軟腭兩側咽肌移動的標地，所以腭咽閉鎖活動是一有高度、深度及寬度的三度空間活動，決定其功能健全與否，則是腭咽活門的體積而非截面積（Siegel et al, 1986）。

　　Skolnick（1975）發現腭咽形狀因人而異，大致可分為四種：

1. 冠狀（Coronal）—閉鎖活動主要靠軟腭向後移動而完

成，兩側咽肌只有略微的移動。

2. 箭狀（Saggital）─閉鎖活動主要藉兩側咽壁向中線移動而完成，軟腭不與後咽壁接觸。

3. 環狀（Circular）─軟腭及兩側咽壁均等的向中靠攏完成閉鎖活動。

4. 巴式隆起（Circular with Passvant's ridge）─除了軟腭及兩側咽壁向中靠攏外，後咽壁向前突出與之會合，此向前突出的部位稱之為巴式隆起，因發現者而命名。

二、腭咽閉鎖功能的檢查

　　由於腭咽閉鎖是一項高度精密的協調活動，評估其功能不是易事。腭咽閉鎖功能的檢查方法可分為直接性或間接性，直接性提供我們具體影像，直接觀察腭咽器官健全性及閉鎖活動的正常性，間接性則是透過腭咽閉鎖活動的結果來推斷它的正常性，例如從口腔、鼻腔氣流變化推算腭咽口的面積大小，以論斷它的正常性，Nasometry,EEG，及聽者對鼻音的判斷（listeners' judgement）都是較普遍的間接性評估法。間接性檢查法可提供的資料價值有限；唯一較有價值的是聽者主觀對鼻音的判斷（listeners' judgment）。直接性檢查法在 1969 年以前是以靜態顱顏側面 X 光攝影術（still cephalography）為主（Moll 1960）一直到 1969 年開始迄今轉為動態的鼻咽內視鏡（nasoendopharyngoscopy）及多角度螢光透影術（multi-view videofluoroscopy）（

Pigott, 1969; Skolnick, 1969）。迄今最被廣為使用的仍以
此二術最為實用（D'Antonio et al, 1993），他們對腭咽重
建手術所提供的資訊是其他檢查法所無法相比的。

(一)影像記錄式檢查法（Instrumental Assessment）

　　語言評估提供語言治療師對患者語言情況的基本資料，
作正常與異常的分野。若要針對腭咽閉鎖功能與語言異常作
區別性診斷則需藉助特殊儀器檢查，斷不可憑著鼻音過重、
代償性構音的出現即妄下腭咽閉鎖不全的診斷。診斷腭咽閉
鎖功能的儀器良多，但最歷久彌堅，最具臨床實用性及精確
性者，則屬鼻咽內視鏡及螢光攝影術。可惜除了少數唇腭裂
中心及顱顏中心具有這種設備及人才外，大多數的語言治療
單位不具備此設施也無能力使用而憑知覺性語言評估結果進
行治療，其診斷難免有偏差。

1. 鼻咽內視鏡檢查法——
　(1)優點：可清楚的審視整個發聲道的解剖結構，包括鼻
　　　道、鼻中隔、鼻夾肉、硬軟腭、兩側咽肌、後咽肌、腺
　　　樣體、舌頭、聲帶、扁桃腺等。不只提供腭咽閉鎖的資
　　　訊，同時可瞭解發聲道各部門在說話活動中的協調性。
　(2)缺點：兩側咽肌的活動常受內視鏡視野限制而低估。
　(3)方法：儀器 Olympus 或 Machida 管徑 3mm 左右，視
　　　窗在尾端的有彈性（flexible scope）鼻咽內視鏡接光
　　　源，攝影機、錄影機、麥克風。（吳咨杏等，民 85）
　(4)檢查步驟：

①檢查前先以棉條沾麻藥置中鼻夾,約時兩分鐘。

②將內視鏡由中鼻道進入,至可見到軟腭及兩側咽壁及腺樣體。

③要求患者重覆測試句,並增加下列活動:無聲的重覆測試句,說無聲子音/ㄙ/,以辨識腭咽功能的潛力。(吳咨杏等,民 85)

2.螢光攝影檢查法——

(1)優點:提供有關兩側咽肌較清楚的資訊、舌頭位置在構音行為的正確性、腺樣體、咽腔、軟腭等之間大小比率。

(2)缺點:幅射線的曝攝,但一般都在安全範圍內。

(3)檢查方法:沿下鼻道注入鋇劑,使軟腭、兩側咽壁、後咽壁顯影。

(4)常用的攝影角度:

①側影(lateral view)—提供軟腭及舌頭活動情況。

②正面(frontal view)—提供兩側咽壁肌肉活動情況。

③顱底(base view)—資訊與內視鏡雷同,可省略。

④Towne's view—適用於腺樣體肥厚之患童,角度、資訊與內視鏡雷同,依情況決定其需要性(Witzel & Stringer, 1990)。

鼻咽內視鏡與螢光攝影術之間有百分之二十至三十的誤差(McWilliam et al, 1981; Stringer & Witzel, 1989)。因此,兩種檢查法不可互相取代,而是互補不足,才能對腭

咽功能作正確的判斷。一般適合檢查的年齡為 4 歲左右，此時患童比較合作，且其構音能力與語言發展亦趨成熟，腭咽功能亦較協調，對腭咽功能的判斷較為精確。

(二)記錄法（ standardization ）

1. 測試句（吳咨杏等，民 85 ）——
　每位受試者接受檢查時，都需重覆以下的語音、語句：
　(1)平聲高韻母（ vow ）／ㄚ／、／一／及低韻母／ㄨ／
　(2)雙唇塞音聲—韻母組合（ PCV ）：／ㄆ一、ㄆ一、
　　ㄆ一、ㄆㄚ、ㄆㄚ、ㄆㄚ、ㄆㄨ、ㄆㄨ、ㄆㄨ／
　(3)唇齒擦音聲—韻母組合（ FCV ）：／ㄈㄟ、ㄈㄟ、
　　ㄈㄟ、ㄈㄚ、ㄈㄚ、ㄈㄚ、ㄈㄨ、ㄈㄨ、ㄈㄨ／
　(4)雙唇塞音句（ PP ）：爸爸跑步
　(5)舌尖塞音句（ PT ）：弟弟頭痛
　(6)舌根塞音句（ PG ）：哥哥喝可樂
　(7)舌面前塞擦音句（ AF ）：謝謝姐姐
　(8)唇齒擦音句（ PF ）：頭髮飛飛
　(9)鼻音句（ MN ）：媽媽買牛奶
　(10)數 1-10（ NO ）
2. 評估標準——
　　依據 International working group（ Golding-Kushner et al, 1990 ）所制定之標準，腭咽閉鎖功能分：軟腭向後咽壁閉鎖之活動率（ Velar movement ）（ 以下簡稱為軟腭活動率，最大為 1.0，最小為 0.0 ）；左／右側咽壁向對側咽壁

閉鎖之活動率（LPW movement），最大為 1.0，最小為
0.0；如兩側咽壁外擴而不內聚時，其活動率以負值計，腭
咽閉鎖度最緊閉時為 1.0，最不緊閉時為 0.0。其閉鎖形狀又
可分：(1)冠狀閉鎖（coronal closure）—主要靠軟腭及後咽
壁完成閉鎖活動；(2)直線形閉鎖（saggittal closure）—靠
兩側咽壁完成閉鎖活動；(3)環狀閉鎖（circular closure）—
軟腭及兩側咽肌共同完成閉鎖活動。分別計算出每位受試者
在 10 種語音／語句活動中呈現之軟腭、兩側咽壁活動率、
腭咽閉鎖度及形狀。

第四節　與腭咽閉鎖功能異常 有關的構音異常矯治

　　腭部重建手術後，大約有百分之七、八十的患童，其語
言得以正常發展，其餘之百分之二十五可能存有腭咽閉鎖不
全現象，伴隨代償性構音行為和鼻音過重（McWilliams,
Morris & Shelton, 1990）。代償性構音異常之矯治一直是
語言治療界的挑戰，其行為不能藉助腭咽重建手術消除。

一、代償性構音的早期診斷與治療──抑制代償性構音的發展

　　患童在 1 歲以前腭部尚未修補時，有極高的傾向是用喉塞音說話，父母或照顧患童者需具有辨識能力，對於代償性構音不給予增強而在語言呢喃期時多鼓勵舌尖前的鼻音／ㄋ、ㄌ／的模仿。

　　腭部重建手術完成後，依循構音發展的時序表，增強雙唇塞音／ㄅ、ㄆ／舌尖塞音／ㄉ、ㄊ／及舌根塞音／ㄍ、ㄎ／以及早期的擦音／ㄒ、ㄙ／等。

二、代償性構音治療

　　Golding-Kushner（ 1989 ）提出不論是哪一類型的代償性構音，治療宗旨在於⑴消除喉塞音，培養正確的口腔塞音。⑵消除咽塞音，培養正確構音方式的口腔塞擦音、擦音。基本原則如下：

1. 代償性構音的發音方法，構音位置比正確位置接觸部位偏後（ backing ），氣門產生的位置偏低，將構音位置往後移。

2. 大部份的代償性構音發音過程，因喉部過份用力，聲帶有硬起聲（ glottal attack ），甚至連假聲帶都閉合，因此構音訓練過程可從耳語（ Whispering ）開始，使聲帶放

鬆，接著延長／ㄏ／強調送氣，然後與無聲韻母組合，漸
近練習至有聲組合。

3. 可以藉助敎導舌尖前音／ㄊ／，或唇齒音／ㄈ／，或齒間
音／θ／，將構音位置挪前，同時引導氣流。

4. 訓練過程，若因鼻漏氣太嚴重，可依情況要求患者捏著鼻
子制止鼻漏氣再練習，也可以請補綴牙科醫師安置語言
球（speech bulb）阻擋鼻漏氣。

三、代償性構音訓練步驟—範例（參考 Golding-Kushner, 1989）

㈠清除喉塞音的方法：

1. 語音辨別區分喉塞音／ʔ／，／ʔㄆ／與正確的塞音／ㄆ
／。

2. 耳語發出／ㄆ／。

3. 雙唇輕觸（light contact）發出／ㄆ／。

4. 加入／ㄏ／的延長音，以便輕鬆的加強送氣：

(1)ㄆㄏㄏㄏㄏㄏㄏㄨㄨㄨㄨㄨㄨ（重覆的符號／ㄏ／、
／ㄨ／，代表延長的意思；完全用耳語，連續十次皆
無喉力出現才能進行下一階段）

(2)ㄆㄏㄏㄏㄏㄨㄨㄨㄨㄨㄨ（畫線部份代表有聲，後半
段韻母逐漸變成有聲）

(3)ㄆㄏㄏㄏㄏㄏㄨㄨㄨㄨㄨㄨ（有聲韻母）

(4)ㄆㄏㄏㄏㄨㄨㄨㄨㄨㄨ（減短ㄏ的延長時間）

(5)ㄆㄏㄨ（正常的／ㄆ／構音）

5. 如果患者在耳語時仍無法減除喉力，則可嘗試將延長／ㄏ／加在目標音之前，過程如下：

(1)ㄏㄏㄏㄏㄏ　　　　　　（完全用耳與語）
　　　　　ㄚㄚㄚㄚㄚ

(2)ㄏㄏㄏㄏㄏ　　　ㄏㄏㄏㄏㄏ
　　　　　ㄚㄚㄚㄆ　　　　ㄚㄚㄚㄚㄚ
（完全耳語，加上雙唇音／ㄆ／）

(3)ㄏㄏㄏㄏㄏ　　　ㄏㄏㄏㄏㄏ
　　　　　ㄚㄚㄆ　　　　ㄚㄚㄚㄚㄚ
（後半段韻母／ㄚ／改成有聲）

(4)ㄏㄏㄏㄏㄏ　　　ㄏㄏㄏㄏㄏ
　　　　　ㄚㄚㄆ　　　　ㄚㄚㄚㄚㄚ
（韻母有聲）

(5)ㄏㄏㄏㄏㄏ　　　ㄏㄏㄏ
　　　　　ㄚㄚㄆ　　　ㄚㄚㄚㄚㄚㄚ
（ㄆ之後的／ㄏ／延長時間減短）

(6)ㄏㄏㄏㄏㄏ　　　ㄏ（韻母不延長）
　　　　　ㄚㄚㄆ　ㄚ

(7)ㄏㄏ　　ㄏ（／ㄏ／延長時間減至最短）
　　ㄚㄆ　ㄚ

(8)　ㄏ（正確的／ㄆㄚ／）
　ㄆ　ㄚ

6. 以上述步驟，改善喉塞音，以習得正確的塞音；學習過程以送氣音為先／ㄆ、ㄊ、ㄎ／，再學習不送氣音／ㄅ、ㄉ、ㄍ／。

7. 視個案情況，以捏鼻法或裝置語言球進行構音訓練。

8. 練習過程可以輔以視覺提示：如構音位置圖，以瞭解舌頭位置；觸覺提示，如羽毛，感受氣流的釋放，觸摸頸部肌肉以減少用喉力。

9. 或用鼻咽內視鏡觀察腭咽閉鎖活動與正確構音位置的影響性。

10.練習過程全程錄音。

㈡消除咽擦音和咽塞擦音的方法

1. 聽音辨別

2. 用耳語發出唇齒音／ㄈ／，連續五次。

3. 習得第二步驟擦音的氣流，將舌頭放在兩齒間，用耳語發出／θ／，連續五次。

4. 以／θ／取代／ㄙ／，練習結合音，由無聲至有聲。

5. 將舌頭放置齒內，／ㄙ／的位置，由無聲轉至有聲，練習之。

㈢矯治鼻音化的擦音（ posterior nasal fricative ）

鼻音化的擦音通常發生在／ㄒ、ㄙ／二音。其構音位置類似／ㄍ、ㄎ／，共鳴移至鼻腔，因此具鼻音亦具鼻漏氣，並非由☆咽閉鎖不全引起。此乃舌根過於用力頂軟腭，將空

氣由鼻腔釋出的結果，一般認為是學習錯誤所導致或稱學習錯誤性的鼻音（mislearning VPI）（Trost, 1981）。矯治過程如下：

1. 將鼻孔捏住，要求說／f／或／θ／3～5 秒，這類患者因為習慣將空氣由鼻腔溢出，當鼻孔捏住時常常發不出／f／或／θ／，等學會舌根下降時，擦音氣流自然會由口腔釋出。

2. 捏住鼻孔導出／ㄈ／或／θ／3～5 秒，放開捏住的鼻孔，說／ㄈ／或／θ／3～5 秒。

3. 舌頭方向氣流位置穩定後則捏放鼻孔練習，／ㄈ／或／θ／3～5 秒。

4. 進行／ㄈ、ㄙ、ㄒ／的構音練習。

第五節　共鳴異常的處理

一、鼻音過重的處理方法

　　最常引起鼻音過重的理由—腭咽閉鎖不全（VPI），大部份需藉助手術治療來改善，也可以行為治療、鼻咽內視鏡迴饋訓練、裝置語言球補救之。

(一)手術治療法

1. 常 用 的 腭 咽 重 建 術 有 ： 咽 瓣 膜 手 術 （ Phrayn geal flap ）、佛氏軟腭延長術（Furlow's Z-plasty ）。因腭咽條件不同，選擇術式亦不同。（ Chen et al 1994 ）

2. 瘺洞修補術以補救構造上的缺陷。

3. 扁桃腺切除術（ Tonsillectomy ）

   (1)一般的扁桃腺對語言無影響，但扁桃腺腫大或位置偏後對口腔鼻腔共鳴及構音都有明顯的影響（ Shprintzen et al, 1987 ）。扁桃腺腫大或偏後，會造成口腔共鳴模糊不清，所謂 Potato-in-the-mouth，嘴巴含彈珠講話。位置偏後的扁桃腺，會影響軟腭的提昇度，抑制兩側咽肌的活動率或阻礙軟腭和後咽壁／兩側咽壁接觸，造成腭咽閉鎖不足，同時也可能產生混合型的共鳴異常。構音方面，則因為口腔被扁桃腺佔據，舌頭有前傾（ fronting ）的現象，以幫助呼吸道通暢，所以構音呈現前傾型（ fronting errors ）。靜止狀態時，舌頭有突出的傾向（ tongue thrust ）。

   (2)切除扁桃腺的臨床指標：

   ①輕微或斷續的鼻音

   ②口腔共鳴模糊

   ③前傾型構音錯誤

   ④呼吸及吞食上的困難

(3)內視鏡結果

①扁桃腺位置太偏後，深入呼吸道。

②間斷性的不平均型態的腭咽閉鎖不足，阻礙兩側咽壁活動。

③扁桃腺阻礙軟腭及後咽壁（PPW）之接觸。

(4)改善方法：若腭咽閉鎖不足與扁桃腺問題併存時，先切除扁桃腺。六星期後再考慮腭咽重建術。扁桃腺切除後有可能有過渡期的鼻音出現，不會超過三個月。如果腭咽閉鎖健全而扁桃腺未造成呼吸道阻塞，不考慮切除扁桃腺；則改善共鳴的方式為：嘴巴張大，減少舌頭抬高，以改善模糊的共鳴（muffled resonance）。（Sphrintzen et al, 1987）

㈡行為治療

語言治療無法取代手術來治療鼻音，唯獨因為錯誤性構音位置造成鼻音時，語言治療可發揮療效去除鼻音，教導患者在講話過程，構音位置精確，構音器官接觸時加強力量（strength of articulatory），嘴巴張大，藉打哈欠將舌根下降等，都是減少鼻音的方法。

傳統上吹風的練習，是否能加強腭咽機能，眾說紛云，大多數學者持反對意見（McWilliams, Morris & Shelton, 1990）。吹風練習提醒氣流送出才能發出正確的塞擦音等，若用來引導空氣從口腔送出的觀念，則有其價值；同時在訓練幼兒時，吹風練習可以是訓練的暖身活動。

㈢鼻咽內視鏡迴饋訓練（ NPS biofeedback training ）

1. 符合接受鼻咽內視鏡迴饋訓練者為：

　⑴鼻漏氣只有在某種語音出現，通常是擦音。

　⑵變化性共鳴。

　⑶患者配合度高。

　⑷腭咽機制時而閉鎖時而不閉鎖。

　⑸腭咽閉鎖程度依語音的變化性而變化。

　⑹特定語音時才產生腭咽閉鎖或才發生閉鎖不全。

　⑺咽瓣膜術後仍有腭咽閉鎖不全者。若是患者條件選擇
　　正確，鼻咽內視鏡迴訓練的效果在短期內就可以預見
　　療效，若患者在訓練 2～3 次後皆無起色，則停止此
　　項訓練方式（ Witzel, tobe & Salyer, 1989 ）。

2. 訓練步驟

　⑴置患者於鼻咽視鏡檢查位置。

　⑵認識腭咽器官。

　⑶錄下所有語音之腭咽閉鎖狀況。

　⑷擷取有腭咽閉鎖的語音作為基準。

　⑸利用好的語音，帶領有困難的語音達到閉鎖，如：耳
　　語／ㄒㄩ／有腭咽閉鎖→／ㄒㄩ／五次→有聲／ㄒㄩ
　　／→再由／ㄒㄩ／練習聲母韻母結合音。在由耳語／
　　ㄒㄩ／→／ㄙ／五次→有聲／ㄙ／→再由此練習聲母
　　韻母結合音。

　⑹鼻咽內視鏡迴饋練習往往需結合傳統的構音訓練，使

患者明瞭舌頭位置，氣流方向。

(7)鼻咽內視鏡迴饋訓練藉助視覺迴饋及聽覺迴饋，提醒自己控制構音位置與方法(Witzel, Tobe & Salyer, 1989)。

(四)語言球的裝置 (Speech bulb fitting)

Kushner et al (1995) 指出裝置語言球的步驟及方法：

1. 由內視鏡或電視螢光攝影術件查出腭咽閉鎖不全。
2. 請牙科醫師設計符合患者牙床的前面牙蓋板。
3. 將鐵線延長至軟腭口。
4. 裝置壓克力塑材的語言球。
5. 內視鏡檢查語言球之大小、高低，並修飾之。
6. 語言訓練過程中，配帶語言球上課。
7. 隨著構音進步，檢查兩側咽肌活動情況。
8. 若構音完全改善，可視鼻音情況改善，將語言球永久配戴，或尋求手術改善鼻音。

二、鼻音不足的處理方法

(一)鼻音不足的原因

鼻內構造異常，如鼻中隔歪曲，鼻夾肉肥腫，或腭咽瓣膜術後引起鼻塞，腺樣體 (adenoids) 過度發達，皆可能造

成鼻塞，使鼻腔共鳴不足，產生鼻音不足。

(二)治療法

視原因以手術治療之；如鼻道重整術、腭咽瓣膜修小術，或腺樣體去除術皆可改善鼻音不足的問題。

第六節　結語

唇腭裂的語言障礙以構音異常及鼻音異常為最普遍。患者口腔、顏面構造的特質，如腭咽閉鎖不全、牙齒咬合不正。唇鼻構造、淋巴腺體都可能影響語言的健全性，產生必然性或代償性的語言障礙。語言治療師進行語言評估時需整體性檢查，包括口腔、顏面構造檢查、構音評估、鼻音評估以及直接性的腭咽閉鎖功能檢查，方能提供正確的治療方針。傳統的構音訓練、消除代償性構音的特殊訓練、鼻咽鏡迴饋訓練或是語言球的配置甚至腭咽重建術氏的選擇都是語言治療師的職責與挑戰。

其它可能伴隨的障礙如聽力障礙、語言發展遲緩、學習遲緩等，因其特質及評估、矯治方式與該類障礙相同，本文不加陳述。治療方案除針對鼻音、構音外，應涵蓋其它可能的障礙，尤其是心理建設，才是至臻療程。

參考文獻

王淑玲等（民 78）。長庚紀念醫院顱顏中心唇腭裂病人之
　　分析：發生率、性別、季節變化及地區分佈。長庚
　　醫誌，12：215-224。

謝國平（民 74）。語言學概論。三民書局。

吳咨杏、郭有方、蔡裕銓、羅慧夫（民 79）。早、晚期硬
　　腭修補術對患童之構音發展的影響。長庚醫誌
　　13:182-190

林寶貴（民 83）。構音異常。語言障礙與矯治。P123-149。
　　五南圖書出版社。

吳咨杏等（民 85）。由鼻咽內視鏡檢查法分析正常者及唇
　　腭裂者之腭咽功能。長庚醫誌，19 卷（已接
　　受）。

Noordhoff Ms, Huang CS & Wu J. Multidisciplinary
　　Management of cleft lip and palate in Taiwan. In:
　　Bardach J. Morris H, eds. Multidisciplinary Manage-
　　ment of cleft lip and palate. Philadelphia: WB
　　Saunders, 1990;18-26

McWilliams BJ, Morris HL, Shelton RL (1990). Cleft Pa-
　　late Speech.Philadelphia: B.C. Decker

Shprintzen RJ, Goldberg RB(1995) The genetics of cleft-
　　ing & associated syndromes. Shprintzen & Bardach

(eds): Cleft palate speech management, 16-44. St. Louis: Mosby-Year Book, Inc.

Shprintzen RJ, et al (1978). A new syndrome involving cleft palate, cardiac anomalies, typical facies and learning disabilities: velo-cardio-facial syndrome. Cleft Palate J 15:56-62

Subtelny JD, Van Hattum RJ, Myers BD(1972). Ratings & measures of cleft palate speech. Cleft palate J 9:18-27

Witzel MA, Stringer DA(1990). Methods of assessing velopharyngeal function. In Bardach J, Morris H (eds) Multidisciplinary management of cleft lip and palate. 763-775. Philadelphia: W.B. Saunders Co.

Bzoch, KR (1979). Measurement & assessment of categocial aspects of cleft palate speech. Bzoch, KR(ed) Communicative Disorders Related to Cleft Lip and Palate, 161-191,2nd edition. Little, Brown & Co., Boston.

Shprintzen RJ, Witzel MA & Wu J(1996) Oral commnication, Ist Taiwan Craniofacial-Cleft Palate Association Annual Conference, Taipei, Taiwan

Kummer AW, et al (1992). comparison of velopharyngeal gap size in patients with hypernasality, nasal emission, or nasal turbulence(Rustle) as the primary speech characteristics. Cleft Palate J 29:152-156

Wized MA, Ross RB, Munro IR (1980)/Articulation before and after facial osteotoy. J. Maxillofac. Surg 8:195

O'Gara M, Logemann JA (1988). Phonetic analysis of the speech development of babies with cleft palate. Cleft Palate J 25:122-134

Chapman KL (1991). Vocalizations of toddlers with cleft lip and palate. Cleft Palate J 28:172-178

Paynter ET(1987). Parental & child preference for speech produced by children with velopharyngeal incompetence. Cleft Palate J 24:112-118

Bradford PW, Culton GL(1987) Parents' perceptual preferences between compensatory articulation & nasal escape of air in children with cleft palate Cleft Palate J 24:299-303

Trost JE(1981)Articulatory additions to the classical description of the speech of persons with cleft palate. Cleft Palate J 18:193-203

Cosman B, Falk As (1980) Delayed hard palate repair and speech deficiencies: A cautionary report CPJ 17:27-33

Kummer AW, Neale HW.(1989)Changes in articulation & resonance after tongue flap closure of palatal fistulas: case reports CPJ 26:51-55

Mcwilliams BJ, Lavorato AS, Bluestone CD(1973) Vocal cord abnormalities in children with velopharyngeal valving problems. Laryngoscopy 83:1745

Moore WH, Summers RK (1973). Phonetic contexts: their effects of perceived nasnlity in cleft palate speaker. Cleft Palate J *10:72*

Witzel MA(1995). Communicative impairment associated with clefting. In Shprintzen RJ & Bardach J(eds), Cleft Palte Speech Management, 138-166. St. Louis: Mosgby Year Book, Inc.

Witzel MA. Salyer KE, Ross RB(1984). Delayed hard palate closure: the philosophy revisited. Cleft Palate J 21:263-269

Wu J, Huang GF, Huang CS & Noordhoff MS (1996). Nasopharyngoscopic evaluation and cephalometric analysis of velopharynx in normal and cleft palate patients. Annals of Plastic Surgery 36:117-123

Calnan JS (1954) Submucous cleft palate. Brit J Plase Surg 6:264-282

Kaplan EN(1975) The occult submucous cleft palate. Cleft Palate J 12:356-368

Croft CB, Shprintzen RJ, Ruben RJ (1981a). Hypernasal speech following adenotosillectomy. Otolaryngol Head Neck Surg 89:179-188

Gerau SA, Shprintzen RJ (1988). The role of adenoids in the development of normal speech following palate repair. Laryngoscope 98:99-303

Shprintzen RJ et al (1987). Hepernasal sepeech caused by tonsillar Hypertrophy. Int. J. Peciatri Otorhinolaryngol *14:45*

Siegel-Sadwitz VL, Shprintzen RJ(1986), Changes in velopharyngeal valving with age. Int. J. Pediatri Otorhinolaryngol 11:171-182

Skolnick ML et al(1975). Patterns of velopharngeal col sure in subjects with repaired cleft palate & normal speech: A multiview videofluroscopic analysis. Cleft Palate J 12:369-376

Moll KL (1960). Cinefluorographic techniques in speech research. J Speech Hearing Res 3:227-241

Pigott RW (1969). The nasendoscopic appearance of the normal palatopharyngeal valve. Plast Reconstr Surg 43:19-24

Skolnick ML (1969). Video velopharygograph in patients with nasal speech with emphasis on lateral pharyngeal motion in velopharyngeal closure. Radiology 93:747-755

D'Antonio LL, Achauer BM, Kam VV (1993) Results of

a survey of cleft palate teams concerning the use of nasendoscopy. Celft Palate J 30:35-37

McWilliams BJ et al (1981). A Comparative study of four methods of evaluating velopharyngeal adequacy. Plast Recons Surg 6868:1-9

Stringer DA, Witzel MA (1989).Comparison of multiview videofloroscopy and nasopharyngoscopy in the assessment of velopharngeal insufficiency. Cleft Palate J 26:88-90

Golding-Kushner et al (1990). Standardization for the reporting of nasopharyngoscopy and multi-view videofluoroscopy:a report from an international working group. Cleft Palate J 27:327-347

Golding-Kushner KJ (1989) Speech therapy for compensatory articulation errors in patients with cleft palate speech. Video tape produced by the Center for Craniofacial Disorders, Montefiore Medical, Bronx, New York,

Chen PKT,Wu J, Chen YR & Noordhoff MS(1994). Correction of secondary velopharyngeal insufficiency in cleft palate patients with the Furlow's Palatoplasty. Plast Reconstr Surg 12:933-941

Witzel MA, Tobe J,Salyer KE.(1989) The use of videonasopharyngoscopy for biofeedback therapy in adults after pharyngeal flap surgery. Cleft Palate J 26:129

Golding-Kushner KJ, Cisneros G & LeBlanc E(1995). Speech bulbs. In Shprintzen & Bardach(eds). Cleft Palate Speech Management P.352-363. ST. Louis: Mosby-Year Book, Inc.

第 9 章

閱讀障礙：研究方法簡介

曾世杰

閱讀障礙可以分成兩大類，一是「發展性閱讀障礙」（developmental dyslexia），指的是發生在兒童閱讀習得過程中的嚴重困難；一是「後天性閱讀障礙」（acquired dys-lexia），指的是「本來沒有問題，後來才『得到』閱讀困難」的情況，腦傷或中樞神經系統異常是造成此類障礙的原因，但它並非本文討論的重點。為了行文的方便，下文中所提到的「閱讀障礙」指的都是「發展性閱讀障礙」。

閱讀障礙的認定必須符合兩方面的標準：(1)差距的標準：兒童閱讀潛能與實際成就有明顯的差距；(2)排除的標準：必須排除由其他因素造成的學習問題。小學老師們在班上會發現一些特別的孩子，這些孩子經常得到「看起來還蠻聰明的，就是不會讀書」（差距的標準）的評語，如果進一步的診斷發現，他們沒有各種感官和情緒困擾的問題，在智力、注意力、學習動機、文化背景上都不差，老師的教學也在水準之上（排除的標準），卻在閱讀的學習上發生明顯的困難，他們很有可能就有「發展性閱讀障礙」的問題。在做研究時，研究者通常先測量兒童的智商，再找出以閱讀理解測驗之實際得分低於以智商預測其應有得分若干單位（如，1.5 個估計標準誤）的兒童，再從中排除外在因素造成閱讀困難者，如此篩選剩下的兒童就符合了上述閱讀障礙的標

---

*筆者期待相關領域科系高年級的大學生（特殊教育、心理、教育心理及語文教育系），就可以讀懂這篇文章，文中所有較不常見的專有名詞，都儘量予以說明。若讀者對閱讀的基本歷程有興趣，建議參閱胡志偉（84）。

準。根據一項跨國研究，我國閱讀障礙的發生率為 7.5％（Stevenson, Stigler, Lucker, Lee, Hsu, & Kitamura, 1982），按此估計，我國國小階段學童約有十三萬人有閱讀障礙的問題。

　　工業及資訊世紀的到來，使閱讀在人類生活中的角色愈形重要，而閱讀除了是學校教育的一個重要目標之外，更是其他學科的學習基礎，閱讀一旦發生困難，所有學科的學習都隨之發生困難，「閱讀障礙」的問題於是成為特教學者不可忽視的領域，診斷及補救教學的需要，使閱讀障礙的研究在近三十年中蓬勃發展。而認知心理學、心理語言學、神經心理學，在理論、方法學及實驗技術上的長足進展，也使研究者得以客觀地檢視「閱讀歷程」及「閱讀障礙」。拼音文字的閱讀歷程與閱讀障礙研究，不但在理論上已經有了許多重大的發現，這些發現更使得教育界的診斷、教學得到實際的幫助。中文是表意文字，其組字原則（orthography）和拼音文字有很大的差異，國外的研究結果是否適用於我國？頗值得懷疑。到目前為止，國內這方面的研究尚無法回答「什麼造成閱讀障礙？」的問題，筆者只能藉著本文介紹「如何研究」什麼造成閱讀障礙的問題。本文的重點主要在於「閱讀歷程的成分分析」，這種研究取向，將閱讀歷程分成理論上可能的小成分，再個別檢視各成分與閱讀能力之間的關係。

　　要利用科學方法去找到某個現象的原因，其實有點像是警察在抓殺人犯。案子一開始總是千頭萬緒，不知從何著

手，必須先確定被害人的身分，再去蒐集跟「主題」相關的線索，讓我們先假設現在的主題是「誰殺了他？為什麼？」。一個人可能呈現的訊息是無窮的，但因為主題確定了，所以許多與主題無關的問題，如「他刷牙是橫刷或直刷？」就不必問了，就刑事專家的經驗（即「理論」）、當事人情、財、仇等相關因素成了調查重點。如此找到若干名嫌疑犯後，就可以進行「消去法」把不可能的嫌犯過濾掉，最後留下來的即為可能的真凶，專家們必須再找到直接的證據，證明其是否真的殺了人。

　　想找到閱讀障礙的致因，過程亦大致如是。先根據理論，列出所有可能的變項，再以「消去法」從其中過濾掉不可能的，最後以更精確的方法確認所餘變項與閱讀障礙的因果關係。這樣的研究過程是循環進行的，研究過程中的許多新發現都會回過頭來修正理論，其過程如下圖所示。

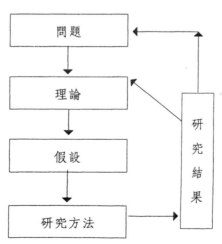

以下就依上圖的架構，分別討論閱讀障礙研究中的「理論」、「假設」及「研究方法」，最後再以「讀者的聲韻覺識在拼音文字閱讀中的角色」為例，說明研究的歷程，在此先將主要內容條列說明如下：

㈠依「訊息流動的方向」區分，介紹訊息處理論中的三類閱讀流派：由下而上、由上而下、和交互作用模式。

㈡中文閱讀歷程的成分分析：根據㈠中的模型及現有文獻，舉例列出可能影響中文閱讀，或可能造成閱讀困難的認知成分。

㈢介紹最常見的四種閱讀障礙研究方法：相關研究法、事後比較研究法、實驗研究法、個案研究法。

㈣研究實例：以 Baddley & Bryant（1983）的研究為例，說明閱讀障礙的研究歷程。

第一節　訊息處理模式中的三個主要閱讀模型流派

　　目前對閱讀歷程及閱讀障礙的研究幾乎都在訊息處理模式（Information processing model）的導引下進行。受到電腦科學的影響，自 1956 年後，心理學家把心靈視為處理訊息的系統，系統由許多認知成分組成，各種形式的訊息進入系統之後，經過各認知成分的處理（編碼，轉譯，儲存，提取……等），個體做成決策，指導動作器官，完成行為的

表現；從邏輯上推論，任何一個成分的失敗或處理困難，都可能影響認知任務的達成。依據訊息在系統中流動的方向，我們可以見到心理學家提出下列三類可以解釋閱讀歷程的模式。

一、由下而上模式（ Bottom-up　Models ）

「由下到上」模式特別重視從「刺激」到內在表徵的知覺歷程。用比較平白的話說，主張「由下到上」模式的學者最感興趣的部分在於：我們的認知過程如何在一些處理之後，把書寫字的視覺影像轉換成有意義的語言訊息。這過程是從最基礎的「視覺處理」、「字詞彙辨識」開始，一直到最高級的、中樞神經的「記憶」和「理解」結束。這個從「文字的視覺刺激」到「大腦皮層」的過程，就是「由下到上」的歷程。

「由下到上」模式主張「字彙辨識」是閱讀的最初層，這層可以是「全字」或是「字母串（在中文是部首或部件）」的處理。再來是字義層次處理，讀者把視覺的刺激轉成語言學的單位，這層次究竟需不需要經過語音中介的歷程，一直是學者爭論的焦點，最近此爭論已塵埃落定，一般相信這是個「雙線道」，讀者可以經過、或不經過語音轉錄來觸接到詞彙的屬性。

字彙辨識完後，被整合成更大的單位如詞或句子以獲取更多更正確的意義，這個層次「語法」能力就開始發揮作

用,同樣的字經由不同的排列組合,會有不同的意義,(如牙刷和刷牙就不同),這意義主要是由語法來決定的。許多學者認為語法的處理,牽涉到運作記憶(working memory)。因為要瞭解一個句子,讀者不但要把句中的每一個字暫時記著,而且它們的順序也必須記得,不只句子理解,句子的大意要暫時記得,以進行段落理解,段落大意也是如此,以進行全篇文章的理解,這是典型運作記憶的功能。運作記憶的效率因此會影響理解的過程,相關的歷程及研究。

「由下到上」強調的是「解碼」歷程,不重視讀者的既有知識、後設認知能力等。美國的教育學者從這個角度發展出來的閱讀教學法叫做「語音法」(Phonics method)或「強調解碼」(code-emphasis)法,主張語音法者認為英文的書寫形式由字母組成,字母表徵的是「音素」(phoneme,語音的最小單位),不瞭解字母與語音之關聯,就無法有效地閱讀。所以教學上,他們非常強調音標、拼字、押韻遊戲、看字發音等的教學。

二、「由上而下」模式(Top-down models)

讀者如何利用個人的「先備知識」及「後設認知(metacognition)策略」去把讀進來的文字資料加以組織、預測及理解?讀者挾著大腦擁有的「先備知識」及「後設認知策略」,去解讀文字訊息,這個過程訊息處理的方向是從大腦到外界的,所以被稱為「由上而下」的歷程。

一般人從己身的經驗就能明白為什麼「先備知識」會影響閱讀理解，譬如，因為先備知識的不同，一個經濟學家和一個餐廳老闆對「天下沒有白吃的午餐」這九個字的理解，就會有相當大的差異。我們也常有這樣的經驗：對某個領域越熟悉，就越容易讀懂這一個領域的書籍或文章，這現象說明了先備知識對閱讀理解的重要性。

而「後設認知策略」就不是一般人的常用詞彙了。所謂後設認知，指的是「認知的認知」：「知道」與「使用」自己的「知識與認知策略」的能力。譬如，一個大忙人說，他在週間和週末用不同的方式來閱讀報紙，週間忙碌，他只能很快地瀏覽過大標題，再挑重要的仔細閱讀。可是週末較閒，他可以慢條斯理地逐字閱讀。他知道對自己重要的事是什麼，他也知道在不同的情境下可以用不同的策略閱讀，我們就說在讀報這個行為上，他的後設認知能力發揮了功能。

主張由上而下閱讀模式的學者，最有名的當屬 Goodman（1967, 1986）及 Smith（1978, 1982）等人。他們閱讀理論的核心概念為「預測」兩字：讀者根據其先備知識、閱讀策略及前後文脈，在讀某一篇章時，可不斷地形成假設，預測等一下會出現什麼文字。

在 Goodman 的理論中，閱讀是一種主動的假設—考驗（Hypothesis-testing）的過程，牽涉到讀者的認知、語言及情緒等層面的經驗。讀者在閱讀的歷程中不斷地形成假設，進行考驗，確認或拒絕假設。不需要精確地辨認出每一個字，而是靠讀者已經具備的對語言結構與限制（

constraints）的知識，來猜測可能的意義，完成閱讀的任務。Goodman（1967）非常強調閱讀歷程中思想和語言的互動，他在文章中說「閱讀是一種心理語言學的猜謎遊戲（a psycho-linguistic guessing game）」。這句話後來就成為 Goodman 的招牌，一提到這句話大家就知道指得是什麼。Smith（1981）的觀點和 Goodman 相當類似，但用的術語有點不同，他所用的字眼,「預測」，其實可以等同於Goodman 所用的「假設考驗」。他認為：讀者依照自己的閱讀目標，選取所需要的訊息內容。在這個尋找意義的閱讀歷程中，讀者會主動將過去的知識帶進來，與文章的內容產生互動並預測下一段可能會出現的內容。

從「由上而下」這一派出發的閱讀教學理論叫「全語法（The Whole Language Approach）」，全語法的學者不認為解碼是重要的，他們不重視解碼、拼音等的教學，它強調的是幫助兒童用他們的先備知識來猜測文中含意，若有生字，只教它的讀音和字義，並不教字母與音素之間的對應。

三、交互模式（Interactive models）

根據 Anderson（1981）的說法，交互模式強調的是「讀者是一個主動的訊息處理者，處理的目的，在於建構出一個可以說明文章意義的模型」。此模型有兩點重要性：(1)它強調了背景知識的角色(2)它包含一系列處理策略，從個殊的

文字解碼一直到高層的後設認知（個體自己監控自己認知過程的能力），都包含在內。換句話說，「由下到上」和「由上到下」都是「單向道」的主張，交互模式則是「雙向道」，認為單從一個方向來解釋閱讀歷程不夠，一定要兼容並蓄才較完整。閱讀會受先備知識、閱讀策略的影響，也會受文章解碼歷程的影響。

　　交互模式中有的模式認為，有時候訊息處理者完全是由下而上的、資料驅動的，角色被動；可有時候是主動的主導理解，主動預測將要出現的意義。有些學者認為，人類的訊息處理中心無法同時處理「由下到上」和「由上到下」兩種性質不同的歷程，但像 Rumelhart's（1977）所提的模型則強調了人類「平行處理」的能力，「平行處理」是從電腦科學借來的觀念，指的是訊息處理器同時處理兩件以上的任務，Rumelhart 觀察到文法、語意、詞彙及字形的訊息都影響我們對字的知覺。因此他的模式中，高階知識都對於文字處理及最後得出的最佳解釋具有影響力。讀者見到文字的視覺刺激時，就開始進行一連串的假設考驗，從字形、字母、字母串、詞性、詞類，這些不同層次的假設考驗可以同時發生，不斷猜測，直到做出最正確的決定為止。

　　交互模式裡的基模論（schema theory）所持論點和 Rumelhart 的近似，但這個模式加上了「基模」的概念。Anderson（1981） 把基模定義成「一個假設性的知識結構、一個抽象的心智本體，藉此，人類的訊息處理器得以將經驗與真實世界聯結（p. 606）。」這裡所說基模的「抽

象」特質非常重要,因為它們不是一個個具體個殊的刺激,
而是某種原型(prototypic)的思想單位,例如,每人都有
一個「椅子」的概念,這個概念卻不是他所經驗過的各種椅
子。)在一般物件(object)和簡單想法的層次,基模可以
等同於「概念」或「類別」。但人類在所有的知識層次,從
簡單如個別字母到複雜如生活哲學等,都可以建構起基模
來。「基模」的存在,給我們一個強而有力的工具,可以將
知識組織為有意義的單位,並使知識的習得、儲藏、和提取
得到很大的便利。已有許多文獻說明意義在記憶過程中的重
要性。語義上互有關聯的一串字比語義上互不關聯的字容易
記得多。在閱讀時,我們既有的「基模」幫助我們很快地把
流入的訊息意義化,若進來的訊息與既有基模有衝突之處,
則個體必須尋求新的資料以進行基模的考驗、修正,甚至重
新結構新的基模。

四、三個流派的評價

　　綜觀上述三種閱讀模式,由上而下或由下而上模式都不
能對閱讀理解的產生做合理的解釋。極端的「由下到上」理
論有其不正確的地方。譬如說,也許國小六年級的學生就有
足夠「由下到上」的解碼技巧可以朗讀一本碩士學位論文,
但是他能真的讀懂這本論文嗎?答案恐怕是否定的。解碼雖
然沒有問題,可是只要不具備與所讀文章的相關知識,到頭
來還是無法讀懂。這個例子突顯了閱讀歷程中,先備知識(

prior　knowledge）的重要性。但極端的「由上而下」模式，也有其理論上的限制，雖說文脈知識、先備知識、和閱讀策略對閱讀理解的重要已為大多數學者所接受，但學者們比較不能接受「基礎解碼過程不重要」的說法。例如 Goodman　和　Smith 認為讀者並不需要讀到文章中的每一個字，只要適度的「取樣」閱讀就可以了。但這「取樣」的觀念並沒有得到實徵研究的支持。

　　現在認知心理學家利用電腦把一篇文章依序一行一行列出來，然後另用儀器監控讀者的眼球活動。這個技術叫「眼球追蹤技術（eye　tracking　technique）」，它的好處是可以很容易地更動文章內容，並比較更動前和更動後的眼球活動情形。利用這個技術,學者們對熟練的讀者進行研究，結果並不支持「取樣」說。熟練的讀者確實讀到一個個的字母，而不是更高層次的意義單位。譬如 Zola（1981）把文章中最能預測的字找出來，稍微動一點手腳，用視覺上最相似的字母換掉該字中的某個字母。照「由上而下」的理論預測，因為這些字的「可預測度」高，讀者甚至可以跳過這些字，不用直接以視覺處理。可是實徵的研究結果和這個預測牴觸。他發現熟練的讀者馬上就能察覺這些小變化，並導致眼球活動型態的不同。類似這樣的研究不在少數，都和「由上而下」的預測相反，他們還發現，熟練讀者可以讀到文章中的每一個內容字（content　word）的每一個字母，而且能運用字形知識來進行文章的理解（Just　&　Carpenter,　1980;　McConkie　&　Zola,　1981）。

　　一般認為，交互模式對閱讀歷程的解釋是比較具有說服性的。綜覽目前研究性期刊上登載的研究報告，雖然有的研究是比較「由上而下」取向的，有的則較「由下而上」，但這些取向通常是「研究方法」或「研究技術」的限制使然，而不能視為理論上的必然，絕大多數的研究者都是站在「交互模式」這邊，認為「由上而下」及「由下而上」都有其重要性。

第二節　中文閱讀歷程的認知成分

一、閱讀成分技巧分析（ Componential skill analysis ）

　　人類的閱讀能力個別差異很大，我們怎樣解釋這樣的差異呢？根據以上的討論，由上而下、由下而上及交互作用各種層次的解釋都有，從神經生理學的變異到社經地位的影響都有人說。有的解釋很簡單，有的很複雜，但我們看到認知心理層面的解釋經常化繁為簡，許多研究者嘗試提出他們的「單一致因說」，認為就是「X因素」造成了閱障讀者和一般讀者之間的差異——閱障讀者區辨視覺型能的能力不好；他們不能把字型轉譯成語音；他們在語音轉錄過程中耗用了過多的認知資源，所剩餘者不夠進行理解；他們不能記住足夠長的字串順序以致無法整合出意義來；他們不能從一大

堆瑣碎的訊息中，確認文章的中心主題；他們不能推理出語句字面沒有表達的意義；他們對「語言」掌握不夠，所以以上各種任務都做不好……。諸如此類，不勝枚舉。對這種「單一致因說」閱讀研究文獻回顧亦不在少數，如 Baker 和 Brown（1985）， Carr（1981）， Perfetti（1985），Stanovich（1986）和 Vellutino（1979）等。

　　「單一致因說」當然都有他們實証上的依據，但研究者漸漸意識到這些發現都可能只是真象一部分而已，並非閱讀歷程的全貌。如果我們可以架構出一個合理的模型，把可能的閱讀成分技巧（component skills）都納進模型，再逐一研究個別成分和成分之間的關係，也許就能拼湊出閱讀歷程較完整的面貌。

　　自六〇年代起，心理學家開始把人類許多複雜的認知活動，諸如記憶、算術、問題解決、話語理解等等，化成許多較小的步驟，再進而探討每一步驟的訊息處理過程，最後再把每一步驟整合起來，推論出該認知活動的可能模型。最有名的例子當屬「記憶」方面的研究，1956 年 Miller 首先把記憶分成「短期記憶」和「長期記憶」。後來 Baddeley 又把短期記憶的構念延伸成「工作記憶」，工作記憶又再區分成三個子成分──「中央處理器」、「構音迴路」和「視覺空間填充墊（visual-spatial pad）」……等。這些大大小小的成分便組成了「記憶」。這樣理論發展的過程有點像在寫電腦程式，許多小指令和迴路在合乎邏輯的的排列組合下，合作起來完成一個特定的任務。這種研究導向把人類的認知

過程類比成某種電腦「專家系統」，如果我們可以想像這個
專家系統的程式如何在一個平行處理式的電腦中執行，就可
以知道這個類比的優越性。像這樣的類比，國外的閱讀研究
中比比皆是，在閱讀能力的研究上，最具代表性的例子包括
Baddeley, Logie, Nimmo-Smith and Brereton（1985）,
Carr（1986）, Curtis（1980）, Just and Carpenter（
1987）, Perfetti（1985）等。

　　在這種導向的指引下，成分技巧分析的目標有四（
Carr, Brown ,Vavrus, & Evans, 1990）(1)區辨出任一外
顯表現所牽涉的心智運作（mental operations）(2)區辨出
這些運作的組織情況，並分析所經過訊息的型態 (3)區辨出
這個系統的運作如何控制與協調：包括刺激狀態、策略、處
理容量的要求等等。(4)區辨究竟那些變數造成個別差異和發
展差異？是一個一個獨立的運作？還是這些運作之間的組
織？還是認知系統對這些運作的控制？受限於篇幅，本文將
不直接處理前三個目標，僅根據現有的文獻，列出中文閱讀
可能有的成分技巧。這樣的嘗試只能提供一個點一個點的說
明，但不意味著這些點是個別獨立的，根據這些點, 我們還
可能構築出更具解釋力的線、面和立體模型。

二、「成分」單位的大小

　　在討論這些可能影響閱讀的成分時，如果所討論的成
分「太一般性」，或者說「單位太大」，則研究者無法進行

後續的因果研究和教學設計。例如，如果某研究發現「一般智力」是閱讀能力最佳的預測變項。理論上，為了要明白「一般智力」和「閱讀能力」的因果關係，研究者「應該要」設計一個可以增進「一般智力」的課程，教給實驗組，過一段時間後，再和對照組比較閱讀能力。「實際上」，教育學者對這樣的發現是無計可施的，因為「一般智力」無法可教，所以這兩者因果關係不可能以實徵的方式檢驗，這是一例。說明成分單位太大的壞處。

　　是不是成分單位愈小，就愈有其價值呢？這也未必，例如，許多學者認為「聲韻覺識」（phonological awareness）是閱讀中極關鍵的成分（Liberman, Shankweiler, & Liberman, 1989），因此設計了各種測驗或作業來測量此歷程，問題是這些測驗和作業都不可能只涉及「聲韻轉錄」，勢必要牽涉許多其它的認知過程。假設研究者設計的作業是，視覺呈現給受試者兩書寫字，要受試者判斷兩字讀音是否相同，並依其判斷按「是」「否」兩鍵，實驗測量反應正確率及反應時間。在這樣簡單的作業裡，牽涉到的受試者認知過程會有：受試者理解指導語的能力、注意力廣度、注意力持久度、視覺型態處理的能力、聲韻覺識能力、執行動作的能力、對自己行為速度和正確性監控能力……等等，聲韻覺識不過其中一項。如果研究的成分愈小愈好，則上述的細部過程都需要一一檢驗。在研究上，這是不可能的，因為每一個上述的「細部」理論上都還可以再細分。

　　因此，在這裡要探討的「成分」，均為理論上存在、可

以和其它的成分分開（decomposable）的「內在」歷程，
文獻中有些與閱讀能力有顯著相關的因素，如「家庭因素」
不在本文中討論。真正針對中文閱障學童「閱讀歷程」所做
的研究並不多見，但整理這些為數不多的研究報告之後，可
以看出下列歷程成分可能和中文閱讀障礙有關，當然，那些
成分可以入選這張「清單」，免不了受筆者的學術偏見的影
響，但這張清單的主要用意在於「舉例」說明閱讀障礙的研
究法,所以，是不是窮舉了「所有的」可能的成分，倒不是
最重要的事了。為使討論更為具體，本文舉出能衡量各種成
分「功能」的測驗，無現成測驗者，筆者嘗試提出可能的衡
量測驗題例。

㈠工作記憶（working memory）

　　工作記憶廣度一直被認為和理解歷程息息相關，因為要
理解一個句子，讀者須將句中每一個字和字的順序暫時存在
工作記憶中，以進一步分析語法結構。同理，理解一個段
落，必須將組成段落的每一句子之大意暫時記著，理解一篇
文章，讀者則須暫時記得每一段落的大意……，這些「由下
而上」的歷程都牽涉到工作記憶。而「由上而下」的歷程也
牽涉到工作記憶，例如讀者見到文章的標題，他馬上開始臆
測這篇文章大概會談些什麼，這種暫時性的處理，也要用到
工作記憶。

　　早期的研究以智力測驗（如 WISC-R ）中的數字廣度記
憶分測驗來測量工作記憶廣度，但數字廣度測驗只測到工作

記憶的「容量」，並未牽涉到「判斷」（computation）的功能。Daneman 與 Carpenter（1980）便設計了兼容「容量」和「判斷」功能的測驗，其實施細節如下：實驗中使用的句子以錄音帶呈現，每句子呈現後出現鈴聲，受試者聽見鈴聲必須馬上判斷剛才呈現的句子是對，還是錯。受試同時被要求記住該句的最後一個字。等所有句子都呈現完後，受試者必須將所有句子的最後一個字按照順序唸出來。例如，呈現三句子，「阿里是著名的摔角手」「公雞不會生蛋」「貓怕老鼠」，受試者必須在呈現過程中做出「否」「是」「否」的判斷，並且在所有句子呈現後（以兩聲鈴響為記），回答「摔角手、蛋、老鼠」。Daneman 與 Carpenter（1980）不認為過程中的判斷與否很重要，也不認為回憶的順序重要，所以上例中若受試者的回答是「摔角手、老鼠、蛋」也算是得滿分。但 Cunningham，Stanovich 與 Wilson（1990）把「是否判斷」的結果納入考慮，發現這樣測量出來的工作記憶廣度與閱讀能力的相關最高（與 Daneman & Carpenter, 1980 的方法，及傳統數字廣度測驗相比）。

但曾世杰（民 84）發現對年幼兒童而言，Daneman 與 Carpenter 的方法記憶負荷太重，兒童記不了幾個項目，這可能是句子呈現時間太長，使兒童記憶印象消褪，因此曾世杰採用下列方法進行工作記憶的量測。以實例說明：
指導語及題目以錄音帶唸出：
　　請按照順序唸出以下跳著行動的動物。
　　　兔子、烏龜、青蛙、蝴蝶

受試者必須回憶出「兔子、青蛙」來。回憶的項目數從 2 到 5 個，每一題都加上兩個類別外的項目（上例為烏龜和蝴蝶）以避免受試者不做判斷，光是記背。

(二)聽覺詞彙（ vocabulary ）

　　許多研究指出聽覺詞彙是閱讀能力很好的一個預測變項（如洪蘭、曾志朗、張稚美，民 82）。這個發現並不令人訝異，因為在正常狀況下，兒童先學會說話，才開始學閱讀，初習閱讀者只要克服了形碼音碼之間的關係，立刻可以在閱讀時運用原先具備的聽覺詞彙。從這裡看，聽覺詞彙豐富的兒童在閱讀時自然比詞彙有限的兒童佔優勢。除此，具有豐富的聽覺詞彙也意味著具有可觀的世界知識（world knowledge），這在閱讀的「由上而下」歷程中亦可發揮相當的輔助理解功效。值得注意的是，兒童的年紀愈大，其聽覺詞彙很有可能與閱讀能力有互為因果的關係：剛開始學習閱讀的兒童，其聽覺詞彙愈多，愈能有助於閱讀理解；但幾年之後，閱讀能力愈佳者，從書本上學得較多的詞彙，反過來有助於聽覺詞彙的成長。聽覺詞彙的多寡一般也被認為是兒童先備知識多寡的指標。

　　國外聽覺詞彙的測量，通常以魏氏兒童智力量表的詞彙分測驗行之，但此測驗尚需兒童有良好的口語表達能力才能進行，若想撤除口語表達的影響，畢保德圖畫詞彙測驗（Peabody Picture Vocabulary Test, PPVT）是另一種選擇，PPVT 在國內經陸莉，劉鴻香修訂（民 84），兒童只

要用手指出答案即可。

㈢閱讀後設認知策略

後設認知即學習者對其認知歷程的覺察與認識，及對此歷程的調適能力。後設認知包含二個主要成分：⑴對有效學習所需之技巧與策略的覺察；⑵學習計畫的擬定、學習歷程的效益評估、學習結果的監控及學習困難的補救等自我調適機制（胡永崇，民84），其重要性已於本文第壹部份介紹。胡永崇（民84）曾編製「閱讀後設認知評量表」，其內容分為「後設認知知識」及「執行功能」兩方面，「後設認知知識」包括陳述性知識、過程性知識與條件性知識，「執行功能」則包括計畫、監控、評鑑與調適。此量表內容大都為問題「情境」的選擇，避免受試者為了符合社會的期許，選出不合己身閱讀習慣的答案。此外，為避免受試者閱讀理解能力的不利影響，此量表大部分的試題，由主試者依序唸出題目內容，讓兒童做判斷選擇，但為了要讓兒童從實際的閱讀行為中觀察自己的閱讀策略，有少數題目是讓兒童自己閱讀內容，主試只唸出作答說明部分。

㈣視覺、空間處理（Visuo-spatial processing）

在漢字、詞的辨識歷程的基礎研究中，鄭昭明（民70）發現筆畫簡單的字比筆畫複雜的字有較高的辨識率，鄭氏推測讀者辨認中文字時不是以「全形」為處理單位，若是以形為處理單位，則辨識不在乎筆畫繁簡，而在乎是否熟悉字「

形」。所以，讀者認字時必先做字的屬性分析。如果這個推論正確，則組成漢字部件的空間位置，對文字辨識將有其重要性，「都」和「陼」的分辨就是一例。郭為藩（民 67）、蘇淑貞、宋維村和徐澄清（民 73）的研究指出閱障兒童會混淆字形，為視覺空間處理的重要性提供了旁証。有趣的是另外的研究卻發現閱障兒童的空間能力（陳美芳，民 74）、圖形記憶（洪慧芳，民 82）和非閱障兒童並無差別。郭、蘇氏和陳、洪氏發現之間的不一致有兩種可能的解釋：(1)兩者所取的受試樣本不同，及(2)兩者所探索的認知能力不同，有可能陳、洪氏的測驗離漢字辨識的情境太遠，無法有效地做為漢字視覺空間處理的指標。曾世杰（民 84）以漢字的真字及非字編製速度測驗，要求受試者作「同（打○）」或「不同（打 X）」（請參考題例）的判斷，非字是指不符合漢字組字規測的方塊字，如將「紀」字的「糸」及「己」兩部件左右倒置，結果發現，閱讀能力差者在「真字」狀況的判斷速度不如一般閱讀能力的兒童，而在「非字」狀況，兩組兒童沒有差別。因為真字的判斷速度可能是閱讀學習的「果」，而不是因，而兩組兒童都沒有見過測驗中所用的非字，所以非字可算是比較純粹的視覺判斷測驗，兩組兒童在非字處理上沒有差別，曾世杰推測，兩組兒童在「視覺、空間處理能力」上，應該沒有差別。

真字題例：　紀（X）記　紀（○）紀

非字題例：　己糸（X）己言　己糸（○）己糸

㈤詞界限（word boundary）的處理

　　詞（word）可以定義成一個完整的意義概念。從這個角度來看，中文的每個「詞」都是由一個個漢字字元（characters）組成，每個「詞」可以是一個「字元」，但也可以由兩個以上的字元組成，例如，「電」是一個詞，「話」是一個詞，「電話」又是另一個詞，目前中文大部分的詞彙都是雙字元構成。中文詞與詞之間具有相同的距離，不像西方文字那樣，構成一個詞的字母之間沒有距離，只有詞與詞之間才有距離，兒童容易一眼看出「詞界限」在那裡。閱讀中文的兒童必須要藉助他們既有的「語」彙，以口語的知識，詞的識別（sight words）及相關的背景知識來幫助了解文意及作適當的斷詞。閱障兒童卻難以利用語音去把好像不相干的字串起來成為一個有意義的詞（洪蘭、曾志朗、張稚美，民82）。

　　兒童「詞界限」的處理要如何衡量呢？胡志偉（民78）要求受試者在一篇96字的短文中找反置詞，結果發現，如果將一個詞中的兩個字元倒置（例如，「普遍」變為「遍普」），受試者偵測出它們的機會小於非詞（例如，將「……一家業者則……」中的「者則」變為「則者」）；胡氏（民80）後續研究中，用更廣泛的實驗材料（三篇論說，三篇敘事文），又再度驗證上述的發現。胡氏推論，對成熟讀者（mature readers）的常態閱讀來說，「詞」才是實際閱讀的單位，而不是「字元」。因此，讀者在見到「遍

普」時自動化地讀成「普遍」（未跨字界），而讀到「……
一家業則者……」時，因字元順序倒錯處，正好將一個字「
業者」拆散（跨字界），使得理解立刻發生困難，所以讀者
可迅速偵測出錯誤。曾世杰（民84）為國小兒童設計出程
度適當的文章一篇，要兒童在兩種狀況下偵錯。第一個狀況
是「未跨詞界」狀態，倒置「詞」中的兩個字元，第二個狀
況則是「跨詞界」狀態地倒置句中的兩個字元。一半兒童將
先進行第一狀況，另一半兒童先做第二狀況。研究者預期，
擅於「詞界限」處理的兒童，單位時間內，在「跨字界」狀
態中偵得的錯誤，會比「非跨字界」狀態來得多。以下例說
明，兒童會比較容易找到　a　句中的倒置字元，而比較不容
易找到　b　句中的倒置字元。

　　a.「……蟀蟋然仍快樂的唱著……」
　　b.「……蟋仍蟀然快樂的唱著……」

不擅處理「字界限」的兒童，兩狀態的差別應不會太大。

㈥聲韻覺識（Phonological awareness）

　　「聲韻覺識」通常指的是對所聽到的語音，有分辨其內
在語音結構的能力。絕大多數的拼音文字研究都顯示聲韻覺
識能力是預測兒童閱讀能力的最好指標（Adams, 1991;
Brady & Shankweiler, 1991）。Bradley 和 Bryant（
1983）更進一步設計課程教導閱障兒童的音韻覺知能力，訓
練之後，實驗組兒童的閱讀和拼字能力都遠超過對照組兒
童。曾志朗等人（1991）對新加坡的雙語兒童進行研究，發

現在以英文為主的學童，他們的聲韻覺知能力跟中文和英文的成績有高相關。也是中英文閱讀能力的好指標。在以中文為主的學校裡，聲韻覺知能力仍和英文成績有高相關，但它和中文閱讀成績的相關就降到邊緣程度（marginal）。曾志朗等推論，聲韻覺知能力的確和拼音教學有關，英文的學童在學習英文時學會了如何分析一個語音的內在結構，然後再把這個能力用到中文的學習上來。洪慧芳（民82）的研究更進一步支持了聲韻覺知在中文閱讀歷程中的重要性，她發現閱讀障礙兒童聲韻覺知能力顯著地比同齡對照組差，可見，對只學習一種語言的漢語閱障學童而言，聲韻能力在中文的學習歷程中也可能扮演了重要的角色。

　　許多研究音韻知識的學者指出，「音節」的操弄乃人類天生（built-in）的能力，不必在學校學習自然就會，每一健康個體音節操弄的能力應該都差不多。而「音素」的操弄則是極抽象、極人工（artificial）的概念，一定要經過拼音文字的訓練才能學會，而且個體間音素覺識的能力有很大的異質性（Liberman, Shankweiler, Liberman, 1989; Read, Zhang, Nie & Ding, 1986），這也難怪拼音文字的研究者把音素層次的覺識能力視為聲韻覺識的首要指標。此外，聲調（tone）在漢語中具有辨義的功能，雖然國外的研究從未探討聲調覺識與閱讀的關係，但漢字閱讀歷程研究應不能忽略此漢語聲韻學上的特色，因此，想了解國內兒童的聲韻覺識，除了西方文獻中，對「音素」層級的操弄及測量外，「聲調」覺識也不應該忽略。

(一)聲韻處理測驗：

　　柯華葳（民81）編製的語音覺識測驗共有四個分測驗，其中第二、四分測驗測量兒童音素覺識的能力，分測驗二是去音首，共20題，要求受試者將主試者所念的音去掉第一個音素；分測驗四是音分類，也有20題，要求受試者將主試者所念的三個音，有相同音素的兩個歸成一類。曾世杰（民84）以「假音（漢語中不存在的語音，但可以用注音拼出，如ㄈㄠ）」做為聲韻處理能力的測量，使用假音的好處是，受試者不可能利用死記的方式寫出他們熟悉語音的注音符號，只有真正能對語音進行聲韻分節者才可能寫出正確的答案。為避免受試者測試時受到聲調的影響，該測驗所使用的假音聲調都是最容易區辨的一聲和四聲，主試者唸出每一題的假音三次，兒童則將聽到的假音用注音符號寫在準備好的答案紙上。為進一步探討聲母、韻母覺識的差別，研究者以三種方式計分，可得到三種分數，分別是「聲母分數」（只要聲母寫對即得分）、「韻母分數」（只要韻母寫對即得分）及「注音分數」（聲母韻母都對才算得分，本測驗共有20題。

(二)聲調處理測驗：

　　聲調測驗也用假音為材料，理由同前。所有20題題目中，國音中的四種聲調各佔5題。答案紙上事先印好每一題配有四種聲調符號的注音，每個注音的上方印有一個空格，主試逐題唸出假音，每音唸三次，受試者必須從四個聲調中選出正確的來。（表一）

表一　聲韻覺識測驗及聲調覺識測驗題例

測驗名稱	主試唸出：	答案紙型式	標準答案
柯華葳（民82）去音首測驗	「我說ㄅㄚ，你說ㄚ；我說ㄎㄥ，你說？	N/A	「ㄥ」
柯華葳（民82）音分類測驗	「ㄊㄡˋㄇㄨˋㄊㄠ」	N/A	「ㄊㄡ,ㄊㄠ」
聲韻覺識測驗例題	「第一題，/ㄈㄠˋ//ㄈㄠˊ//ㄈㄠˊ/」	1.	1.ㄈㄠ
聲調覺識測驗例題	「第一題，/ㄇㄚˋ//ㄇㄚˋ//ㄇㄚˋ/」	☐ ☐ ☐ ☐　ㄇㄚ ㄇㄚˊ ㄇㄚˇ ㄇㄚˋ	☑　ㄇㄚˋ

㈦音碼提取效率

　　「音碼提取」指的是個體看到「字形」至觸接到「字音」所需的時間。這個反應時間可反映出個體解碼的自動化程度，依照 Baddeley 的工作記憶模型，自動化程度愈高，工作記憶將有愈多的資源進行閱讀時必要的理解處理。洪慧芳（民82）的實驗以中文的同音字對為材料，分兩階段進行：第一階段要求受試者對兩個字做「字形是否相同？」的

判斷，第二階段則是「字音是否相同？」的判斷，洪慧芳（民 83）依 Posner（1971）的理論，在第一階段所得的反應時間為 PI（Physical identity），在第二階段所得的反應時間是 NI（Naming identity），NI 減去 PI 就是音碼提取的速度。

　　在洪慧芳（民 83）的研究中，PI 及 NI 狀態的實驗材料各有 48 題，由相同的 48 對同音字組成，材料以手提個人電腦呈現，受試者必須分別在兩狀態判斷「這兩字是否同音？」及「這兩字是否同形？」實驗記錄受試者的反應時間（精確至千分之一秒）及反應的正確率。NI 狀態的反應時間減去 PI 狀態的反應時間就是音碼提取效率的指標。

(八)*聲韻轉錄（Phonological recoding）程度*

　　「聲韻轉錄」在本研究中指的是，個體於自然閱讀歷程中，將字型轉成聲韻碼的程度。認知心理學的基礎研究中，聲韻轉錄通常在「字彙觸接」（lexical access）及「工作記憶」中被探討，一般認為在「字彙觸接」層次，視對字彙的熟悉度而定，讀者可以經過或不經過轉錄，但在工作記憶的層次，讀者卻一定要經過聲韻轉錄。自然閱讀狀況一定涉及工作記憶，換句話說，一定會涉及聲韻轉錄，本文所指的聲韻轉錄層次指得是後者，即「工作記憶中的聲韻轉錄」。

　　曾世杰（民 84）以注音符號圖卡進行聲韻轉錄程度的量測，測驗內容分為同韻（如例 a）及不同韻（如例 b）兩類，每類各有五張卡片，每張卡片上有五個注音符號。同韻

卡片的內容由ㄅ、ㄆ、ㄇ、ㄈ、ㄉ、ㄊ、ㄋ、ㄌ、ㄍ、ㄎ及
ㄏ等十一個具「ㄜ」韻尾的注音符號組成，每張卡片上「注
音符號的選取與順序的安排」在「出現頻次」與「出現位
置」上取得平衡。不同韻卡片則由所有的注音符號組成，注
音符號的選取與順序的安排考慮同前，但每張卡上的五個注
音符號，都不同韻。施測時，由施測者呈現卡片給兒童，每
張卡片呈現 5 秒，以碼表計時，呈現完後，請受試者將所見
的符號依原來的順序由左到右回憶出來，並寫在預備好的答
案紙上，受試者必須在正確的位置回憶出正確的符號，才算
得分。研究假設，閱讀程度較高者，會受到較多「同韻」狀
態的干擾，而閱讀程度較差者，受「同韻」狀態干擾較小。
研究者假設，兒童對每一個注音符號的熟悉度是相同的。
例 a：同韻「ㄏㄉㄎㄍㄌ」
例 b：不同韻「ㄅㄩㄙㄚㄓ」

第三節　閱讀障礙研究的四種研究法

一、最常見的四種研究法

　　知道有這麼許多的認知成分可能影響閱讀歷程，甚至造
成閱讀障礙，研究者該如何檢驗各個認知成分與閱讀能力之
間的關係呢？以下介紹四種常見的研究法，依序是相關研究

法、事後比較研究法、真實驗研究法、個案研究法。這幾種
研究法，可以對各年齡層兒童的各種心理特質進行探討，期
待可以補捉閱讀障礙的真實面貌。

(一)相關研究法

　　最先要介紹的是相關研究法，此設計探討的是「各種變
項間的關聯性」（相關），從事教育和研究心理學的人常常
問諸如「是不是國語成績好的英文成績也好」或「是不是班
級人數愈多，學生的學期成績愈差」之類的問題，這樣的問
題就是相關研究法可以解決的。相關研究法最大的好處是，
當研究者對一個主題所知有限時，相關研究法可以很快的找
出幾個重要的研究變項來。例如，假設我們對「影響閱讀能
力的因素」所知甚少，我們可以先根據過去的經驗及既有的
理論，列出可能影響閱讀的因素如注意力、語文智商、非語
文智商、聲韻處理能力、視力、視覺空間能力……等，我們
可以設計各種工具，對一群受試者測量閱讀能力及上列各種
可能因素，取得資料之後，再求閱讀能力與各種因素之間的
相關。如果統計的結果顯示閱讀能力和注意力、非語文智商
及視力「沒有相關」，則這三變項就應該不會是影響閱讀能
力的因素，將來進一步的研究，就可以剔除這三個因素。而
其它與閱讀能力有相關的因素，則需要更仔細的檢驗。這和
刑案例中的「消去法」，道理是一樣的。
　　相關研究法最大的限制在於「不能指出因果關係」。研
究者若發現四年級兒童的「聽覺詞彙」和「閱讀能力」成正

相關時，我們並不清楚究竟是「聽覺詞彙使閱讀能力提高」，還是「閱讀能力使聽覺詞彙提高」，或是「這兩者共同受到某因素的影響」（如智商）。

　　從蒐集資料的時間上來看，相關研究法又可分為「同時性」與「預測性」兩種研究方式。同時性相關研究法是在同一個時段裡，測量研究對象的各種變項，以探討各變項間的關係，前述聽覺詞彙的例子就是「同時性相關研究法」。如果研究者在兒童的發展過程中先測量 A 變項，過了一段時間後再測量 B 變項，並計算 A 與 B 間的相關，這就是「預測性相關研究」。雖說兩種相關研究法都不能指出因果關係，但比較上，「預測性相關研究法」比「同時性相關研究法」更有說明因果的證明力。當理論上有力的指出 A 可能是 B 的因時，就是「預測性相關研究」的適用時機。因為 A 既是 B 的因，則我們可以推測，A 必在 B 之前發生，若 A 和 B 之間確有高相關存在，則這時我們比較有理由（仍然是間接的理由）做「A 是 B 的因」的推論。再以「聽覺詞彙與閱讀能力的關係」為例，假設研究者先在兒童四歲時測量其聽覺詞彙（A），兒童到四年級時再測量其閱讀能力（B），結果發現兩者間有高相關。因為 A 發生時，B 尚未發生，我們可以確定 A 絕對不受 B 的影響，兩者間的關係既然不是「B 是 A 的因」，則「A 是 B 的因」的可能就大大提高了。當然，下這個結論仍然必須小心，因為我們沒有辦法排除「A、B 都受到另一個共因 C（例如，家庭背景）的影響」這樣的可能。

㈡事後比較研究法

第二種常見的研究法是事後比較（Ex post facto）研究法，這種方法主要是先找出兩群在某種（且稱之為 X）特質上不相同的個體，再比較這兩群人在其它各方面特質（Y_1，Y_2，Y_3，Y_4……）的異同。在閱讀障礙的領域中，最常見的例子是，研究者先用一種閱讀能力測驗區分出「高閱讀能力」和「閱讀能力低下」的兩群學童，再以種種工具評量各群學童在閱讀相關因素上的差別。例如曾世杰（民84）的研究即根據兒童的「國語文能力測驗」（吳武典、張正芬，民73）分數區分出一群「閱讀能力低下」的國小五年級兒童，去除智能不足者及文化不利的兒童後，再根據這群兒童的年齡、性別及社經地位，在受試者同班級內找出「一般閱讀能力」的兒童做為配對組。再設計工具測量兩組兒童的聲韻處理、字形處理、聽覺詞彙、詞界限處理、工作記憶廣度……等認知特質，他發現兩組兒童在「字形處理」的效率上並沒有什麼不同，從邏輯上我們便可以推斷「字形處理」應該不會是造成兩組閱讀能力差別的因素。事後回溯研究和相關法類似的一點是，它可以「過濾掉絕對不可能的嫌犯」，也可以「留下有關的嫌犯」，但它卻沒有能力直接証明到底是那一個是才是元凶。換句話說，這種研究法只能找出相關變項，但卻沒辦法做因果證明。例如，曾世杰（民84）的研究指出兩組兒童在「聽覺詞彙」上有顯著差異，根據這個結果，我們可不可下結論說「聽覺詞彙的差異導致閱

讀能力的差異」呢？答案是「不行」，依照以上對「事後比較研究」的說明，我們只能說聽覺詞彙和閱讀能力有相關，但不能說「聽覺詞彙」的能力就是閱讀能力的因。因為相反的結論也是可能的——也許是閱讀能力好的人，讀了比較多的書，這使他們的聽覺詞彙也跟著增強了。

　　以上的例子是以「同齡」的兩組兒童進行比較，而另外一種的比較方式是以兩組「不同齡」但「閱讀能力相當」的兒童來進行，本文把這種比較的方法稱為「閱讀能力對照組法」。表二是一個假想的例子，說明了「同齡對照組」與「閱讀能力對照組」取樣條件的差別。閱讀能力對照組在「閱

表二、閱讀研究中常用的事後回溯研究法舉例

	閱讀能力低下組	同齡對照組（age match）	閱讀能力對照組（reading level match）
生理年齡	11歲（五年級）	11 歲（五年級）	8歲（二年級）
智力	100	100	100
閱讀年級分數	二年級	五年級	二年級

讀能力」及「智力」上和「閱讀能力低下組」平衡，也就是說，閱讀能力低下組的兒童到了五年級卻只有二年級的閱讀能力，而閱讀能力對照組就是取二年級的一般讀者充任。

　　前面說過同齡對照組的研究法，即使發現了兩組兒童在Y變項上有顯著差異，研究者也無法區辨這到底Y是「閱讀能力」的因？還是果？若進一步以「閱讀能力對照組」的方

法進行研究，仍然發現兩組兒童在 Y 變項上有相同方向的差異，則我們就不能說這個差異是「閱讀能力」造成的，因為閱讀能力在兩組間並沒有不同，亦即，X「比較有可能」是閱讀能力的因。如果用「閱讀能力對照組」的方式，研究者發現在變項 Y_1, Y_2, Y_3 都沒有差異，這樣的結果告訴我們什麼呢？很不幸的，這種結果沒有一點用處，我們什麼結論都不能下。洪慧芳（民 83）在她的研究中用的是事後回溯研究法，兩種對照方法她都採納了，有興趣的讀者可以一讀。

表三、閱讀研究中事後回溯研究法結果的解釋

	同齡對照法	閱讀能力對照法
正向結果 （兩組在 Y 變項有差異）	Y 變項和閱讀能力有關，但它和閱讀能力的因果不明	Y 變項和閱讀能力有關，但閱讀能力的差異不可能解釋 Y
負向結果 （兩組在 Y 變項無差異）	Y 變項不會是造成兩組閱讀能力差異的原因	不能下任何結論

(三)真實驗研究法

第三種研究法是真實驗研究法（true experimental design），這是所有的研究法中最能排除干擾變項，也是唯一可以確立變項間因果關係的方法。在真實驗研究法中，受試者以「隨機分派」的方式被分派到各個實驗組別，接受不

同的實驗處理，隨機分派可以在機率上保証各組受試在「接受實驗處理前」是完全相同的。實驗過程中，研究者控制了所有可能的干擾變項，只讓實驗組與對照組在自變項的處理上有所差異，實驗的最後測量各組依變項的變異情形。因為實驗過程中，實驗與對照組只在「實驗處理」上有所不同，其它的條件完全一樣，所以，若實驗組與對照組在依變項上確有顯著差異，研究者就可以斷定這個差異來自於「不同的實驗處理」。此研究法的基本設計如下圖（R 表示隨機分派，X 表示實驗處理，O 表示依變項的蒐集）：

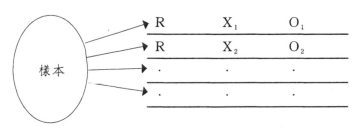

圖　真實驗研究法的基本形式

舉例說明，胡永崇（民 84）的研究探討「閱讀後設認知策略」和「閱讀理解」間的關係，他將 50 名閱讀障礙兒童，以簡單隨機分派的方式分成實驗及控制組兩組, 實驗組接受後設認知策略的教學，控制組則接受與閱讀理解後設認知較無明顯關係的語文遊戲。實驗教學結束後，研究者發現實驗組的閱讀理解表現，明顯地優於閱障組的兒童。這個結果顯示，後設認知策略的教學，對於閱讀障礙兒童的閱讀理解表

現，有明顯的促進效果。

　　當然真實驗研究法仍然有其缺陷，第一，因為要嚴格控制所有可能的干擾變項，所以實驗的情境經常沒有辦法和現實生活中的情境一樣，如此得到的研究結果，是否能推論到現實的情境中？頗值得懷疑。第二，這種方法一次能夠檢驗的自變項有限，當實驗的結果支持了某一變項與閱讀能力有因果關係時，這樣的結論並不能推論說，其它的變項和閱讀能力就沒有因果關係。

㈣個案研究法

　　第四種研究法是個案研究法，個案研究法是對某些「特殊的」或「典型的」個案做仔細而深入的觀察描述，甚至給予適當的處理（如藥物、手術、教學等），並記錄其處理的過程及效果。這種研究方式所得的結果主要有兩方面的貢獻：第一，它可以驗證某些理論的說法是否為真；第二，研究者可以根據這些仔細的觀察，為未來的研究提出新的研究假設。關於個案研究法的意義及重要性，請參閱曾進興（民84）。第三，許多研究，以平均數來代表一群個體，這種研究方式忽略了少數偏離平均值者（outliers）的特性，他們與眾不同的特質及需要，全部都「被平均掉」了。平均數所代表的那個「典型的平均人」，經常不能代表所有的人。太偏離平均值者，研究者就必須以個案研究方式，才能進行了解。

　　底下以「字彙觸接（lexical access）中是否需要聲韻

轉錄？」這個問題為例，說明個案研究的重要性。

閱讀歷程中，讀者的眼睛看到一個字（視覺刺激）之後，要經過那些心理歷程，才能在大腦中的心理辭典（lexicon）中檢索到該字相關的屬性（如字義）呢？許多心理學家認為，閱讀過程中，讀者必須把字形轉錄（recode）成聲韻碼（phonological code）的型式才能完成字彙觸接，但日本學者 Sakamoto 曾提出一個腦傷個案 S.N., S.N. 無法音讀（即唸出字音）漢字，他自陳有如下困難：「它（字音）已經到嘴邊了，可是我就是唸不出來，但一看到這個字，我馬上就知道它是什麼意思。（ Sasanuma, 1986; p.49）」，亦即，S.N. 雖然失去聲韻轉錄的能力，卻仍能完成字義觸接。在拼音文字方面，Marshall & Newcombe（1973）發現有些腦傷病人沒有辦法音讀如 brane 的假字，這樣的假字雖然符合英文的拼字原則，卻在英文詞彙中不存在，健康的受試可以音讀出此字的字音，上述的病人卻沒有辦法，也就是說，這些病人失去了「看字形唸出字音」的聲韻轉錄能力。不但如此，他們還偶爾會把所見的字錯讀成另一個意義近似的字，如把 daughter 唸成 sister，把 arm 唸成 shoulder。這類的錯誤表示病人在沒有轉錄的狀態下，已經某程度地觸接到字義。這裡所提的腦傷個案使認知心理學者必須接納「非語音觸接」的可能，經過許多研究之後，目前主張拼音文字的字彙觸接可能「經過」或「不經過」聲韻轉錄的雙軌模型成為目前最被接受的模型。這個例子很鮮活地說明個案研究法在閱讀研究法中的重要性。再簡單整理一下

這個例子的邏輯：當有理論宣稱「字彙觸接必須經過語音轉錄」時，只要能發現一個個案，不經聲韻轉錄，也可以進行字彙觸接，該理論就必須修正。學者們就必須對字彙觸接提出新的模型，新的假設，這個過程，使我們對閱讀的歷程有了更進一步的了解。

二、閱讀障礙亞型的研究

　　以上四種是最常見的閱讀障礙兒童閱讀歷程的研究方法，研究者可以視需要選用一種或多種方法並運用適當的統計技術，來回答所提出的研究問題。除了適用於上述四種研究方法的統計技術外，對閱障兒童分類或亞型有興趣者，可以同時蒐集受試者多個變項的資料，運用叢集分析（cluster analysis）法，將一群閱讀障礙兒童分成在特質上有差異的幾群亞型。例如，Carr, Brown, Vavrus, 與 Evans（1990）以 34 名閱讀障礙兒童為受試，測量他們 16 項認知成分能力，再以叢集分析法進行資料處理，結果發現受試者可以依其不同成分的得分，被分成三組亞型，Carr 等分別將之命名為「一般皆差型」、「主動理解型」、「聲韻轉錄型」。這樣的分類，不論在實用或理論上都很有意義，在實用上，教學者據以進行的診斷及針對問題給予處方教學。在理論上，又可根據此結果提出種種不同的新假設，未來理論的基礎。

第四節 研究實例

　　底下以一個在閱讀研究中非常有名的研究作為例子，這個研究先用「相關法」確定聲韻覺識（phonological awareness）和閱讀能力間的相關，再用「真實驗研究」指出，聲韻覺識不但和閱讀能力間有相關，缺乏聲韻覺識的能力甚至會導致閱讀障礙，亦即聲韻覺識是因，閱讀能力是果。

　　聲韻覺識指得是個體對語音內在結構的分析能力，例如，bat 這個詞，聽起來是一個完整的音節，把它分析成 /b/、/æ/、/t/ 三個語音成分的能力，就是聲韻覺識的能力。從邏輯上推想，如果一個孩子沒有辦法把 bat 這個詞分析成 /b/、/æ/、/t/，他就絕對無法理解為什麼 bat 這個詞要寫成 b、a、t 三個字母，也就是說，他無法掌握英文「字形」和「字音」之間的關聯性，這個解碼的問題將造成孩子的閱讀困難，這也就是 Bradley 與 Bryant（1983）的研究動機。

　　Bradley 與 Bryant（1983）認為，想探究「聲韻覺識」與「閱讀」之間的關係，最好從尚未正式學習閱讀幼兒（以下簡稱幼兒）的縱貫研究著手。以幼兒為研究對象的理由如下：如果 A 導致 B，則 A 應在 B 之前發生。如果幼兒聲韻覺識的能力是閱讀能力的因，則幼兒對語音的敏感度應該會影響他們入學後的閱讀習得。只要樣本夠大，我們預期幼兒聲

韻覺知分數將可有效地預測入學後的閱讀分數。如「相關研究法」中所說明的，我們當然也可以測量國小中高級學童的這兩項能力，再求相關，但即使結果有顯著相關，研究者也無法區辨何者為因，何者為果。

一、相關性研究

　　Bradley 與 Bryant 先從五百餘名4—5歲兒童中找出400名完全不識字的受試，測量他們聲韻覺識的能力。實驗者每次讀3或4個字（4歲的3個字，5歲的4個字）的字串給兒童聽，字串中有一個字的發音和其它的字不同，實驗要求兒童指出那個音「不對勁」。字串有三種狀況：結尾音素不同（如，bun hut gun sun），中間音素不同（如，hug, pig, dig, wig），和起首音素不同（如，bud bun bus rug）。除了這些，研究者還蒐集了受試的語文智商和記憶廣度。初測後的四年中，研究者陸陸續續地蒐集兒童的各樣學校成就，但本文只討論最後一次的結果，這時兒童已經八、九歲了。結果學前的聲韻覺識分數仍然可以有效地預測四年後的閱讀成就。此外，聲韻知識和數學成就卻沒有任何相關。經過這麼長一段時間，聲韻知識仍是閱讀能力的有效預測變項，其重要性由此可見。為了除去第一部分相關法因果不清的缺點，Bradley & Bryant 設計了第二部分的教學實驗研究。

二、真實驗研究

　　從第一部分研究的 400 名幼兒中，Bradley 與 Bryant 選出 65 名「高危險群兒童（聲韻覺識差者）」，兒童們隨機被分成四個組，接受每次 20 分鐘，總共 40 次，橫跨兩年的教學處理。兒童六歲開始接受訓練，八歲結束。實驗者教第一組兒童把「有圖的卡片」依其聲韻類別排列，譬如從好幾個圖片中把發音類似的圖片（bat, mat, hat, rat）選出來等。第二組兒童所受的訓練和第一組一樣，但第二年開始，除了圖卡之外，教學者用表徵聲韻類別的字母，直接教孩子各個字母和所表徵語音間的關係。第三和第四組是控制組，第三組被要求根據卡片的語義（semantic）來分類，如哺乳類的動物卡片擺在一起，鳥類的卡片擺在一起等。第四組和其他組兒童有一樣長的時間玩一樣的卡片，但活動和聲韻、語意知識均無關係。為便於閱讀，實驗組和控制組所接受的教學處理，簡述如下：

　　實驗組（第一組）　　玩圖卡，被要求以發音的相似性來分類卡片。

　　實驗組（第二組）　　玩圖卡，活動與第一組同，但加上字母—語音的教學。

　　控制組（第三組）　　玩圖卡，被要求以圖卡的語義來分類卡片。

控制組（第四組）　　　玩圖卡，所從事的活動與語音、
　　　　　　　　　　　　語義無關。

　　以統計方法去除了年齡和智商的影響之後，接受聲韻訓
練的第一組和第二組兒童在兩年後的閱讀和拼字測驗中都顯
著超過其他兩組，第二組（加了字母）的優勢尤其明顯，這
個優勢只在閱讀和拼音上，實驗組和控制的數學成就並沒有
差別。第一、二組的閱讀成就並無不同，但第二組的拼字分
數顯著地高於第一組。兩控制組之間的閱讀及拼字成就則無
不同。
　　從這樣縱貫的相關和實驗研究所得到的証據讓我們看
到，在拼音文字中，學前的聲韻知識確實是學習閱讀的先備
條件，兩者間不但有相關，且有因果關係。

後記

　　閱讀是現代社會獲取資訊最重要的管道，閱讀若發生困
難，個體在現代生活的適應也必發生困難。國內約有 7.5%（
或 13 萬名）國小兒童有閱讀障礙，這使教育及心理學者不
得不正視發展性閱讀障礙的問題。拼音文字閱讀障礙的研究
雖然已經有了豐碩的成果，但因為中文書寫系統的獨特性，
使研究者不能冒然將拼音文字上的發現，用來解釋大相逕庭
中文閱讀。

　　最近許多國內學者開始著手研究中文發展性閱讀障礙兒童的閱讀歷程，但到目前為止，尚未見到確切的共識，可以回答諸如「閱障者到底是什麼歷程出了問題？」「閱障兒童是否可再細分為不同亞型？」、「什麼樣的補救教學可以奏效？」等問題。當然，要回答這些問題，必須有不同領域如心理學、語言教育、特殊教育專家及第一線國小教師的投入與合作，但環顧國內的狀況，各領域專家之間，專家與教師之間的相互了解，似乎還不足以進行這樣的合作。

　　綜上所述，第一，因為中文的閱讀障礙研究尚無具體大家可以認同的結論，第二，為了促進各領域間的理解，筆者決定把「研究方法」列為本文的重點，除了各種研究方法的「骨架」外，可能影響中文閱讀的成分也是討論重點，最終的目的，就是希望有更多關心兒童閱讀學習的朋友，一起來投入這個領域。

參考文獻

王瓊珠（民81）：國小六年級閱讀障礙兒童與普通兒童閱讀認知能力之比較研究。國立台灣師範大學特殊教育研究所碩士論文（未出版）。

洪慧芳（民82）：文字組合規則與漢語閱讀障礙——對漢語閱讀障礙學童的一項追蹤研究。國立中正大學心理學研究所碩士論文（未出版）。

洪蘭、曾志朗和張雅美（民82）：閱讀障礙兒童的認知理學基礎。載於台北市教師研習中心主編：學習障礙與資源教室（74-86）。台北市：台北市教師研習中心。

吳武典、張正芬（民73）：國語文能力測驗。台北市：國立台灣師範大學特殊教育中心。

胡永崇（民84）：後設認知策略教學對國小閱讀障礙學童閱讀理解成效之研究。國立彰化師範大學特殊教育研究所博士論文（未出版）。

胡志偉（民78）：中文詞的辨識歷程。中華心理學刊，31，1-16。

胡志偉（民80）：中文詞的辨識歷程：一個詞優與詞劣效果的研究。國科會獎助論文。

胡志偉（民84）：中文字的心理歷程，載於曾進興編：語言病理學基礎第一卷（31-69頁）。台北市：心理

出版社。

郭為藩（民 67）：我國學童閱讀缺陷問題的初步調查及其探討，載於國立台灣師範大學教育研究所集刊。20輯，57-78 頁。

陳美芳（民 74）：「修訂魏氏兒童智力量表」對國小閱讀障礙兒童的診斷功能之探討。國立台灣師範大學輔導研究所碩士論文（未出版）。

曾世杰（民 84）：閱讀低成就學童及一般學童的閱讀歷程成分分析研究。國科結案報告（NSC 83--0301--H--024--009）。

陸莉（民 81）：畢保德圖畫詞彙測驗之修訂及其相關研究。載於八十學年度師範學院教育學術論文發表會論文集（1-36 頁）。

陸莉、劉鴻香（民 83）：修訂畢保德圖畫詞彙測驗甲式。台北市：心理出版社。

曾進興（民 84）：個案研究與臨床科學，載於曾進興編：語言病理學基礎第一卷（119-136 頁）。台北市：心理出版社。

鄭昭明（民 70）：漢字認知的歷程，中華心理學刊。23（2）。137-153。

蘇淑貞、宋維村、徐澄清（民 73）：中國閱讀障礙學童之類型及智力測驗。中華心理學刊，26 卷（3 期），41-48 頁。

Adams, M. J. (1991). *Beginning to read.* Cambridge: The MIT Press.

Anderson, R. (1981). *A proposal to continue a center for the study of reading.* (Tech. Proposal, 4 vols.) Urbana, IL: University of Illinois, Center for the Study of Reading.

Baker, L. & Brown, A. L. (1985). Metacognition and the reading porcess. In P. D. Pearson (Ed.), *A handbook of reading reserch.* New York: Longman.

Baddeley, A., Logie, R., Nimmo-Smith, I., & Brereton, N. (1985). Components of fluent reading. *Journal of Memory and Language, 24,* 119-131.

Bradley, L. & Bryant, P. E. (1983). Categorizing sounds and learning to read--A causal connection. *Nature, 30,* 419-421.

Carr, T. H. (1986). Perceiving visual language. In K. Boff, L. Kaufman, & J. Thomas (Eds.), *Handbook of perception and human performance.* New York: John Wiley.

Carr, T., Brown, T., Varus, L., & M. Evans (1990). Cognitive skill maps and cognitive skill profiles: componential analysis of individual differences in children's reading efficiency. In T. H. Carr & B. A. Levy (eds)., *Reading and its development.*New York:

Academic Press.

Counningham, A. E., Stanovich, K. E. & Wilson, M. R. (1990). Cognitive variation in adult college students differeing in reading ability. In T. H. Carr & B. A. Levy (eds)., *Reading and its development.* New York, Academic Press.

Curtis, M. E. (1980). Development of components of reading skill. *Journal of Education Psychology, 72,* 656-669.

Daneman, M. & Carpenter, P. (1980). Individual differences in working memory and reading. *Journal of Verbal Learning and Verbal Behavior, 19,* 450-466.

Goodman, K. S. (1967). Reading: A psycholinguistic guessing game. *Journal of the Reading Specialist, 4, 126-135.*

Goodman, K. S. (1986). *What's whole in the whole language: A parent-teacher guide.* Portsmouth, NH: Heinemann.

Just, M. A. & Carpenter, P. A. (1980). A theory of reading: From eye fixations to comprehension. *Psychological Review, 4,* 329-354.

Just, M. A. & Carpenter, P. A. (1987). *The psychology of reading and language comprehension.* Boston: Allyn-Bacon.

Liberman, I., Shankweiler, D., & Liberman, A. (1989). The alphabetic princple and learning to read. In D. shankwerler & I. Liberman (eds.), *Phonology and reading disability*. Ann Arbor: The University of Michigan Press.

Mcconkie, G., & Zola, D. (1981). Language constraints and the functional stimulus in reading. In A. Lesgold & C. Perfetti (eds.), *Interactive processes in read ing*. (pp. 155-175). Hillsdale, NJ: Lawrence Erlbaum Associates.

Prefetti, C. A. (1985). *Reading Ability*. New York: Oxford University Press.

Posner, M. I. & Boies, S. J. (1971). Components of attention. *Psychological Review*, *78*(5), 391-408.

Rumelhart, D. (1977). Toward an interactive model of reading. In S. Doric (Ed.), *Attention and performance VI* (pp. 573-603). New York: Academic Press.

Read, C., Zhang, Y. F., Nie, H. Y., & Ding, B. Q. (1986). The ability to manipulate speech sounds depends on knowing alphabetic writing. *Cognition*, *24*, (1, 2), 31-44.

Stevenson, H. W., Stigler, J. W., Lucker, G. W., Lee, S. Y., Hsu, C. C., & Kitamura, S. (1982). Reading disabilities: The case of Chinese, Japanese, and

English. *Child Development*, *53*, 1164-1181.

Sasanuma, S. (1986). Acquired dyslexia in Japanese: clinical features and underlying mechanisms. In M. Coltheart, K. Pattterson, and J. C. Marshall (eds.), *Deep Dyslexia*, (pp. 48-90) New York: Routledge & Kegan Paul.

Stanovich, K. E. (1986). Matthew effects in reading: some consequence of individual differences in the acquisition of literacy. *Reading Research Quarterly*, *21*, 360-407.

Smith, F. (1981). *Understanding reading* (2nd ed.) New York: holt, Rinehart and Winston.

Vellutino, F. (1979). *Dyslexia: Theory and Research*. Cambridge MA: MIT Press.

第10章

溝通障礙的療效評估

吳咸蘭

　　如果我們翻閱國內有關聽語治療研究報告的文獻，是否能回答這樣的問題：「我們能找出那些具說服力的科學證據，支持聽語治療專業在臨床工作中的治療成效？」換言之，個案行為改善是因為受惠於治療策略，還是有其它因素同時促發目標行為的產生，以至於個案在治療期間的進步就歸因於治療的成效？事實上，這也是國外臨床專業不時提出的問題（McReynolds, 1988; McReynolds & Thompson, 1986）。要解決這個問題，唯有結合傳統上被劃清界線的兩個陣營——臨床工作和科學研究，使溝通障礙成為一門臨床科學（Clinical Science）。

　　溝通障礙專業需要加強臨床工作的科學基礎，這是無庸置疑的。不論從立法、社會需求、專業要求、或科學方法的層面來看，在在都顯示唯有以科學實證為基礎，才能建立專業的威信。

　　法案的訂立往往會牽動相關專業體質的改變。美國在七〇年代至九〇年代陸續修正的殘障者教育法案對溝通障礙專業即有深遠的影響，該法案規定特教服務必須包括個案及其家庭，而且服務方案必須有明確的程序、目標、以及評估標準。這項法案尤其重視所謂的「臨床績效」（Clinician Accountibility），換言之，治療的成效必須客觀記錄，使其他觀察者得到同樣的驗證，這種記錄方式必須持續且有系統的評估個案的行為，而這些要求都極符合科學精神與科學方法。國內關係殘障者的教育法案近年來已經開始著手修正，日後也應該朝同樣的方向進行。

　　社會的需求也逐漸要求專業方法的提升。以國內的情況
而言，在聽力檢查師和語言治療師的努力下，有愈來愈多人
認識到聽力、語言、溝通等問題，有這些問題的個案也漸漸
知道要尋求聽語臨床工作者的協助。不過尋求協助的個案或
家長在治療前、治療中、甚至治療後心中都可能存著一個疑
問：「做治療到底有沒有用？」或者「如果不做治療，他（
她）是不是也會隨著時間自然進步呢？」這樣的問題也不得
不讓科學工作者思考，應該用什麼方法才能證明治療的成
效，獲得患者的信賴。

　　除了立法和社會需求之外，專業本身的要求也是要建立
科學方法的理由之一。建立聽語專業在臨床醫療和臨床研究
中的地位是聽語工作者應該努力的目標，不過要走的路還很
長，它還需要更多社會大眾以及相關專業的認可。一種專業
要獲得公眾的認可，可以採取不同的管道，包括法律認可、
遊說團體的努力、群眾運動、廣告或傳播媒體的「推銷」等
等，這些方法在現代的社會環境中都是必要的，而且可能會
有一些立竿見影之效，但是要建立長久穩固的信譽，這個專
業除了要積極增加曝光率之外，更重要的是建立專業的科學
基礎，不客觀的、有漏洞的醫療行為終究無法用「公關、推
銷」之術來彌補。

　　雖然立法、社會需求、專業形象的提升等的確是使專業
走向科學化的驅動力，但是換個角度來看，一個專業不見得
需要經由外在因素的驅動才走向科學化的要求。臨床評估與
治療工作每個階段都是解決問題的過程，而解決問題的本身

就需要運用科學的方法，這是對工作本身和工作對象負責的態度。

　　本章目的是在提供一種方法與理念，讓從事臨床工作的聽語治療師能夠以個案的治療過程為經緯，有系統、有步驟的搜集客觀資料，評估治療策略的績效，為科學與臨床工作搭起一座橋樑，換句話說，本章所要提倡的基本理念乃是，臨床工作者把日常的臨床治療就當做臨床的科學實證工作。

第一節　科學方法的基本要素

　　科學做為一套探討問題和解決問題的方法有一些基本的特質。最基本的應該是客觀（Objectivity），作法要客觀就必須能公開驗證（Public verification），也就是說，其他實驗者可以依照同樣的程序複製（Replicate）出同樣的結果。此外，有系統的觀察（Observation）和準確的評量（Measurement）是分析一種現象的必要條件，現象被有系統的分析之後，實證（Experimentation）才能開花結果，科學家就是經由實證的過程確立兩個事件之間的因果關係。

　　科學實證工作有幾個基本要素是不可或缺的。由於後文會有更進一步的討論，在此我們先簡單介紹幾個基本的概念。

一、操作性定義（Operational Definitions）

　　這是指以客觀的方式謹慎詳細的說明完成任何一個項目的操作過程，包括一個事件、一個刺激項目、一項程序、以及一種可以觀察到和可以量化的反應。操作性定義不留予任何想像的空間，它將所有相關的層面做詳細的解釋，以致其他人對所觀察到的行為不會有任何異議。

　　雖然語言治療師經常描述或界定治療活動的內容，但是這些定義和敘述很少能達到操作性定義所需的完整與明確。以下是一段關於治療程序的敘述內容：

　　「治療師將圖卡呈現給小孩，示範圖卡上的名稱，並要求小孩模仿治療師的示範，若小孩正確模仿名稱，治療師就給小孩一個獎勵。」

以上定義看似合理，大部份治療師也認為清楚而完整，但是這個程序是否能夠依照原治療師所執行與描述的，分毫不差的複製出呢？不見得，有好些問題可以提出來，例如，別的治療師是否知道圖卡是放在桌上或拿在治療師手上？如果小孩不回答或回答不正確，別的治療師是否知道該怎麼做？小孩必須正確無誤的說出圖卡名稱中的每一個音嗎？或者其構音可以有錯誤？此外，到底獎勵是什麼？要怎麼給？小孩必須達到什麼標準才算可接受的目標行為？

這些細微的描述似乎很繁瑣，但是缺了它們，實驗過程就無法依樣重複，也就沒有所謂的信度（Reliability）與效度（Validity）可言，更不用談評估成效了！

二、信度（Reliability）與效度（Validity）

信度是指同一現象經過重複的觀察評量都能得到一致而且穩定的結果，因此重複的評量是建立信度的關鍵。在科學研究中，不同觀察者對同一現象評量所得之結果的差異程度（Interobserver Reliability）代表該實驗資料的客觀程度，唯有達到一致的結果，才能夠確定實驗的過程是客觀的，可以複製的。信度可以用不同的方法計算，因限於篇幅，本文不予討論，讀者可自行參考相關書籍（McReynolds & Kearns, 1983; Hedge, 1984; Barlow, Hayes & Nelson, 1984）。

效度是指實驗所欲建立的因果關係是否正確而具說服力，這一點關係到的是內在效度（Internal Validity）；另一個問題是，實驗得出的結果是否能類化到其他個案上，這也就是所謂的外在效度（External Validity）或概化（Generality）的問題。

三、依變項（Dependent Variables）和自變項（Independent Variables）

　　上文提及，科學實驗是要建立兩個事件之間的因果關係，就技術層面而言，依變項相當於果，自變項相當於因。因此正常或異常的構音、語言、語暢或嗓音行為都是依變項，而會促發這些行為產生的因素都是自變項，可能包括基因、父母的溝通模式、環境刺激，甚至某種治療方法等等。某一種行為（依變項）的產生可能有許多因素（自變項），例如，構音異常的原因可能包括智障、構造缺陷、缺乏環境刺激或聽者反應不當等；造成口吃的因素可能包括基因、時間壓力、焦慮或不適當的口語懲罰等。我們可以選擇一個特定因素，探討它對某一行為的影響，例如，要探討噪音對語音聽辨的影響，依變項就是個案語音聽辨的表現，自變項就是噪音的介入。依變項和自變項都要有明確的操作性定義，再經由實驗的控制突顯兩個變項之間的因果關係。

四、控制（Control）

　　要確立單獨兩個事件之間的因果關係，就必須設法排除其它因素的介入，影響結果，以至於看不出特定因素的影響。如果一個實驗能夠不讓其它的變項混淆了兩個特定變項之間的關係，亦即能夠看的出自變項對依變項的影響，就表

示這個實驗達到控制，要達到控制就必須在實驗過程中有系統的操控自變項的介入與不介入，然後觀察依變項是否會隨自變項的介入與不介入出現有系統的變化。

第二節　評估治療成效的方法

在臨床科學的研究中，要建立兩個特定變項之間的因果關係，基本上有兩種方法，一種是群體設計（group designs），一種是個案實驗設計（single-subject experimental designs）。

一、群體設計

是比較傳統的實驗方法。其基本設計必須有一群條件相當的受試者，這些條件包括年齡、智力、家庭和社會背景、教育、障礙類型及其嚴重度等等（如30至40名各方面條件相似的吶吃患者）。受試者被分為兩組，一組是實驗組，一組是控制組。治療策略只給予實驗組，但不給予控制組。在實驗開始之前，先對兩組受試者的特定障礙行為進行評量，待實驗組的治療結束後再評量一次。兩組受試者評量所得的所有數據經由統計分析計算出平均值，若兩組平均值有差異，而且此差異具有統計學上的意義，那麼進行實驗者可以斷言，治療策略是造成受試者行為改變的原因。在群體設計

中，控制組的行為表現乃在說明，那些非實驗環境所能掌控的變項在進行實驗期間，都可能同時影響到兩組受試者，但是在此期間控制組的行為未改變，而實驗組的行為卻有改變，那麼其行為之改變必定是由於治療策略的介入。

　　群體設計雖可經由實驗組與控制組的比較，突顯治療策略與行為改變之間的因果關係，但在臨床研究中亦不無其侷限。第一，同一障礙類型且條件相似的多量受試人口並不容易尋找，況且隨機分配的兩組受試者並不必然保證其採樣具代表性。第二，被分配於控制組的受試者暫時不能接受治療，此點引發關於醫療道德的爭議。可以給予患者所需之服務，卻為了進行研究不給予或延緩治療，這是臨床醫療領域所不鼓勵的行為。第三，群體設計不對個別受試者進行密集的觀察與記錄，只在治療前與治療後做評估，由評估結果所分析出的統計平均值來代表該類受試人口的行為表現，然而群體的平均表現無法清晰呈現個別表現及其差異，因此治療師不易斷定，那一位患者確實受益或未受益於治療策略。第四，由於群體設計只評估治療前與治療後的行為，治療期間患者行為的變化沒有逐一記錄，因此治療師也無法對治療策略做適當的修正。

二、個案實驗設計

　　已經逐漸被廣泛運用在發展治療方案的研究上，尤其是在心理學領域，研究日常行為之矯治或教導智障者學習基本

技能，都開始大量應用個案實驗設計的理念與技巧。此法與
群體設計的基本相異點乃在個案實驗設計沒有所謂的控制
群，只要個案本身歷經無治療與治療的階段即可。在治療策
略尚未介入之前先對將接受治療的行為進行數次評估，如果
行為呈現穩定狀態，治療即開始介入，但是行為的評估則持
續進行，直到治療中止後一段時間，最後比較治療前後的行
為表現差異。其背後的理念乃是，時間，自然的成熟和其他
環境中的刺激，在治療與無治療期都可能同時存在，如果這
些變項影響治療期間的行為表現，它們同樣也會影響無治療
期間的行為表現；但是如果行為只在治療介入時才發生改
善，而在無治療期未見變化或甚且退化，那麼極可能其它變
項並未影響目標行為的產生，而是由於治療介入的結果。

　　所有的科學研究都要遵循科學方法的基本原則，研究者
不論選擇使用群體設計或者個案實驗設計，自有其個別的考
量和方法學上的差異。然而兩者最重要的共同點就是，以實
證的方法提昇科學知識；在臨床研究方面，這些知識更能提
昇對患者的治療效率。本章將以大部分的篇幅討論個案實驗
設計，因為它有幾個優點，第一，個案實驗設計較之群體設
計更適合臨床研究者做為評估治療變項的工具。此法能夠在
不影響為患者提供臨床服務的條件下進行臨床研究，以科學
方法尋找治療策略與目標行為之間的因果關係。第二，個案
設計只需極少數的受試者，日常臨床工作中所遇到的患者都
可以做為實驗的對象。在這一方面，群體設計需要等待多量
條件相似之受試者的侷限性卻在個案設計中得到最大的發展

空間。第三，個案設計必須對患者做持續而密集的行為記錄，這是個案設計的最大特色之一（McReynolds ＆ Thompson, 1986）。行為改變的趨勢可經由每一次行為反應的記錄呈現在曲線圖上。分析連續時間內行為改變的型態是評估治療成效非常有用的資料。這些資料同時也提供臨床工作者做為修正治療策略和增加治療成效的依據。如前所述，群體設計是以統計平均值代表患者的平均表現，但是事實上並沒有所謂的「平均患者」（MacReynolds & Kearns, 1983），因此一種應用於平均患者的治療不見得能在平均表現之外的個別患者身上顯現成效。換言之，個案設計能突顯患者的個別差異，用實證的方法探究造成差異的變項，因為只有在變項得以控制的條件下，才能發展出對個別患者受益最大的治療方案。

個案設計中的兩種階段通常是以英文字母 A 和 B 表示（圖一）。A 代表無治療階段，B 代表治療階段。在 A

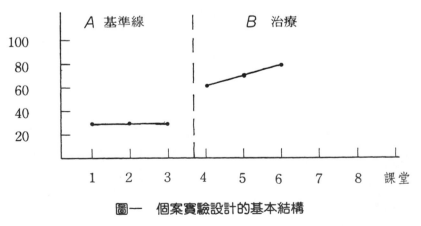

圖一　個案實驗設計的基本結構

階段，治療師對將接受治療的行為（依變項）進行數次評估
和記錄，以確定在治療（自變項）介入之前，個案的行為維
持穩定狀態，此一階段亦稱為基準線（baseline）階段。緊
隨 A 階段之後的 B 階段則是治療介入期，期間每一次治療
的行為反應都要做客觀的評估和詳實的記錄，再比較兩個階
段行為表現的差異，據此判斷治療策略對目標行為的效應。
個案實驗設計就是以 A—B 為基本結構，衍生出數種不同類
型的實驗設計。在尚未介紹設計類型之前，應該先認識將行
為量化和分析資料的方式。

　　研究行為改變的實驗設計通常要選擇能夠直接觀察到的
行為，在溝通障礙研究方面，如果構音的改變是治療目標，
那麼依變項可以是患者正確發出／ㄊ／音的能力；如果嗓音
是治療目標，依變項可以定為患者在單詞階段能正確使用軟
起音發聲的能力；如果語言是目標，依變項可以選擇語言的
某一層面來評量，如動詞或代名詞的使用，或是在語用方面
之要求行為的使用等；即使是在抽象的認知範疇之內也可以
用操作性的定義設定一種可觀察的目標行為，例如，目標行
為可以界定為能夠將動物和傢俱的圖卡分類放在適當的位
置。以上所言目標行為若要能直接量化評估，就必須(1)明確
詳述，(2)外表觀察的到，(3)步驟公開，(4)能夠複製，最常使
用的評量方式則是計算該目標行為實際出現的次數。

　　McReynolds 和 Kearns （1983）根據 Parsonson 和
Baer 的分類將測量行為的方式分為四類：

　　1. 以出現頻率計算（Frequency of Occurrence）. 通

常是指有出現目標行為之時段的比例，以程式表示即為：

$$\frac{\text{有目標行為出現之時段數}}{\text{所有時段總數}} \times \frac{100}{1}$$

例如，目標行為是某兒童能主動向同伴提出要求的能力，治療師可以將每十分鐘做為一時段單位，測量該兒童在一個小時內的六個時段中有幾個時段出現目標行為。

2. 以出現比率（Rate of Occurrence）計算，亦即單位時間內目標行為出現的次數，以程式表示即為

$$\frac{\text{目標行為出現的次數}}{\text{單位時間}}$$

例如，十五分鐘的自發性言語中口吃出現的次數。

3. 以出現的時間長度（duration）計算，亦即在所觀察時間之內目標行為出現所維持的時間長度，以程式表示即為：

$$\frac{\text{目標行為持續的時間}}{\text{觀察時間}}$$

例如，在三十分鐘的治療時段之內，某兒童專注在一項工作的時間長度即可以此方式表示之。

4. 以出現的百分比（percentage）計算，通常是指所有的機會次數中目標行為出現的百分比，以程式表示則為：

$$\frac{\text{目標行為出現的次數}}{\text{總機會次數}} \times \frac{100}{1}$$

例如，在二十個含有／ㄙ／音的單詞圖卡中，患者正確說出目標語音的次數為五次，這表示患者目標行為出現的機

率為百分之二十五。

　　測量方式雖然並非僅限於以上所言，但是這四類方式是個案實驗設計中最常使用者。

　　另一個技術上的問題是基準線的測量。基準線可以定義為在未給予治療的情況下，目標行為出現的比率。若用臨床術語解釋，基準線是指在治療尚未開始之前某一溝通行為「正確與不正確表現的量的評估。」（Hedge, 1985）在治療開始之前先建立具信度與效度的基準線的目的是要比較治療前後的行為差異，做為評估行為改善或治療成效的依據。Hedge（1994）認為基準線至少應該達到三個標準才算是可接受的：

　　第一，依變項必須經過多次測量，並且記錄該行為自然出現的頻率，這樣才能建立信度。通常至少要經過三次測量才能判斷基準線是否具信度（Barlow & Hersen, 1984）。如果依變項是／ㄙ／音在雙詞階段的表現，治療師可以準備二十張含有／ㄙ／音的圖卡，在不給予任何提示與增強的情況下讓患者說出各張圖卡的名稱，如此分別在三個時段各測量一次，並且記錄患者的表現，才能建立基本的基準線。

　　第二，行為表現要達到相當的穩定狀態，才能與治療階段做相對的比較。但是什麼情況可以稱之為穩定？行為變化到什麼程度是可接受的穩定？Barlow, Hayes & Nelson（1984）即指出，穩定的涵義應該是，測量錯誤和其它變數對患者的影響非常有限或者相當明確，足以能夠讓患者的行為顯現出自變項介入之後所預期的效果。換句話說，在基準線

階段行為即使有變化，但是與後續的治療階段比較，能夠清楚得看出治療介入之後的效果。所以可接受的穩定應該是行為自然出現的頻率固定不變，或者行為的變化有固定的模式，足以分辨無治療與治療階段的差異。

　　第三，行為出現的頻率與治療階段比較要能顯現出對比，基準線太高或太低可能好，也可能不好。舉例而言，口吃出現頻率很高的基準線是可接受的，因為治療的目的是要降低口吃頻率；反之，語暢頻率高得基準線（口吃頻率低）是不適當的，因為這樣就沒有足夠的空間顯現出與治療階段的對比。圖二和圖三分別顯示出適當與不適當的基準線。

　　個案實驗設計可以依探討問題之不同而做許多彈性的變化，本章只介紹幾種主要的類型，分別是 ABA 設計、ABAB 設計、多重基準線設計（Multiple Baseline Design）、替換治療設計（ Alternative Multiple Baseline Design ）等。

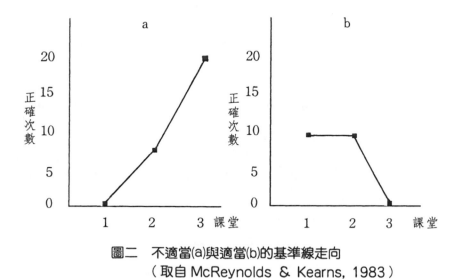

圖二　不適當(a)與適當(b)的基準線走向
（取自 McReynolds & Kearns, 1983）

圖三　有規則變化的基準線
（取自 Mcreynolds & Kecrns, 1983）

第三節　ABA 設計

ABA 設計是最基本的實驗設計，在此介紹三種變化的
模式：

一、ABA 撤回設計（ABA Withdrawal Design）

第一個 A 是建立基準線的階段，治療策略在 B 階段開
始介入，一直到目標行為有持續的改變為止，接下來的 A
階段則將治療策略撤除，恢復到無治療的狀況。本設計的基
本理念很簡單，如果目標行為在第一個 A 階段維持穩定，
但是在 B 階段明顯改變，在第二個 A 階段治療策略撤除之
後，目標行為又逐漸恢復到基準線，那麼治療策略應該是激
發行為改變的唯一酵素，因為如果其它變數也會影響目標行
為的話，那麼目標行為不會因為治療策略撤除而逐漸恢復原
狀，它應該會持續改變。圖四繪出的是理想的 ABA 設計圖
形。圖中縱軸代表依變項（目標行為）的表現，橫軸則代表
持續的時間。A-B-A 三個階段則以直線區隔開。基準線階
段繪出的幾個點就是在連續不同的時段裡，個案目標行為出
現的次數。分別經過五次測量，確立基準線的穩定之後，在
第六堂課開始介入治療，由圖中可以看出，從第六堂課開始
正確行為出現的次數逐漸增加，為了證明是治療介入的成

效，在第十堂課之後又將治療策略撤除，結果行為又逐漸退化至基準線階段，這樣的曲線不僅證明該治療策略的成效，也證明實驗達到控制。以下則以實例說明 A-B-A 撤回設計的使用（註：本文中只有本實例較詳細的說明操作性定義的使用，其它案例則以介紹設計概念為主，細節不作贅述）。

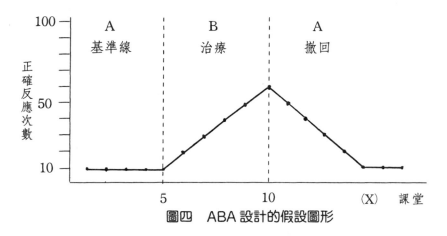

圖四　ABA 設計的假設圖形

個案為一位五歲男孩，有許多省略音。治療師想要訓練／ㄐ／的音，本實驗的依變項與自變項操作性定義分別敘述如下：

依變項：在 20 個字首含／ㄐ／音的圖卡中，個案在五秒鐘內正確說出／ㄐ／音的能力。正確的／ㄐ／音是指舌面前向上升起，接觸前硬顎而成阻，形成塞擦音。

自變項：個案伸出一隻手，手背朝上，治療師的兩隻手掌將個案的手夾在中間，輕輕擠壓，代表舌面與前硬顎的接觸形成阻力。

　　圖卡呈現方式：治療師每次拿出一張圖卡，將圖卡平放在個案正前方的桌面上，並且問：「這是什麼？」

　　增強：如果個案正確說出語詞中的／ㄐ／音，治療師立即給予口語增強，說：「很好」；反之則不給予口語增強，也不給予懲罰。

　　實驗的第一階段是建立基準線。在不給予任何提示的情況下，治療師記錄個案每堂課的表現，至第三堂課能看出穩定的基準線之後，從第四堂課起，做為自變項的治療策略開始介入，每一次個案要說出圖卡中的雙詞時，治療師就如上所述用雙手輕壓個案手背，以此大動作刺激口腔內的正確位置；如圖五所示，個案從第四堂課起曲線明顯上升，意即發

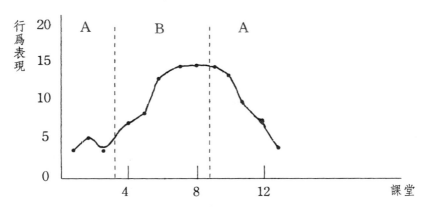

圖五　以觸感刺激改善個案發出正確
〔ㄐ〕音的 ABA 設計

出正確／ㄐ／音的次數逐漸增加，至第十堂課，個案在二十張圖卡中正確發出／ㄐ／音的次數達到十八次，治療師又回

復到不給予治療的階段，從第十一堂課至第十五堂課的表現可看出曲線又逐漸下降，意即發出正確／ㄐ／音的次數逐漸減少。由此可見，有治療策略介入時，個案的目標行為會隨之增加；反之，目標行為又逐漸退化。因此上述自變項是一個能夠達到治療成效的策略，同時也證明，個案行為的改善是因為此一特定的治療策略，而非其它變項的影響。

二、ABA 倒轉設計（ABA Reversal Design）

ABA 倒轉設計是指在第二個 A 階段不撤回治療策略，而是用來刺激另一個不相容的行為，如果因此目標行為漸回復至基準線，而另一個不相容的行為又呈現有系統的改變，那麼就證明治療策略的成效，以及實驗達到控制。例如，現在治療師要用 ABA 倒轉設計來評估構音異常的某一治療方法，治療師先以此治療方法增加目標語音的出現次數，然後在轉而刺激同一語音原來的錯誤行為，如果目標語音因此逐漸退化，而錯誤語音逐次增加，即證明該治療方法的成效。

三、BAB 設計（BAB Design）

BAB 設計是基本的 ABA 模式的變化，此類設計沒有最初的基準線階段，而是變化為治療(B)—基準線(A)—治療(B)三階段。就技術層面而言，中間的基準線稱做撤回或倒轉更適當，因為它與治療前的基準線不盡相同。

　　BAB 設計的優點之一是實驗的最後階段是治療，所以它比 ABA 設計適合作為臨床評估的工具；另外一個優點是，由於治療策略會介入兩次，所以在同一個案身上，治療效果能得到複製。這類設計的主要問題是，它沒有治療前的基準線能與治療後的行為比較，因此無法測知初期治療介入後行為改善的程度；此外，在第一個 A 階段是否有其它變項介入，同時影響目標行為的改變，這也無法判斷。它的治療成效唯有賴撤回或倒轉階段的行為表現來評估，不過第二階段的撤回或倒轉以及第三階段治療策略的重新介入應該能合理的解釋治療策略的成效。

　　ABA 撤回設計和 ABA 倒轉設計兩者用在溝通障礙的療效評估上都遇到一個同樣的問題，那就是到了實驗結束階段，兩者的目標行為又回到接近基準線階段，雖然以實驗控制的手法能證明治療策略的成效，但是在醫療道德上，治療師應該幫助個案的目標行為持續改善，而非逐漸退化，基於這一層考慮，以下討論的 ABAB 設計就是一種比較適當的選擇。

第四節　ABAB 設計（ABAB Design）

　　ABAB 設計較適用於臨床治療，因為實驗的最後階段又恢復治療，而且治療的成效經過複製，它也可以採用撤回或倒轉兩種模式。

　　ABAB 設計也是以建立依變項的基準線為始（第一個 A），然後介入治療策略（第一個 B），直到依變項看出有系統且持續的變化（或者確定依變項不會有任何改變），接著就撤回（withdraw）治療策略，或倒轉（reverse）為刺激不正確的行為（第二個 A），撤回或倒轉的效果經過一段時間的評估後，再重新介入治療策略，複製出前述的治療成效（第二個 B），至此實驗結束。ABAB 撤回設計的曲線圖可參考圖六。此圖與前述 ABA 設計圖形很相似，實驗的

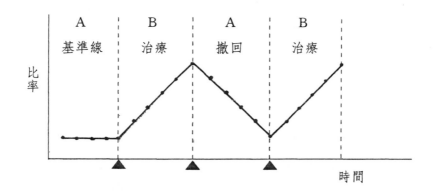

圖六　ABAB 設計的假設圖形

控制都是展現在治療與無治療階段的對比，也就是說，治療介入時，目標行為隨之改善，治療撤除時，目標行為又逐漸退化。它與 ABA 設計最主要的差別是，二度介入治療，重新複製治療的效果，更能證明控制治療策略所顯現的成效。圖七所示即為前述訓練／ㄐ／音之 ABA 設計的延續。

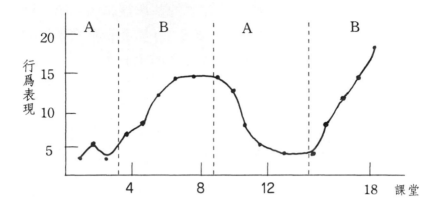

圖七　以觸感刺激改善個案發出正確〔ㄐ〕音的 ABAB 設計

　　McReynolds 與 Kearns（1983）以一個用視覺回饋改善鼻音過重之研究來討論 ABAB 設計之使用。個案是一位有單側唇顎裂的十歲男孩，修補手術完成後，仍有輕微鼻音過重現象。實驗者把一個電子傳導器放在個案鼻孔上，每一次鼻腔振動所產生的鼻音都會經傳導器計算出次數，而每一個鼻音與非鼻音也會傳至兩個不同的燈號：鼻音閃紅燈，非鼻音閃白燈。個案可以由燈號的視覺回饋研判自己是否達到目標行為。本實驗的依變項是個案能發出無鼻音化的雙母音／ e i ／，自變項是燈號的視覺回饋。

　　實驗課程每週五次，在基準線（或無回饋）階段，個案被要求連續說／ e i ／直到實驗者叫停。在不同時段內總共收集了 250 個／ e i ／之後，自變項開始介入，也就是個案在說／ e i ／的同時會依其鼻音與非鼻音而得到紅燈或白燈的視覺回饋，個案也要依照指示「儘量讓發出的聲音使白燈

閃亮」。在個案達到連續 200 個非鼻音的反應之後，自變項又撤除；原先預期在沒有視覺回饋的情況下，個案的鼻音化又會增加，事實不然，個案行為並沒有退化。這表示撤回設計並不奏效，實驗者乃改為倒轉設計以顯示實驗的控制，也就是原來的視覺回饋並不撤除，而是改為鼻音閃白燈，非鼻音閃紅燈。由圖八可看出，在撤回階段個案行為並沒有明顯改變，但是在倒轉階段則出現鼻音化明顯增加的趨勢，等到原先的燈號恢復後，鼻音化又明顯減少，由此可知視覺回饋

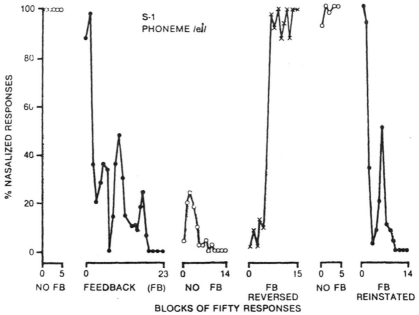

圖八　視覺回饋對個案發非鼻音之〔ei〕之效用

（取自 McReynolds & Kearns, 1983）

是改變個案鼻音共鳴的主要因素。由這個例子可以看出，個案設計是很有彈性的。

　　以上所言之撤回或倒轉設計都能夠證明治療策略對個案行為的影響，但並不是所有行為都適合採用這類設計。例如，聽辨能力不見得是能倒轉的行為；這類設計也比較耗時，另一個考慮是關於醫療道德問題，有些對個案或他人有傷害的行為並不適合使其再退化，如果一個自閉症的孩子已經訓練到不再做自我傷害的行為，你應該不希望他再恢復原來的行為吧！

第五節　多重基準線設計（Multiple Baseline Designs）

　　相較於上述數種設計類型，多重基準線設計可謂最佳的選擇，因為這種設計不會有使用撤回或倒轉手法所面臨的醫療問題。它事實上就是一系列 A-B 的組合，但是其組合方式依然能達到實驗的控制，排除額外變項的影響，使得依變項只有在治療策略介入的時候才會逐漸改變。

　　多重基準線設計主要有三種模式：不同行為、不同個案、不同環境的多重基準線設計。三種模式的基本結構相同，只是依變項的選擇類型不同，在此以介紹不同行為的設計模式為主軸，說明多重基準線設計的使用。

不同行為的多重基準線設計（Multiple Baseline Across Behaviors）

　　若是選擇這種實驗設計，治療師必須要在同一個案身上選擇幾個依變項同時進行實驗。這一點事實上不難做到，因為在臨床工作中遇到的個案通常都會有幾個目標行為需要接受治療，例如，構音異常者通常會有幾個不同語音需要矯正，而語言異常的個案可能在語法、語意或語用方面找到數種目標行為。一般而言，治療師無法同時治療所有的目標行為，在同一時間內只能治療一個或少數幾個目標行為，等到某些行為治療完成之後，再把治療目標放在其它行為上，這種情況正適合用多重基準線設計來評估治療成效。

　　使用不同行為的多重基準線設計評估某一治療成效時，治療師首先要針對一個個案選擇幾項行為。第一步是建立所有目標行為的基準線，只要其中有一項目標行為出現穩定的基準線，治療師就針對該行為介入治療策略，但是其它行為則維持基準線狀態，不接受治療；當第一項行為訓練到某一特定的標準時（假設標準是用不一樣的刺激項目，在不給予治療的情況下還能達到 90％的正確率），其它行為再評估一次基準線，以確定其穩定性，然後針對第二項行為介入治療策略，直到該行為達到擇定的標準，在第三項行為未接受治療之前，仍然要持續評估基準線，依此類推。簡言之，每當其中一項行為在接受治療時，尚未治療的行為都要評估基

準線，以確定這些行為在無治療階段表現不變。圖九是一個
共有三項目標行為的多重基準線設計，由圖中可看出，每一
項行為只有在接受治療的階段才出現有系統的改變，本設計
的實驗控制也就是表現在每一個行為出現持續改變的時機。

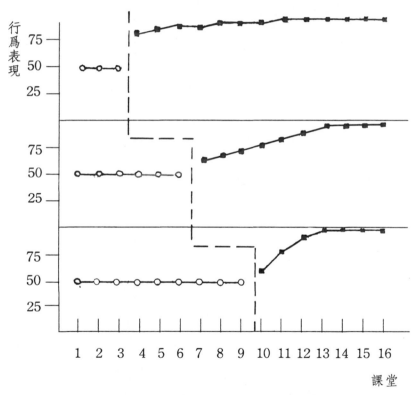

課堂

圖九　多重基準線設計的假設圖形

使用不同行為的多重基準線設計有幾個問題必須特別注意：第一，目標行為要選幾個？第二，這些行為是否會互相影響？第三，治療的順序是否會影響結果的詮釋。

此類設計基本上至少要有兩個目標行為，不過要充份呈現此設計的實驗控制，最好選出三到四項目標行為，因為三、四項目標行為才有足夠的機會顯現出行為在有治療和無治療階段的對比（Hedge, 1994），並且證明治療策略的成效。

關於第二個問題比較複雜，在多重基準線設計中，如果兩個行為之間不能完全獨立，第一個行為接受治療的效應會影響到第二個行為在基準線階段的表現，換言之，行為尚未接受治療就產生變化，可能由於其它變項的介入，也可能由於接受治療與未接受治療的兩個行為會相互影響。但是換一個角度而言，所選擇的行為又不能差異太大，無法接受同一個治療策略的影響。因此如果要探討視覺回饋對訓練唇顎裂者發需要口腔內壓之聲母的效果，選擇／ㄆ／和／ㄙ／兩個音做為目標行為比選擇／ㄒ／和／ㄙ／兩個音更適當，因為／ㄆ／和／ㄙ／在語音特質（Distinctive Features）上只有一個共同點——都是要運用口腔氣流的無聲語音，其他它則完全不同；／ㄒ／和／ㄙ／只有發音的位置不同，其它特質都相同，因此訓練其中一個音很可能會使另外一個音同時進步，雖然在臨床上是我們樂於見到的結果，但是在實驗過程中有這種類化（Generalization）現象，就無法達到實驗控制。

　　當不同的行為依序治療的時候，就必須考慮到所謂的「順序效應」（Order Effects）。以上述例子而言，個案能在視覺回饋下發出／ㄙ／音可能是因為之前先學會藉著視覺回饋發出／ㄆ／的音，如果先訓練／ㄙ／音，個案可能表現就不一樣了。這樣的問題可以用制衡（Counterbalancing）的技巧解決（McReynolds & Kearns, 1984; Ingham, 1990），也就是以不同的個案，用不同的順序做實驗，以此控制可能產生的順序效應。不過目標行為愈多，所需個案就愈多，因為順序的排列方式更多。

　　不同個案的多重基準線設計（Multiple Baseline Across Subjects）是選擇一個目標行為，然後評估某一治療策略對不同個案的成效。其進行程序也與上述設計相同，先建立所有個案的基準線，然後針對第一個個案介入治療策略，直到該個案行為達到標準之後，才能開始第二個個案的治療，任何一個個案在接受治療時，尚未接受治療的個案都要持續評估基準線，治療的成效與實驗的控制就展現在每一個個案有治療與無治療階段行為表現的對比。

　　不同環境的多重基準線設計（Multiple Baseline Across Settings）是選擇一個個案的一個目標行為，然後評估某一治療策略在不同環境使用的成效。這種模式多少能夠測知個案目標行為的類化（Generalization）能力。事實上，多重基準線設計還可以跨越不同的條件，包括時間、活動、輔導人員等。

　　Light 等人（1992）所做的一項研究可以用來說明多重

基準線設計的運用。這個研究希望經由指導日常溝通對象的會話方式,幫助使用溝通輔具者提升互動能力。參與實驗的溝通對象有三位,實驗分三階段:基準線階段,指導介入階段,和行為持續的測試(Probes)階段。所謂指導介入階段就是研究人員指導溝通對象不同的策略,減少他們自己啟動會話(Turn-taking & Initiations)的比率,增加他們回應對方的比率。本研究就以三位溝通對象分別與溝通輔具使用者的對話為主軸,評估介入指導的效用,最後再測試行為在自然情境的類化。由圖十和圖十一(取自 J. Light et al, 1992)分別看出,經過指導後,由溝通對象所啟動的輪替和話題逐漸減少,相對的,溝通輔具使用者所啟動的話題則有逐漸增加的趨勢。由這樣的實驗證明,使用指導日常溝通對象的會話方式確實能對溝通輔具使用者的互動能力有所助益。

圖十

圖十一

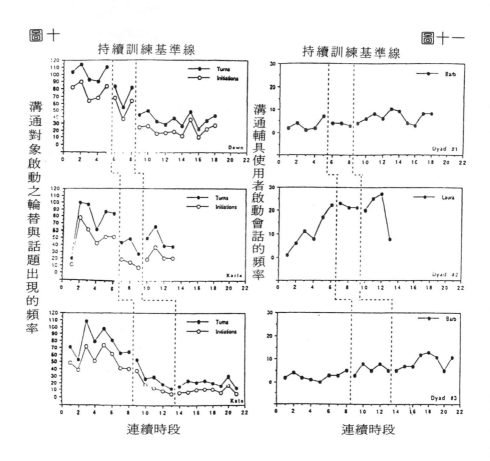

圖十 由溝通對象所啟動之輪替與話題出現頻率

圖十一 由溝通輔具使用者所啟動之話題出現頻率

（取自 J. Light et al, 1992）

第六節　比較多種治療的設計

　　前文所討論的個案設計都可以回答臨床治療最基本的一個問題：治療是不是有效果？不過些設計一次只能評估一種治療方法，還有一些設計可以同時評估幾種治療方法的效果。使用這些設計的前題是，唯有先確定各治療方法有一定的成效，接下來才能比較那一種治療方法效果較佳。如果某一治療方法的效果完全未知，第一步當然是探究它到底有沒有效果，解決這個問題所使用的設計應該就是 ABA、ABAB、BAB 或多重基準線等類型。

替換治療設計（Alternating Treatments Design）

　　一但針對某一行為的幾種治療方法確定有效後，治療師又面臨另一個問題：這種治療方法會不會比另外一種治療方法更有效？替換治療設計就是回答這個問題的實驗設計。

　　本設計也可以回答其他相對比較的問題，例如，某位治療師是否比另一位治療師更有效率？解決這個問題的方法是，選擇一種治療方法，由兩位參與實驗的治療師輪流治療個案，或者選擇兩種治療方法，由兩位參與實驗的治療師輪流治療個案；另一個可以用此設計回答的問題是，治療的時間不同是否會有成效的差異，因此治療可以安排在一天內不

同的時間，被選擇互相比較的治療方法在每個時段都要執行。

　　替換治療設計的基本理念是，如果在同一個案身上交替使用兩種以上治療方法，在相當短的時間之內就可以看出各治療方法的成效差異，換句話說，實驗所選擇的治療方法必須能在短時間內就使行為產生變化，否則就不適用此設計（Ingham, 1990），但是並非所有治療方法都有此特色。

　　圖十二是替換治療設計的假設圖形，基準線確立之後，治療♯1與♯2可以分別在每天的兩個時段同步進行，由圖

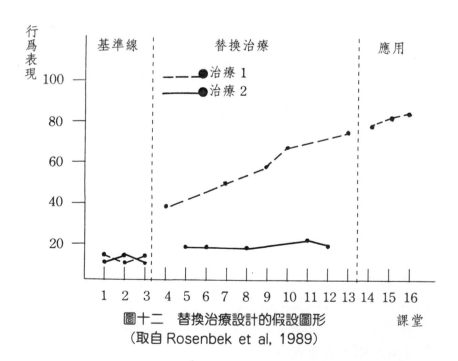

圖十二　替換治療設計的假設圖形
（取自 Rosenbek et al, 1989）

中看出，兩個治療策略介入後，個案行為都有明顯改善，但是治療♯2顯然比治療♯1效果佳。不過此設計也要用前述制衡的方法抵消順序效應，所以可以用不同的治療時段和不同的治療師來達到控制。

　　圖十三所呈現者則是針對一位嚴重言語失用症（Apraxia of Speech）和發聲失用症（Apraxia of Phonation）患者所做的研究（Rosenbeck, LaPointe & Wertz,

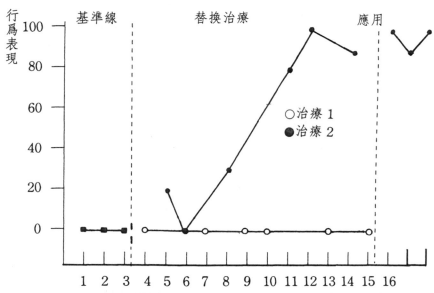

圖十三　比較電子發聲器刺激（治療1）和手壓喉頭（治療2）對刺激言語失用症病人發出聲音的效果（取自Rosenbek et al, 1989）

1989），研究者利用替換治療設計探討以手壓喉骨刺激患者發出／a／聲和以電子發聲器刺激發聲兩種策略，那一種效果較佳。兩個治療每天分別在早上與下午同步進行，每次十五分鐘，結果顯示以手壓喉骨的方式較能刺激發聲。

　　個案實驗設計是非常有彈性的研究工具，可以依研究問題的類型做不同的變化，包括將不同的設計結合在一個研究中，或者在實驗過程中修正原來的設計（Connell & Thompson, 1986）。除了以上所介紹的設計之外，還有一些其他的變化類型，都可以用來探討不同的臨床問題。例如互動設計（Interactional Design）可以評估一種治療方法中不同要素的成效。在臨床工作中，針對某一異常行為所給予的某一種治療方法事實上是由幾個要素組合而成，例如，一項構音或語言治療的方案可能包括刺激項目、示範、增強、以及處罰等四個要素，每一項要素都可以個別操控；在口吃治療方面，示範、說話減速、修正氣流、軟起音、諮商、改變態度、提升自信、增強正確的回應、處罰不正確的回應等都可以是治療的一部份。事實上，這種組合不同要素的治療方案在語言治療領域是非常普遍的。在同一治療方案中，如果至少有兩個元素有一些效果，就可以採用互動設計，此外本設計還可以幫助治療師分出治療方案中有效和完全無效的元素（Hedge, 1994）。逐變標準設計（Changing Criterion Design）則適合選擇漸近改變的行為，如口吃或濫用聲音等。

　　個案實驗設計如果使用適當，是一種很有說服力的工

具，但是它畢竟是一種實驗工具，最重要的還是，研究者提出的研究問題（Research Question）是什麼，而且這個研究問題要有明確的目的，明確的自變項與依變項（Kearns, 1986）。此外研究者要對個案實驗設計的理念和實驗控制有精確的認識，才能將設計運用自如，不會受限於基本的結構，所以彈性（Flexibility）就是個案實驗設計的最主要特色之一。

　　療效評估在國外已有不少文獻，對溝通障礙的治療方法和服務品質的提升有不可忽視的貢獻。在許多臨床研究者積極鼓吹進行療效評估的同時，Connell（1990）則提出了一些值得我們省思的看法。第一，現今所做的療效評估大都把目標放在外顯的（observable）、可以量化的（measurable）行為上，就學習而言，有些層面可以由外顯的行為呈現出來，但是學習歷程本身則完全是一種智能活動（Mental event），針對這一類型治療所要發展的分析方法就不能以計算行為出現頻率為出發點，因為這些能力可能不完全展現在特定的行為上，因此療效評估應該選用能夠偵測智識（Knowledge）變化的治療方法，而非一味以行為表現為依歸。

　　第二，有些人以為療效評估是一劑萬靈丹，可以補救溝通障礙領域所有的問題。甚至有些看法是，即使這個領域的工作者尚不完全理解各種溝通障礙的理論基礎和原因，只要進行療效評估的研究，就能逐漸領會。這種態度雖可理解，卻也值得商確。研究應該鼓勵，但是任何研究的結果都要經

過謹慎的研判，因此關於溝通障礙的基礎研究和臨床治療的評估兩者都不可忽視。

當然，這樣的看法並不是在貶低療效評估的意義，而是提醒臨床研究者，在進行實驗的同時不要忘記自問：「我的研究對個案、對其他患者會有什麼幫助？我的研究問題是建立在什麼理論基礎之上？我的實驗設計是否能回答我提出的問題？」

一個有科學基礎而且能配合現代科技腳步的專業自然能享有好的聲譽，能為公眾認可；一個有科學理念、使用科學方法的專業自然會日日精進。因此建立溝通障礙的臨床專業和臨床科學是應該努力的目標，即使這是一段漫長的路，我們總要踏出第一步，這不僅能幫助我們對溝通障礙的處理原則有更深一層的理解，也可以提升聽語專業的形象，最重要的是，溝通障礙患者將可以獲得更高品質、更有效率的服務。

參考文獻

Barlow, D.H., Hayes, S.C. & Nelson, R.O. (1984) *The Scientist Practitioner: Research and Accountibility in Clinical and Educational Settings.* Pergamon Press Inc., New York.

Connell, P.J. (1990) Treatment Research: Some Remarks About The State of The Art. In L.B. Olswang et al (eds.) *Treatment Efficacy Research in Communication Disorders.* ASHA Foundation, Rockville.

Connell, P.J. & McReynolds, L.V. (1988) A Clinical Science Approach to Treatment. In N. J. Lass, L.V. McReynolds, D.E. Yoder, J.L. Northern (ed.) *Handbook of Speech-Language Pathology and Audiology.* B.C. Decker Inc. Ontario.

Connell, P. J. & Thompson, C.K. (1986) Flexibility of Single-Subject Experimental Designs. Part III: Using Flexibility to Design or Modify Experiments. *Journal of Speech and Hearing Disorders* 51, 214-225.

Hedge, M.N. (1994) *Clinical Research in Communicative Disorders: Principles and Strategies.* Pro-ed, Inc. Austin, TX.

Ingham, J.C. (1990) Issues of Treatment Efficacy: Design

and Experimental Control. In L.B. Olswang et al (eds.) *Treatment Efficacy Research in Communication Disorders.* ASHA Foundation, Rockville.

Kearns, K.P. (1986) Flexibility of Single-Subject Experimental Designs. Part II: Design Selection and Arrangement of Experimental Phases. *Journal of Speech and Hearing Disorders* 51, 204-214.

Light, J., Dattilo, J., English, J., Gutierres, L., & Hartz, J. (1992) Instructing Facilitators to Support The Communication of People Who Use Augamentative Communication Systems. *Journal of Speech and Hearing Research* 35, 865-875.

McReynolds, L.V. & Kearns, K.P. (1983) *Single-Subject Experimental Designs in Communicative Disorders.* University Park Press, Baltimore.

McReynolds, L.V. & Thompson, C.K. (1986) Flexibility of Single-Subject Experimental Designs. Part I: Review of The Bases of Single-Subject Designs. *Journal of Speech and Hearing Disorders* 51, 194-203.

Rosenbek, J.C., LaPointe, L.L., & Wertz, R.T. (1989) Aphasia: A Clinical Approach. Little, Brown & company, Inc. Boston, MA.

第11章
擴大溝通系統與替代性溝通

莊妙芬

第一節　緒論

　　身心障礙者（尤其是重度障礙者）因生理機能或心智能力之缺陷，將影響或限制其溝通表達能力之習得與應用，一旦表達能力受限，將影響個體之社會互動、認知學習、心理發展等，更甚者可能因而衍生問題行為。然而擴大溝通系統與替代性溝通（Augmentative & Alternative Communication，以下簡稱 AAC）觀念之引進與應用，使身心障礙者得以受惠，而能突破本身能力之限制，增進溝通表達之能力。

一、定義

　　AAC 乃是包括符號、輔具、策略、與技術等四個成份所組合而成，以增進個體溝通能力之系統（ASHA, 1991, p.10）。所謂符號即是指利用視覺、聽覺、觸覺等方法來表達概念者（如動作、照片、手語、文字、實物、布列斯符號等），因此根據此定義，則動作的溝通包括面部表情、目視、身體姿勢、手勢，都應包括在 AAC 之溝通系統中。所謂輔具是指應用裝置或設計以傳送或接受溝通訊息，例如溝通簿、溝通板、電子溝通儀器、或電腦等。所謂策略是指通過個體自我學習或被教導而學到的方法，此方

法可以增進個體的表現，因此策略應該包括角色扮演、漸進的教學提示／褪除等種種方法。最後所謂的技術是指傳送訊息的方法，例如直線掃瞄、行—列掃瞄等。

二、使用對象

AAC之使用者來自不同年齡層、不同社經地位、及不同種族背景。而這些使用者的共同特徵是他們需要一種適當的幫助以輔助說與寫之不足。因此AAC之使用者通常是重度溝通障礙（sever communication disorder）者，他們的動作、口語或書寫能力受到暫時性或永久性的缺陷而無法滿足溝通的需要。或許某些重度溝通障礙者亦能說出有限的口語，但都無法滿足不同的溝通需求。

當個體不能說或寫，可能導因於先天性或後天性的障礙，先天性之原因包括智能障礙、發展遲緩、腦性麻痺、自閉症、特殊語言障礙、及發展性的難語症（Mirenda&Mathy-Laikko, 1989）。後天性的原因常來自於脊柱受傷、中風、腦傷、多結性硬化症等（Beukelman&Yorkston, 1989）。Hoffman（1990）指出約有0.8%的美國人無法用口語表達溝通的需要。而在澳洲與加拿大，則約有0.12%的人口無法使用口語表達（Lindsay, Canbria, McNaughton, & Warrick, 1986; Bloomberg & Johuson, 1990）。

三、使用目的

　　AAC 介入之最終目的並非為溝通問題找到科技的解決方法，而是使個體更有效地從事多種互動。Light（1988）指出藉由 AAC 以達成溝通互動之目的有四，即：1）溝通的需要，2）訊息的傳遞，3）親密的社會人際關係，4）社交禮儀。如何將此目的與個體的需要結合乃是重要的課題。大部份有關 AAC 的研究或技術發展都著重於增進溝通的需求，而較少著重於訊息的傳遞、親密的社會人際關係、與社交禮儀。此現象乃是來自 AAC 的使用者與 AAC 的專業人員間想法之差距，因此導致溝通介入（communication intervention）的失敗。譬如 AAC 專業人員會認為「我的個案有好的 AAC 系統可以使用，但都拒絕使用它。」對某些個案而言，高科技的 AAC 可能只能滿足個人的溝通需要，但都無法增進其親密的社會人際關係，或傳遞訊息等，因此有可能使其偏愛低科技的 AAC 系統。譬如藉由字母拼音板，他可以與其他溝通對象進行人際互動及輪流表達等活動。同樣之情形，若使用電腦溝通會減少與人互動的機會，則電腦做為 AAC 所能達成的效果也大為減少。以上所述，在於強調 AAC 的專業人員在為個案選擇 AAC 系統時，需要重視 AAC 所能達成的溝通互動的四個目的，才能使個案藉由 AAC 之輔助達到個人的最大需求。

第二節　替代性溝通
（Alternative Communication）

　　替代性溝通，係指個案所應用的溝通方法是非口語的方式，包括符號方式之溝通與動作方式之溝通，詳述如下。

一、符號方式之溝通
（Graphic Mode Communication）

　　符號方式之溝通包括二度，或三度空間的符號系統以表達物體或概念（Reichle, York & Sigafoos, 1991; Beukelman & Mirenda, 1992），以下簡述其種類。

㈠象徵符號（representational symbols）

　　象徵符號包括線畫、照片、傳統的書寫文字等，分別敘述如下：

1.線畫（line drawings）

　　所謂線畫通常是用白色（或黑色）的底為背景，以黑線（或白線）勾畫出細的線條，將要傳達的事物呈現出來。通常我們在教學中使用的圖卡即是，布列斯符號（blissymbols）亦是線畫之一種。每一圖卡可單獨使用，亦可合併使用。單獨使用代表一個概念，合併使用則意義會經

合併的圖而有所改變。圖㈠所示為各種不同的線畫系統（Vanderheiden & Lloyd, 1986）。rebus 符號系統源自拉丁文，是將字或音節以圖形表示之。有時亦可以圖形代表同音字，如以 bee（蜜蜂）之圖形代表 be 這個動詞。Sigsymbols 之線畫是源自英語的手語系統，是將字或概念以圖形表示之。The Stamdard Rebus Glossary 大概包含八百個不同的線畫。Picsymbols 包括一千八百個圖形，按 26 個英文字母順序呈現之線畫系統。PIC 包括四百個黑底白線條的線畫系統。布列斯符號源自我國文字結構與功能，包括象形及表意之圖形符號。

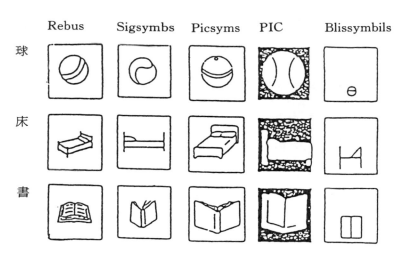

圖㈠：線劃系統舉例

2.照片

　　照片可象徵具體物（或實體），一張清晰的照片使學習者與聽者容易瞭解溝通的內容。黑白或彩色照片皆可用來做溝通，然而彩色的溝通效果似乎更佳，不但因其較接近實體物，且因其色彩鮮明較能吸引注意。在教學上我們可以收集超級市場或量販店的廣告傳單中之物品照片加以利用，不足之處再拍攝照片使用即可。

3.傳統的書寫符號

　　數字、注音符號、字詞、片語等皆屬於傳統的書寫符號，此種符號可以單獨使用，亦可以合併使用。譬如可以在一個名詞前加數字即變複數，如以 3個表示 3 個蘋果。一般而言，中度智障學生可教以認字，而重度智障學生對於認字則有困難（Dory ＆ Zeaman, 1976 ）。

㈡實體符號（tangible symbols）

　　對於那些認知層次較低或較年幼的障礙者，若其對照片、線畫或傳統的書寫符號之學習有困難，則有必要考慮訓練其學習使用實體符號，甚至以實體符號之訓練加強其對實體概念之建立，以增進其認知的發展，進而增進較高層次之語言發展。

　　實體符號包括以下三種：

1.具體物（real objects）

　　利用具體物來溝通表達可以使人聯想一件事物或活動，如一個杯子可以用來傳達想要喝飲料，或休息的時間到了；

一條狗鏈可以用來表達要帶狗出去**蹓蹓**。

2. 縮小實物（miniature objects）

　　所謂縮小物，是與實物相同，但按比例縮小的實物為縮小物。譬如一個縮小的茶杯、咖啡杯等，可以用來傳達「我口渴，要喝水」，「休息時間到了，我要去喝飲料」等訊息或活動。在教室的教學中，縮小實物亦常用來當教材教具使用，即所謂的模型。尤其是那些容易腐爛、體積太大、或不容易見到的物品。

3. 部分實物（parts of objects）

　　利用實體的一部分即可表達一個活動或訊息。如拿出一根吸管表示要喝飲料，拿鑰匙表示要出門兜風等等。

二、動作方式的溝通（Gestural Mode Communication）

　　一般人說話總會伴隨動作，最常見的是身體的移動或臉部的表情。Koegel、Rincover 與 Egel（1982）強調教表達性動作的方式與表達性口語是相似的，例如先將所要教的事物呈現出來，然後教師再給予提示以鼓勵學生做出該動作或姿勢。

　　動作方式的表達有視覺暫留的效果，相對於抽象的語音似較容易學習。然對於重度智能障礙者而言，抽象難懂的手語亦非其所能學。且教以手語亦要確定其周圍的人能否瞭解。若否，則失去溝通表達的目的。以下針對動作方式表達

之種類、發展層次、及優缺點加以敘說。

㈠動作方式的表達（ Vanderheiden & Lloyd, 1986 ）：

1. 模仿性的——利用整個身體去仿動作，如學狗叫、貓跳等。
2. 指示性的——例如用手指物，或拿物品表示要該物等。
3. 描述性的——如在空中畫動作，以手畫出所欲表達之物、人、動物等。
4. 符號性的——如將大姆指往上伸表示「祝您好運」，中指與食指做成 V 字形，以表示「勝利」等。

㈡動作方式表達之發展層次

　　Rowland 與 Stremel-Campbell（ 1987 ）指出動作表達的溝通行為之發展，依循以下次序。

1. 前意圖期（ preintentional behaviors ）：
　　此時期的動作是反射性的，或非自主性的對刺激物所做出的反應，學習者不會刻意以此行為去影響他人。

2. 意圖期（ intentional behaviors ）：
　　此時期學習者會自主地從事這些溝通行為，但他不會以此行為去控制他人。

3. 前符號期（ presymbolic behaviors ）：
　　此階段學習者，已知道利用溝通的威力，以動作加上姿勢、眼睛的接觸、發聲等表達溝通功能。

4. 符號期（ symbolic behaviors ）：

此階段學習者已知道利用符號與所欲傳達的事物之意義連接起來。

另外McLean 與 Snyder-McLean（1988），將意圖期之動作溝通分為以下三個層次：

1. 原級溝通行為（primitive communicative behavior）

學習者的溝通行為指向人或物，例如伸手去碰東西，或拿別人的手放在所欲表達的東西上。

2. 早期的溝通行為（early communicative behavior）

是指動作不直接指碰人或事。例如：指人、指物等。

3. 指示性的溝通（referential communication）

利用手語或字及多種姿勢、動作去傳達目前不存在的表達物。

㈢動作方式表達之優缺點

對重度障礙者而言，教以動作的表達誠屬必要，然而動作的表達有其優缺點，說明如下：

1. 優點——

(1)不像使用溝通板等，需要「準備好了」才能溝通，也不須學會操作電動開關的方法。

(2)所欲表達的方式很容易被瞭解。

(3)可以比口語表達慢一點，有視覺暫留的效果。

(4)動作可以擴大或誇大，較能吸引注意。

2. 缺點——

(1)有時表達的意思有賴於接受者的解釋而被瞭解。

(2)手勢與動作表達的範圍有限，若使用手語，要靠使用者
　　記住他所使用的是那一種手語。

(3)使用者的能力亦是一個重要因素，如果使用者的能力
　　低，他所能表達的手勢與動作也就有限。

　　上述之動作表達不是語言符號，而手語則是屬於語言符
號。手語的種類有美語手語、英語手語、日語手語（
Vanderheiden & Lloyd，1986）。每一種手語皆有其不同
的文法與語意結構系統。

第三節　擴大溝通系統（Augmentative Communication System）

　　擴大溝通系統是 AAC 中很重要的一部份，因為很多重
度智障者，會呈現口語能力低下或構音嚴重障礙之現象。因
此為使重度障礙者能有效的溝通，輔助性的溝通系統之提供
與訓練有其必要。以下就其種類、表達（或反應）方式、及
所呈現的符號系統分別說明。

一、種類

　　擴大溝通系統包括溝通板及電子溝通儀器等。

(一)溝通板

　　基本上，溝通板是將文字、線畫或圖片等符號放入一平面的板子上，而學生可以選擇其中他想要溝通表達的符號。溝通板的呈現可以是單一符號、多選一符號呈現。隨著學生的學習進步，習得的符號表達越來越多，就可以按所呈現的符號以主題或類別加以整理，而演變成溝通簿（communication book）或溝通夾（communication wallet）。例如主題是速食店的溝通簿，可包括到麥當勞、肯德基、披薩屋（pizza hut）、及中式的速食店進餐的流程。溝通夾之製作原理與溝通簿類似，即按類別加以整理，然後將同類別的字卡或圖卡放入小冊中，圖冊的每頁只放一張圖卡或字卡。相對於溝通夾，溝通簿的圖冊可以每頁放多張圖卡或字卡。

(二)電子溝通儀器

　　電子溝通儀器的種類很多，從簡單到複雜。簡單者如語言學習機、簡單的電子顯示幕；其設計原理與溝通板之設計相同，但都由電動啟動開關（switch）控制符號之選取。複雜者如人工合成的語音系統，可使使用者所發出的溝通效果遠超過其本身之溝通能力。如使用者只要將顯示的游標操控在所欲溝通的符號，譬如飲料，電子語音系統會出現「我口渴了，請給我一杯水（或一杯果汁）」等之語音。拜高科技之賜，使以往在特殊教育難以突破的重度障礙之溝通，由於

電子溝通儀器的研發與提供，克服了教學上之瓶頸，使重度
障礙者得以將其殘餘之溝通能力，做有效之發揮。總而言
之，重度障礙者使用電子溝通儀器有如下之好處：(1)減低聽
者之負擔，(2)使用者毋需尋求聽者的注意力即可引發溝通，
(3)能將訊息大量儲存起來，(4)幫助動作障礙者（如腦性麻
痺），有效選取或傳達溝通的事物，(5)有語音與視覺的呈
現。

二、選取的方式

　　使用擴大溝通系統時，選取方式包括直接選取與電子掃
瞄，分述於下。

(一)*直接選取*（ direct selection ）

　　溝通板、溝通簿、溝通夾的使用者可以用手指出所要傳
達的事物。若使用者的手、腳動作有困難，但可以控制頭部
的話，通常一種裝置在頭部的指棒（ pointer ），就可幫助
他選取所要溝通的符號。

　　目視（ eyegazing ），亦是直接選取的一種方式，不過
使用此法時溝通板的面積及符號都要大才有效。

(二)*電子掃瞄*（ electronic scanning ）

　　使用電子溝通儀器者，在選取電子顯示板之符號時，可
用以下選取方式——

1. 直線掃瞄：這是最簡單的選取方式。游標會在顯示板上從第一行的第一個符號逐一移動至第一行的最後一個符號，然後再跳到第二行的第一個符號，類推下去。

2. 行－列掃瞄（row-column-scanning）：使用者先選取列中的一個符號，然後再由該符號往行的方向選取。在游標移到所欲選取的符號時，使用者即按停。

3. 集體－單項掃瞄：使用電子溝通儀器，符號可以分類加以儲存。使用者先選取類別中之類，然後再選取該類中的項目。

4. 頁－單項掃瞄：使用者可先選頁，然後再選取該頁中欲選取的項目。

第四節　AAC 使用者之教育統合

　　在 1980 與 1990 年代提倡的「最少限制的原則」，對特殊兒童接受教育的安置有很大的影響，極多數的特殊兒童因此能回歸到普通班接受全時或部分時段的教育。相對於一般兒童能讀、寫、與人對話互動，重度溝通障礙兒童（children with severe communication disorders）卻沒有辦法從事這些活動。這些兒童雖然無法寫，但卻未提供予輔助書寫系統（augmented writing system）；無法拿書翻頁或發聲拼音，卻沒有提供予改良式的閱讀器或電腦；無法在教室回答問題或參與社交對話，但卻未提供予互動的

AAC 系統。不難理解地，這些兒童雖然全時或部分時段被安置於普通班級，卻無法成功地參與學習活動，而遭遇到學科與社會人際關係學習的極大障礙，最後可能又被安置於自足式的特殊班或資源班，漸漸地又被隔離於主流環境之外。

　　因此提供溝通障礙兒童 AAC 系統要愈早愈好，以為其就讀普通班做準備。溝通障礙兒童通常進入國小一年級就讀時都未配置 AAC 系統，在無法說寫情況下往往落後同儕之表現甚遠。若此時考慮提供 AAC 系統以幫助其學習，則必須花費無數的時間在評量，及指導 AAC 系統之使用，如此會剝奪兒童的學科時間。因此，最好的方法乃是在幼稚園或托兒所階段即能提供 AAC 系統，使溝通障礙兒童順利由學前教育轉銜至學齡教育。

　　溝通障礙兒童回歸普通班已蔚為趨勢之際，吾人必須重視如何提供整合性的溝通與教育服務，使溝通障礙兒童能參與學習，以下針對 AAC 之使用者的統合於普通教育的三種模式，完全統合、選擇性統合、無統合（Beukelman & Mirenda, 1992）加以說明。

一、完全統合

　　所謂完全統合（full integration）是指 AAC 的使用者，全時統合於普通班，故老師、同儕亦都認為他們是班級的成員。雖然全時的統合可能增進 AAC 使用者的社會與學科的學習，然並不意味完全的統合即是完全的參與。因為有

時 AAC 的使用者是全時被安置於普通班，卻沒有完全參與普通班的學習。

二、選擇性的統合

選擇性的統合（selective integration）亦是教育安置的另一種模式，做此安置乃根據兒童的學業與社會需求。對肢體障礙的 AAC 使用者，可能需要利用體育課時間做為其物理治療的時間，此時他就不與其他同儕上課。又如伴有智能障礙的 AAC 使用者，可能只在非學科時間（如音樂、美勞、體育等）與普通班的學生一起上課，學科時間則被隔離於普通班外。再者，高中階段伴有智能障礙的 AAC 使用者，他們須要更多的職業訓練時間，因此亦無法全時的統合於普通班。

三、無統合

某些 AAC 的使用者在其受教育階段，可能會有一年或數年完全隔離於普通班。此乃因為他們需要一段時間密集的訓練使用 AAC 系統，以使他們未來能安置於普通班，故此種班級的目的有四：1）提供學童適當的替代性溝通方式。2）提供 AAC 的有效使用方法。3）提供學科的補救教學。4）最後將學生安置於普通班。因此，當專業人員發現學童在未習得使用 AAC 前，普通班的安置不可行，此時，短期

的隔離性安置，以幫助學童習得 AAC 的使用實有其必要。
有些伴有重度智能障礙的 AAC 使用者，甚至大部份時間皆
安置於隔離的教育環境。

第五節　結語

　　對於認知能力正常的溝通障礙學童，AAC 介入的目的
在於幫助他們能回歸普通班受教，在 AAC 的輔助下能與一
般兒童學習、互動。至於伴有智能障礙的溝通障礙學童，希
望能藉由 AAC 的輔助，得以習得溝通表達需求的正確方
式，以減少用異常行為表達需求之情形發生，更藉由 AAC
的教學輔助，促進其基本認知能力、溝通能力與社會人際關
係的發展。

參考文獻

American Speech-Language-Hearing Association (1991). Report: Augmentative and alternative communication. *ASHA, 33* (Suppl. 5), 9-12.

Beukelman, D. R., & Mirenda, P. (1992). Augmentative and alternative communication： Management of severe communication disorders in children and adults. Baltimore, MD： Paul H. Brookes Publishing Co.

Beukelman, D., & Yorkston, K. (1989). Augmentative and alternative communication application for persons with severe acquired communication disorders： An introduction. *Augmentative and Alternative Communication, 5,* 42-48.

Bloomberg, K., & Jobnson, H. (1990). A statewide demographic survey of people with severe communication impairments, *Augmentative and Alternative Communication, 6,* 50-60.

Dory, G. W., & Zeaman, D. (1976). Teaching a simple reading vocabulary to retarded children： Effectiveness of fading and nonfading procedures. *American Journal of Mental Deficiency, 76*(6), 711-716.

Hoffman, M. (1990). The world almanac and book

of facts. New York： Phare Books.

Koegel, R. L., Rincover, A., & Egel, A. L. (1982).
Educating and understanding autistic children. Boston,
MA： College- Hill Press.

Light, J. (1988). Interaction involving individuals
using augmentative and alternative communication sys-
tems： State of the art and future directions. *Augmen-
tative and Alternative Communication, 4,* 66-82.

Lindsay, P., Cambria, R., McNaughton, S., &
Warrick, A. (1986) The educational needs of nonspeak-
ing students and their teachers. Paper presented at the
fourth biennial conference of the International Society
for Augmentative and Alternative Communication, Car-
diff, Wales.

McLean, J. E., & Snyder-McLean, L. (1988). Ap-
plication of pragmatics to severely retarded children and
youth. In R. L. Schiefelbusch & L. L. Lloyd(Eds.), Lan
guage perspective： Acquistion, retardation, and inter-
vention. Austin, TX： PRO-ED, Inc.

Mirenda, P., & Mathy-Laikko, P.(1989). Augmen-
tative and alternative communication applications for per
sons with severe cogenital communication disorders：
An introduction. *Augmentative and Alternative Com-
munication, 5,* 3-13.

Reichle, J., York, J., & Sigafoos, J. (1991). Implementing augmentative and alternative communication：Strategies for learners with severe disabilities. Bal timore, MD：Paul H. Brookes Publishing Co.

Rowland, C., & Stremel-Campbell, K. (1987). Share and share alike：Conventional gestures to emergent language for learners with sensory impairments. In L. Goetz, D. Guess, & K. Stremel-Campbell (Eds.), Innovative program design for individuals with dual sensory impairment. Baltimore, MD：Paul H. Brookes Publishing Co.

Vanderheiden, G. C., & Lloyd, L. L. (1986). Com munication systems and their components. In S. W. Blackstone (Ed.), Augmentative communication：An introduction. Rockville, MD：American Speech-Language-Hearing Association.

第12章

語言學與聽語病理學：
　科際互動之回顧與前瞻

洪振耀

第一節　亂中有序

一、千頭萬緒開宗明義

　　本文擬為語言學和聽語病理學兩學科之間錯綜複雜的關係理出一些頭緒來。語言學（Linguistics）一詞，雖然內涵見仁見智，下文會有較詳細的討論，但是名稱大致早已習用，殆無爭議。而所謂「聽語病理學」（Speech-Language-Hearing Pathology）一詞，乃泛指研究各類聽能、語言、言語等溝通障礙的學問。以一詞而統稱三個在臨床上企欲獨立作業的領域，但求行文流暢而已。

　　總括各類聽語病理，若按照障礙所影響的功能可分為言語、語言、聽能病理等三類，言語病理指的是執行說話的功能，如口吃、語暢等障礙屬此類病理，語言病理指的是對語言的系統知識，如失語症、腦性麻痺兒童語言發展遲緩等問題屬此類病理，聽能病理指語言的聲響訊息接收方面的障礙，傳導性或神經性等各類聽障皆屬此類病理。就發病時間而言又可分為先天性與後天性兩種。若依造成障礙的身體器官部位為準，則有中央神經性聽語病理和周邊器官性聽語病理的分別。若依器官缺陷之有無為準，則可有官能性病理和功能性病理之區分。

本文首先簡介相關的期刊書目和前人著述，次則主要以
科學史的手法和觀念呈現評述語言學和聽語病理學的過去、
現況和未來。尤其著重兩學科之間的互動關係和國內的情
況。在歷史回顧的部分，寓意在追述人物事例當中，能夠重
現歷史淵源和流變梗概，以期鑑往而知來。在現況概覽的部
分除了引用最新國科會的人力資源調查報告以外，也檢閱了
輔仁大學語言學研究所歷年來的碩士論文和《聽語會刊》創
刊至今所刊載的論文，在條理分明的內容排比中讓數據和基
本材料為自己作證言。在展望未來之前先對此兩學科的全貌
和互動空間作更進一步的釐清和綜合論述。最後基於筆者個
人對於此二學科領域內涵的認識和發展趨勢的觀察，提示一
些樂觀積極的建言，期以促進未來資訊和人力的整合。

二、一般書目期刊舉要

較為廣泛地介紹語言學之臨床應用者有 Crystal（1981,
1984），Grundy（1989）等書；Ball（1989)則除了介紹一般
語音學以外，更擴充了通用的國際音標使之亦能描述病理上
特殊的語音。

在期刊方面有歷史悠久的《腦與語言》(Brain and
Language)，美國聽語學會(American Speech-Language
Hearing Association）常年以來大力支持的會刊《聽語研
究期刊》（Journal of Speech and Hearing Research）
為一般人所熟知者，此外還有由 Taylor & Francis（出版

社）在 1987 年創刊的《臨床語言學與語音學》（Clinical Linguistics & Phonetics）和《失語學》（Aphasiology: An International Interdisciplinary Journal.），德文的期刊有 1987 年由弗萊堡大學出版社（Freiburg: Hochschulverlag）所發行的半年刊《神經語言學》（Neurolinguistik），國內的期刊當然首推 1984 年創刊的《聽語會刊》了。在這類雜誌中經常有對語言學家和聽語病理學家都很有啟發的文章發表。

三、前人有關語言學與聽語病理學關係之論述

通論性的論著有 Jackson（1988），Fletcher（1990）兩篇文章都是在兩部大部頭的語言學導讀中一則介紹聽語病理學，另則討論傳統上偏向理論性的語言學和偏向臨床的聽語病理學兩者之間的關係。

專論性的論著如 Merringer 與 Meyer（1895）一書，是早期維也納的語言學家和醫師合作，從心理分析的觀點分析德語語誤的經典著作。Obler 與 Menn（1982）所合編的一書再一次整合了不尋常的病理性語料和語言學理論，當中所關心的病例，如精神病患和老年人等的溝通障礙等，對傳統聽語病理學較冷門的領域也給了相當的篇幅來引起讀者的注意。Aitchison（1994）繼承語言心理學家 George Miller 的傳統，不盲從自六零年代以來衍生變形語法學家超越主義的抽象理論，較務實地研究人類心理辭典的問題，在理論及

臨床上都頗有價值和貢獻。Lesser（1989）以及 Lesser 及 Milroy（1993）則是眾多討論語言學與失語症的書籍中頗值得一提的著作。

第二節　歷史回顧

一、早期的全方位思想家

　　西方早期的思想家接受的是全人的教育訓練，文藝復興時期的全才達文西（Leonardo da Vinci, 1452-1519）即是很好的例子，Pancocelli-Celzia（1943）在其著作中從語音學的角度觀察達文西的畫作，認為他也可算是一位出色的語言解剖生理學家，因為達文西的畫作對於呼吸道、喉部、聲帶及其他發聲發音器官都有極細緻的觀察和描述。Thomas Young（1773-1829）號稱是英國文藝復興的達文西（Leonardo da Vinci of Britain），其涉獵所及天文、物理、地理、醫學、人文、語言等無所不包，在這種全才人物的思想體系中，自然與人文，生理與病理自是相通的。
　　中國人傳統上較西方人更擅長綜合性的思考，易經以及樸素哲學中的「天人相應學說」都是綜合性思考的代表，中國歷代名醫中不乏文才出眾而在聽語病理上又有獨到見解的博學鴻儒，如東漢太倉公淳于意在《史記扁鵲倉公列傳》所

留傳，轉載回覆漢文帝詔問的《診籍》中論及安陽五都里成
開方所患令人四肢不能自用，甚至令人瘖的「病沓風」，元
朝丹溪學派之始祖朱震亨（ 1281-1358 ）在晚年完稿的《局
方發揮》一書中闡明「語澀」有「舌縱語澀」和「舌蔴語
澀」之分，「不語」有「舌強不語」和「神昏不語」之別。
明朝李時珍（ 1518-1593 ）在 1578 年完稿的《本草綱目》中
對耳聾、小兒不語、瘖啞等聽語病理的藥方也有分門別類的
記載論述。清朝太醫吳謙在 1742 年編纂完成的《醫宗金
鑑》幼科心法要訣中所論五遲包括：立遲、行遲、髮遲、齒
遲、語遲。其中為語遲所開的方劑「菖蒲丸」，不但有藥
方，還有藥解說明當時所辨證論治的聽語病理和藥理。

二、語言學界關心臨床病理問題者

㈠雅各布森 Roman Jakobson（ 1896- 1982 ）

　　Roman Jakobson 是一位氣派恢宏的語言學家，在他就
讀莫斯科大學一年級年方十九時，即在 1915 年創立莫斯科
語言圈（ Moscow Linguistic Circle ），自己擔任社長並與
幾位志同道合的朋友矢志研究語言、文學、詩歌、民俗，這
對於後來的學術發展有相當的影響。Jakobson（ 1941 ）一
書中更嘗試以結構主義整合歷史語言學、兒童語言發展和失
語症的問題，此後更與 Luria 合作發表了數篇見解精闢的有
關失語症的論文，提出 paradigma 和 syntagma 兩種最基

本而應用廣泛的語言單位組合對應關係作為研究失語症的基本觀念。及至晚年有人非常好奇，希望知道究竟他是以何人自許？他一則回答說：「我是俄羅斯的語言學家（Ja russkij filolog.）」。另則回答說：「吾乃語言學者，凡與語言有關者吾皆不置身事外（Linguista sum, linguistici nihil a me alienum puto）」。以他一生的成就詮釋如此的自許確實當之無愧，或許更應該說他這一生非凡的成就是源自他如此氣度恢弘的自我期許吧！Roman Jakobson 在晚年於 1980 年一月 23 日在德國波鴻大學（Ruhr-Universitaet Bochum）獲頒榮譽博士學位後，在 Schnelle（1981）為他所主編以「語言與人腦」為主題的紀念論文集中，以及他自己十數卷的論文集中，都可略見其對於神經語言學貢獻之梗概。

㈡杭斯基 Noam Chomsky（1928- ）

　　近代美國衍生變形語法學派的開山始祖 Noam Chomsky 自從 1957 在麻州理工學院（MIT）完成博士論文以來，又連續發表了一系列的著作闡述語言結構及其相關的問題，如普遍語法、人類心智結構、認識論等，提出了一些和人類語言相關的極深刻的問題，由於風雲際會，支持附和者甚眾，近數十年來儼然成為一方霸主，對於近代語言學之發展不可不謂深遠。然而此派學說之基本信念，對於引導語言學家注意聽語病理的研究有助力也有阻力，是頗有爭議的。

　　Chomsky 將近代語言學定義為認知科學的一支。因此

透過語言的研究可以窺見人類心智與其他物種的差別，因為除了人類以外沒有任何一種生物發展出像人類語言一般如此複雜精緻的符號運作能力，而人類的語言能力在各種心智活動中也有相當特殊的地位，因為人類語言的習得有相當的普遍性，也就是說只要是正常的人類嬰兒都能學會任何一種人類的語言。如此一來有語言發展遲緩或障礙的兒童就變成了人類語言能力普遍性的反證而值得語言學家深究了。同時那些因為神經系統病變而喪失語言能力的病患自然也能夠幫助語言學家了解究竟人類語言符號運作能力的生物基礎何在。這些觀念提供了語言學家介入聽語病理學研究的契機，也助長了近數十年來神經語言學在語言學領域中蓬勃的發展和鞏固的地位。二十年前的語言學教科書只介紹心理語言學而少有提到神經語言學的，但是目前的教科書若未包括失語症等聽語病理現象必然會被認為是落伍的了。

　　然而 Chomsky 本人在方法論取向上所提出的觀點和口號，認為語言學家的職責重點乃在於研究理想的說話者和聽話者的與生俱來的語言能力，並藉由語言結構的分析即可以反應參透人類的心智結構，因為人類心智的結構若與語言結構沒有任何類似性或關聯性的話，必然難以處理如此的語言結構。

　　用理想化的狀況為基礎來研究如人類語言這般在本質上即萬分複雜的人文現象，究竟能夠掌握幾分此類現象的本質，實在有待商榷。在天文、物理、化學等自然科學中從理想化的狀況著手，可以逐步修正，使次要的作用因素漸次呈

現而完成系統性周全的描述。然而將此種自然科學的化約式的方法論轉用到語言學上時，首先引起了社會語言學家的反彈，因為在現實社會中根本找不到所謂的理想的說話者和聽話者，因為縱使在同一個語言社區當中，每一個個體隨著年齡、性別、教育程度、社會經濟地位、族群歸屬認同、言談狀況的差異，所使用的語言都有所不同。在所使用語言的認定有百分之百同質性的理想的說話者和聽話者實際上是不存在的。既然研究對象都不存在了又如何能夠從事實證性的研究呢？如此基礎假說也同樣陷生物語言學家於荒謬的境地，因為語言的生命和活力必需依附於生物體才可能維持。將語言抽離了所依附的生物體來研究，如同只解剖屍體而拒絕觀察研究生理現象，卻冀望能了解生命，詮釋生命。

這種形式結構化約詭辯理論滲入語言學的基礎方法論後影響所及，使得目前核心語言學架構強調語言的無機結構而不強調語言的生物基礎，如此一來自然降低了各式各樣一般聽語病理所提供的語料在建構語言學知識體系的重要性而容易被忽視了。

㈢Donegan 與 Stampe（1979）

Donegan 與 Stampe（1979）在其所提倡的自然聲韻學（Natural Phonology）特別注意到兒童語言發展的自然過程，並以此自然過程作為描述人類語言的聲韻系統各種變化的基礎。此類語言學理論對於研究語言發展異常的兒童不無助益。

㈣克李斯妥 David Crystal（1941- ）

　　David Crystal（1941- ）自述是在很偶然的機緣闖入了
聽語病理學的領域的，這在 Crystal（1972, 1984）都有詳
盡的描述。當初才到 Reading 大學的語言學系（Depart-
ment of Linguistic Science at Reading Unversity）上任
不久就接到皇家 Berkshire 醫院聽力檢查科（Audiology
Department of the Royal Berkshire Hospital）來電要求
會診，會診之前院方所給的病歷報告生字連篇，讀之猶如天
書。然而在會診時，基於往日語言學的訓練，卻也頗能見人
之所未見，言人之所不能言·因而贏得院方相關主事者的尊
重和欣賞，繼而開始了長期互助互惠的合作關係。除了平常
勤於編著語言學的書籍以外，Crystal　與　Flet
cher（1976），　Crystal（1972, 1980, 1981, 1984）等著作
對於搭起語言學與聽語病理學的橋樑也功不可沒·

　　此外奧國的 Meringer 與 Meyer（1895）和法國的
Alajouanine, Ombredane 與 Durand（1939）等著作都可
算是雙方合作科技整合型的優秀成果。

三、醫學界關心語言問題者

㈠失語症研究者

　　在西方近代的神經語言學史中不難發現有不少的神經科

或精神科的醫生對語言問題都相當感興趣，Eling（1994）所編《失語症研究史讀本》一書中所提到多人都是很好的例證：如法國的 Paul Broca（1861）、Jules Déjerine（1892）、Pièrre Marie（1906, 1907）、德國的 Carl Wernicke（1874）、Arnold Pick（1913, 1931）、Kurt Goldstein（1910）、奧國的 Sigmund　Freud（1891）、英國的　John　Hughlings　Jackson（1897）、Henry　Head（1926）、美國的　Norman Geschwind（1965），還有俄國莫斯科學派的神經心理學家 Alexandr R. Luria（1947）。

(二)弗洛伊德（ Sigmund Freud 1856-1939 ）

　　一般人對於弗洛伊德（Freud）的認識大都來自其心理分析的著作，然而早在 1891 年弗洛伊德即出版了一本論失語症的專著，雖然弗洛伊德本人並未親檢視記錄任何病例作為佐證，但是他綜合了前人所提供的病例，也發表了他個人獨到的見解，大致上並不同意嚴格神經定位主義者的主張，而比較支持 Hughlings-Jackson 以整個神經系統的作用加上意識狀態的變化來解釋失語症的問題。很可能弗洛伊德在此時期對於失語症語誤的研究對於以後在心理分析中對文化符號的詮釋極富啟發，只不過在心理分析當中將失語症病患個人的語言使用轉換為在某一文化圈中的集體符號象徵系統而已。

(三)Arnold Pick（1851-1924）

Arnold Pick（1851-1924）和 Freud, Wernicke 一樣，都曾受維也納大學 Meynert 教授的教誨，受其觀念啟發不少。Pick 對於聽話時的理解過程以及如何將思想轉換為語言的過程特別感興趣。Pick（1913）提出「失語法症」（Agrammatism）的觀念，有異於一般臨床工作者大都從語用的觀點檢驗病患的語言問題，如此創新的見解更能顯現他對語言問題深邃的洞見。

四、從歷史發展看理論研究與臨床工作在科際整合上的障礙

西方在工業革命之後所有生產工業都進行越來越精細的分工合作，知識技能人才的培養也打破了以往人本精神通才通識的教育理念，教育的目的不再是以幫助個體能夠適應在生命過程當中所可能遭遇的各式各樣的狀況為最終依歸；培養個體的專業知識技能，使之能在整個社會體系的運作過程中成為有用的一個部份環節或零件也在教育理念和規劃當中日漸抬頭。在思考訓練和解決問題時，都傾向於用分析式而不習慣用綜合式的方法。分工成了不可遏止的自然趨勢，合作整合的工作卻未必有相對的進展，各科獨立發展的結果連思考方式、基本知識信念、甚至所使用的語言等都漸生歧異，以致溝通困難而漸形疏遠。實際上任何問題的解決之道往往不能從單一的思考角度就能保證掌握問題的癥結所在，

更高的智慧還在於綜合判斷的能力。當初分工的本意乃在於整合分工的結果之後，期望能收取更大的效益，而且所培育專家專才的知識技能也藉由會議會診等交流管道而達成1整合。然而現代的工商教育醫療團體在節約經費、精簡人事的原則下往往要求主事者事無鉅細都能一併圓滿處理，在超額的工作負擔之下，把知識整合的責任轉嫁給各階層的工作者，所以若非心胸開放虛心勤勉學習者，如此狀況極容易造成故步自封、自以為是的假權威。

第三節　現況概述

　　國內直至 1994 年才在中山醫學院有第一所聽語學組之設立，較之成立於 1951 年的師大國文研究所和英語研究所已經晚了四十餘年，若以設立於 1969 年的輔仁大學語言學研究所為國內第一所獨立的語言學研究所，則也晚了二十五年。

　　歐美先進國家由於各學科制度化的學術研究機構設立較早，歷史的累積使得兩學科的互動關係顯得較為多樣化，然而其中也隱藏了一些值得討論的問題。美國的語言學系所除了開授語言學本科系的課程以外，也會提供一些溝通障礙的課程。美國聽語學會規定會員在考聽力檢查師或語言治療師執照時也必須具備某種程度的語言學知識。歐洲的科系整合本來就比較有彈性，學校教授開課也較自由。德國醫學院德

高望重的老教授 Anton Leischner 從布拉格回德國後在萊茵河區創辦萊茵河區診所（Rheinlaendische Landesklinik），提倡以科技整合的方式研究聽語病理學，至今已造就不少各方面相關的人才，可算是科際整合相當成功的一個例子。另外在德國 Aachen, Freiburg 等多所大學的語言學系中都有所謂「病理語言學」（Patholinguistik）等方面課程的開設。德國在荷蘭靠近德荷邊界的 Nijmegen 也有研究內容相當跨學科的「馬克斯‧普朗克心理語言學研究所 Max Planck Institute for Psycholinguistics, Nijmegen, Holland）的設立。Yvan Lebrun 教授早在八零年代初期在布魯塞爾大學就有了神經語言學講座和學程的開設。MIT 一向號稱是語言學的大本營，但是自從 1993 年開始也籌備設立了聽語學的博士班課程，這在語言學和聽語病理學的科際互動和整合上，應該已經傳遞出重要訊息。以下將以實例呈現國內在語言學和聽語病理學兩學科的人力資訊資源和彼此互動的概況。

一、以國科會語言學學門論文為例呈現兩學科互動之國內現況

本文感謝施玉惠教授慨允引用施玉惠、徐貞美、黃美金、陳純音等作者主要於 1995 年三月至七月間所執行的「語言學學門人力資源現況分析及調查」計劃所初步發表的行政院國家科學委員會專題研究計劃成果報告，用以試觀目前臺灣語言學門的人力資源與聽語病理學的交合情形。

　　本資料涵蓋範圍可分幾方面說明以顯示選擇本調查作為依據的代表性：本研究所涵蓋之學院和人員包括 68 所大學院校及研究機構，與語言學學門相關之教師及研究人員共 409 人，所搜羅資料之期限始於 1988 年 8 月至 1995 年 8 月，其中除各院校所舉辦之各類學術活動本文暫不考慮以外，主要包括各大學院校及研究機構教師與研究人員重要著作 1146 篇、國科會補助計劃 154 案、國科會獎助代表作 293 篇、博士碩士論文 291 篇。

(一)國科會語言學門領域及專長分類

●語言學相關學科分類表（原版）

　　在呈現語言學門人力資源的分佈情形之前，或許應該先看看本調查報告所依據的語言學相關學科分類表。原版舊表將語言學內涵總共分為九大類：

1. 一般語言學：語音學、音韻學、詞彙學、語法學、語意學、語用學、方言學、歷史語言學。
2. 應用語言學：語言習得、社會語言學、神經語言學、心理語言學、計算語言學。
3. 漢語語言學：漢語史、上古漢語、中古漢語、近代漢語、現代漢語、國語、方言。
4. 少數民族語言：藏緬語、洞傣語、苗傜語、卡代語、滿洲語、蒙古語、突厥語、南亞語。
5. 南島語言：臺灣南島語言、西部南島語言、東部南島語

言。

6. 東北亞語言：日語、韓語、琉球語。

7. 印歐語族：印歐語族、英語、德語、日耳曼語系其他語言、法語、西班牙語、拉丁語系其他語言、塞爾特語言、希臘語、俄語、斯拉夫語系其他語言、梵文、波斯語、印度波斯語系其他語言、阿爾巴尼亞語言。

8. 其他語系：阿拉伯語、希伯來語、其他。

9. 語言教學研究：漢語教學研究、對外華語教學研究、南島語教學研究、英語教學研究、日語教學研究、法語教學研究、德語教學研究、西班牙語教學研究、其他語言教學研究。

● 新舊分類表之差異

　　然而在調查研究及討論結果的過程當中發覺原版分類表並不盡理想，經部分學者代表討論修訂之後乃有修訂版新表之產生。雖然修訂版的新表大致上比較能夠反映當今臺灣語言學家對於語言學門內涵的認定，不過在初步整理發表的報告中仍然來不及更用新表。可是新舊表之間的差異對於本文所關心的問題仍然極具啟發性，故而在扼要比較說明新舊表的差異之後，仍將新表詳細列出，一則供讀者參考，另則更可作為本文隨後綜合闡論之基礎。

　　新修訂之分類表與原分類表最大的差別，在於採取領域與所研究之語言分別編碼的大原則，另外在各分類中都預留一其他項以彈性處理未盡事項。

　　一般語言學增加構詞學、言談分析、類型學、語言學史、語言調查、其他一般語言學。

　　應用語言學部分語言學習分為母語習得和外語學習,另增列文化語言學、認知語言學、對比分析、翻譯學等分領域,並列出其他應用語言學一項以包含未及言明的領域。

　　原漢語語言學遵循研究領域與研究語言不混合編類的原則而將研究領域改稱為中國語文研究並將分屬領域改為聲韻學、文字學、修辭學、訓詁學、其他中國語文研究等分項。原漢語史一項或許由於新分類表領域分類中有歷史語言學和語言學史,語言分類中又有漢語一類,故可刪除。

　　在語言分類中增加漢語一類,以容納原漢語語言學中的上古漢語、中古漢語、近代漢語。現代漢語一項刪除而保留國語一項,方言改為詳列閩南語、客家語、粵語、吳語、贛語等各分項,另增華語(對外漢語)和其他漢語兩項。

　　語言教學研究一類更改最多,主要是由原來以語言為導向的分類法變更為以教學活動為考量重點而更能掌握人類語言學習的本質的分類法。實際上則包括教材研究、教學法研究、課程設計、測驗評量、專業語言教學、聽力研究、口語表達研究、閱讀研究、寫作研究、電腦輔助教學、教學媒體研究、其他語言教學研究等項目。

　　原稱少數民族語言一類改稱中國境內少數民族語言並增列西夏語和其他中國境內少數民族語言兩小類。

　　南島語言一類原僅分三小類,其中保留臺灣南島語言一項而將原來西部南島語言和東部南島語言兩類細分為菲律賓

語言、馬來語、印尼語、其他西部南島語言、大洋語、東部
南島語言等六類。

其他類的語言修訂不多，大都僅是名稱或措辭上些微的
修改。

● **語言學相關學科分類表（修訂版）**

A. 領域分類

　　1. 一般語言學：語音學、音韻學、構詞學、詞彙學、語
　　　　法學、語意學、語用學、言談分析、方言學、類型
　　　　學、歷史語言學、語言學史、語言調查、其他一般語
　　　　言學。

　　2. 應用語言學：母語習得、外語學習、社會語言學、文
　　　　化語言學、神經語言學、心理語言學、計算語言學、
　　　　認知語言學、對比分析、翻譯學、其他應用語言學。

　　3. 中國語文研究：聲韻學、文字學、修辭學、訓詁學、
　　　　其他中國語文研究。

　　4. 語言教學研究：教材研究、教學法研究、課程設計、
　　　　測驗評量、專業語言教學、聽力研究、口語表達研
　　　　究、閱讀研究、寫作研究、電腦輔助教學、教學媒體
　　　　研究、其他語言教學研究。

B. 語言分類

　　1. 漢語：上古漢語、中古漢語、近代漢語、國語、閩南
　　　　語、客家語、粵語、吳語、贛語、華語（對外漢
　　　　語）、其他漢語。

2. 中國境內少數民族語言：藏緬語、洞傣語、苗傜語、卡代語、滿洲語、蒙古語、突厥語、南亞語、西夏語、其他中國境內少數民族語言。

3. 南島語言：臺灣南島語言、菲律賓語言、馬來語、印尼語、其他西部南島語言、大洋語、東部南島語言。

4. 東北亞語言：日語、韓語、琉球語、其他東北亞語系。

5. 印歐語言：英語、德語、其他日耳曼語言法語、西班牙語、其他拉丁語言、塞爾特語言、希臘語、俄語、其他斯拉夫語、梵文、波斯語、其他印度伊朗語、阿爾巴尼亞語言、其他印歐語言。

6. 其他語系：阿拉伯語、希伯來語、其他語言。

㈡大專教師與研究人員專長領域分佈情形

由於每人可填一至四類專長，所以本表所呈現總人數多於接受調查之總人數 409 人，而且由於某些人在問卷中只填大類而未標明細類，所以屬同一大類的細類項目中往往會重複大類一項。

1. 一般語言學(26)：一般語言學(65)、語音學(31)、音韻學(40)、詞彙學(19)、語法學(50)、語意學(22)、語用學(25)、方言學(5)、歷史語言學(11)。

2. 應用語言學(118)：應用語言學(16)、語言習得(36)、社會語言學(38)、神經語言學(1)、心理語言學(18)、計算語言學(9)。

3. 漢語語言學(157)：漢語語言學(36)、漢語史(16)、上古漢語(27)、中古漢語(5)、近代漢語(3)、現代漢語(13)、國語(35)、方言(22)。

4. 少數民族語言(7)：少數民族語言(1)、藏緬語(5)、洞傣語(0)、苗傜語(0)、卡代語(0)、滿洲語(0)、蒙古語(1)、突厥語(0)、南亞語(0)。

5. 南島語言(16)：南島語言(4)、臺灣南島語言(12)、西部南島語言(0)、東部南島語言(0)。

6. 東北亞語言(31)：東北亞語言(29)、日語(0)、韓語(2)、琉球語(0)。

7. 印歐語族(100)：印歐語族(2)、英語(37)、德語(15)、日耳曼語系其他語言(0)、法語(13)、西班牙語(8)、拉丁語系其他語言(0)、塞爾特語言(0)、希臘語(0)、俄語(24)、斯拉夫語系其他語言(1)、梵文(0)、波斯語(0)、印度波斯語系其他語言(0)、阿爾巴尼亞語言(0)。

8. 其他語系(6)：其他語系(0)、阿拉伯語(4)、希伯來語(0)、其他(2)。

9. 語言教學研究(281)：語言教學研究(22)、漢語教學研究(25)、對外華語教學研究(5)、南島語教學研究(0)、英語教學研究(152)、日語教學研究(22)、法語教學研究(14)、德語教學研究(13)、西班牙語教學研究(9)、其他語言教學研究(19)。

㈢大專教師與研究人員重要著作共 1146 篇所屬領域之分佈情形

1. 一般語言學(239)：一般語言學(6)、語音學(24)、音韻學(71)、詞彙學(14)、語法學(71)、語意學(15)、語用學(33)、方言學(0)、歷史語言學(5)。
2. 應用語言學(102)：應用語言學(7)、語言習得(19)、社會語言學(43)、神經語言學(2)、心理語言學(16)、計算語言學(15)。
3. 漢語語言學(160)：漢語語言學(40)、漢語史(14)、上古漢語(16)、中古漢語(6)、近代漢語(0)、現代漢語(7)、國語(15)、方言(62)。
4. 少數民族語言(17)。
5. 南島語言(24)。
6. 東北亞語言(35)。
7. 印歐語言(35)。
8. 其他語系(10)。
9. 語言教學研究(524)：語言教學研究(22)、漢語(67)、對外華語(8)、南島語(0)、英語(321)、日語(37)、法語(12)、德語(6)、西班牙語(9)、其他語言(42)。

㈣國科會補助計劃之領域分佈情形

1. 一般語言學(22)。2. 應用語言學(14)。3. 漢語語言學(20)。
4. 少數民族語言(8)。5. 南島語言(12)。6. 東北亞語言(0)。

7. 印歐語言(1)。8. 其他語系(0)。9. 語言教學研究(77)。

㈤國科會獎助代表作之領域分佈情形

1. 一般語言學(112)。2. 應用語言學(14)。3. 漢語語言學(54)。4. 少數民族語言(12)。5. 南島語言(15)。6. 東北亞語言(10)。7. 印歐語言(5)。8. 其他語系(0)。9. 語言教學研究(71)。

㈥各研究所碩士博士論文共 291 篇所屬領域分佈情形

　　各系所碩士論文 277 篇，博士論文 14 篇，共 291 篇細目。以碩士論文為主，加號後之數目為博士論文。

1. 一般語言學(82)：一般語言學(2＋7)、語音學(4)、音韻學(13)、詞彙學(7)、語法學(36)、語意學(7)、語用學(13)、方言學(0)、歷史語言學(0)。
2. 應用語言學(57)：應用語言學(3＋1)、語言習得(4)、社會語言學(27)、神經語言學(5)、心理語言學(14)、計算語言學(4)。
3. 漢語語言學(47)：漢語語言學(1＋4)、漢語史(1)、上古漢語(0)、中古漢語(2)、近代漢語(2)、現代漢語(17)、國語(3)、方言(21)。
4. 少數民族語言(3)。
5. 南島語言(6)。
6. 東北亞語言(32＋1)。
7. 印歐語言(6)。

8. 其他語系(0)。
9. 語言教學研究(43)：語言教學研究(2＋1)、漢語(0)、對
　外華語(0)、南島語(0)、英語(28)、日語(11)、法語(0)、
　德語(0)、西班牙語(0)、其他語言(2)。

(七)檢視語言學門教師及研究人員與聽語病理學相關之實際研究內容

　　依據分類表的統計結果，僅能獲得初步的概念，而且基
於種種因素，完全仰賴如此粗糙的分類，對於實質內容的了
解所能提供的資訊也相當有限。以下僅列出 1988 年至 1995
年期間與聽語病理學相關之語言學門教師及研究人員與聽語
病理學相關之研究內容，其中包括重要著作、受獎助之代表
作、和受補助之計劃案。每一項列出研究內容、作者（括號
中註明學校系所別以供讀者參考）、發表或受獎助補助年
次、以及此研究在本調查報告中之歸屬領域。由所屬領域當
可約略看出語言學門中何領域以何種方式和聽語病理學發生
較密切頻繁的關係。
台語變調規律心理真實性的實驗研究。王旭（清華語言
　　所）。1991。國科會研究計劃報告。音韻學。
應用語言學的探索。曹逢甫（清華外文系所）。1993。台
　　北：文鶴出版社。語用學。
盲人英語文教學。吳又熙（清華外文系所）。1991。第八屆
　　中華民國英語文教學研討會。英語教學研究。
視障兒童語言發展。吳又熙（清華外文系所）。1994。國科

會補助計劃。語言教學研究。

視障兒童英語教學實驗計劃：第二年。吳又熙（清華外文系所）。1994。國科會獎助代表作。英語教學研究。

性別與談話：臺灣社會中青年男女談話風格之比較研究。郭賽華（清華外文系所）。1994。國科會補助計劃。社會語言學。

台灣閩南語語法概述。楊秀芳（台大中文系所）。1988。國科會獎助代表作。方言。

台灣閩南語語法稿。楊秀芳（台大中文系所）。1991。大安出版社。方言。

語言、社會與族群意識。黃宣範（台大語言所）。1990。國科會獎助代表作。社會語言學。

語言、社會與族群意識。黃宣範（台大語言所）。1993。台北：文鶴出版社。社會語言學。

朝向漢語口語語料庫的建立。黃宣範（台大語言所）。1994。國科會補助計劃。計算語言學。

On the preservation of syntax in Alzheimer's disease.（論阿茲海莫癡呆症患者所殘留的句法功能。）張顯達（台大語言所）。1993。Archive of Neurology 50: 81-86. 心理語言學。

短程記憶限制與兒童語言障礙。張顯達（台大語言所）。1993。文史哲學報。語言習得。

語意對兒童學習動詞的影響。張顯達（台大語言所）。1992。國科會補助計劃。語言習得。

平均語句長度（MLU）在中文的應用。張顯達（台大語言
　　所）。1994。國科會補助計劃。語言習得。

學習策略之自然探索。許鴻英（台大外文系所）。1992。國
　　科會補助計劃。語言習得。

探討並比較良好與不良好閱讀者的閱讀過程。紀鳳鳴（中正
　　外文系所）。1992。國科會補助計劃。英語教學研究。

整體語言教育：一個質的研究。江淑惠（北師語文教育
　　系）。1994。國科會補助計劃。語言教學研究。

The Development of Pragmatic Competence.（語用能力
　　之發展。）施玉惠（師大英語系所）。1990。國科會專
　　題研究計劃報告。語言習得。

國語舌尖前、舌尖後及舌面塞擦音與擦音之音響特性：聲譜
　　分析研究。謝國平（師大英語系所）。1988。國科會獎
　　助代表作。語音學。

我國學前兒童語言學習及發展研究。謝國平（師大英語系
　　所）。1988。國科會補助計劃。語言習得。

Spectrographic properties of some pathological speech
　　samples of Mandarin in Chinese.（國語某些言語病
　　例的聲譜徵性。）謝國平（師大英語系所）。1994。
　　Studies in English Literature and Linguistics 20: 55-
　　72.

由上往下理解策略的一些句法證據。黃運驊（師大英語系
　　所）。1990。國科會獎助代表作。語法學。

中文口語與書寫語的比較研究。陳秋梅（師大英語系所）。

1994。國科會獎助代表作。語用學。

中國兒童語言學習及發展。李櫻（師大英語系所）。1991。
　　國科會研究計劃報告。英語教學研究。

泰雅語初級讀本。黃美金（師大英語系所）。1992。台北：
　　文鶴出版社。

中文口語與書寫語的比較研究。李世文（師大英語系所）。
　　1993。教學與研究 15: 63-96。國語。

以認知抽象策略作為輔助教學效果之研究。許洪坤（輔仁語
　　言所）。1991。國科會補助計劃。英語教學研究。

俄文與中文之顎音化。洪振耀（輔仁語言所）。1988。國科
　　會獎助代表作。俄語。（語音學、漢語）。

近代閱讀技巧研究評論與實際使用閱讀技巧之探討。易青
　　青（輔仁共同英文）。1993。國科會獎助代表作。英語
　　教學研究。

鄒族語言。蔡恪恕（靜宜外文所）。1994。德國：波昂大學
　　博論文。台灣南島語言。

「語言能力診療室」在語言教學上可行性與效度之實驗研
　　究。林伯英（政大英語系所）。1992。國科會補助計
　　劃。語言教學研究。

Information Structure in Planned, Written and Unplanned
　　Spoken Discourse.（撰寫文章與口說語言之訊息結
　　構）李靜桂（中興外文系所）。1988。Columbia:
　　University of South Carolina（Ph.D. Dissertaion）。
　　語用學。

撰寫文章與口說語言之訊息結構。李靜桂（中興外文系所）。1988。國科會獎助代表作。語用學。

臺灣語言學圖跨文化研究。卜溫仁（淡江英語系所）。1992。國科會補助計劃。方言。

臺灣語言學圖94年計劃案。卜溫仁（淡江英語系所）。1993。國科會補助計劃。方言。

兒童口語語音運用能力與中文認字能力之關係。胡潔芳（文化英語系所）。1994。國科會補助計劃。語言習得。

中國國語拒委的策略、原則、與發展研究。廖招治（逢甲共同科）。1994。國科會獎助代表作。國語。

雅美語結構。何月玲（文藻共同科）。1990。國科會獎助代表作。臺灣南島語言。

Discourse, Grammar, and Grammatization: Synchronic and Diachronic Analyses of the Mandarin.（言談、語法和語法化：國語之共時與歷時分析。）劉美君（交大外文系所）。1994。語用學。

臺灣南島語言概述。李壬癸（中研院史語所）。1990。國科會獎助代表作。臺灣南島語言。

臺灣南島語言的分佈和民族的遷徙。李壬癸（中研院史語所）。1990。國科會獎助代表作。臺灣南島語言。

Toward a Typology of Tense, Aspect and Modality in the Formosan Languages: A Preliminary Study.（臺灣南島語時態、時貌及語助詞之類型探微。）齊莉莎（中研院史語所）。1994。國科會獎助代表作。臺灣

南島語言。

漢語病變語音的嗓音起始時間與字調的一些問題。鄭秋
　　豫（中研院史語所）。1992。國科會獎助代表作。音韻
　　學。

漢語巴金森病患用藥前後在字調產生及嗓音起始時間重疊方
　　面的比較。鄭秋豫（中研院史語所）。1993。國科會獎
　　助代表作。音韻學。

漢語病變語音中嗓音起始時間與字調的問題。鄭秋豫（中研
　　院史語所）。1993。中央研究院歷史語言研究所集刊。
　　語音學。

從漢語失語症探討大腦處理語言模式。鄭秋豫（中研院史語
　　所）。1989。國科會補助計劃。語音學。

漢語共濟失調型構音障礙的聲學及臨床分析。鄭秋豫（中研
　　院史語所）。1993。國科會補助計劃。語音學。

漢語巴金森氏病變語音研究：從聲學語音探討可能的神經語
　　言意義。鄭秋豫（中研院史語所）。1994。國科會補助
　　計劃。語音學。

現代漢語平衡語料庫。黃居仁（中研院史語所）。1993、
　　1994。國科會補助計劃。計算語言學。

(八)檢視語言學門博士碩士論文與聽語病理學相關者之實際研究內容

　　由於輔仁大學語言學研究所之歷年來碩士論文將在下文
中另做進一步的長期個案追蹤，所以留待下文中再詳細列

出。以下循上例僅列出 1988 年至 1995 年期間與聽語病理學
相關之語言學門博士碩士論文題目、作者（括號中註明畢業
學校所別以供讀者參考）、畢業年次、以及論文在本調查報
告中之歸屬領域。由比例中不難看出語言學門博士碩士論文
的研究內容較之教師或研究人員之研究內容有和聽語病理學
關係越來越密切的趨勢，顯示新一代的語言學工作者越來越
關心聽語病理學的問題或者語言學的發展和聽語病理學的關
係有越來越密切的趨勢。

聽力正常與聽力障礙學童對國語語音結合之辨識。郭芳
　　容（靜宜外研所）。1992。音韻學。

從語言及發展的觀點探討中國學童對謎語的理解與欣賞。王
　　惠君（師大英語所）。1994。心理語言學。

語言發展與認知成長：中國學童句法與語意能力發展之實驗
　　研究。王明玲（師大英語所）。1993。心理語言學。

中文習得時母親對兒童使用的語言及其兒童語言的關連。李
　　貞靜（師大英語所）。1991。心理語言學。

兒童國語句尾語氣詞語用功能：二歲三個月至三歲個案研
　　究。張妙霞（師大英語所）。1991。心理語言學。

國語的句子主詞發展之研究。林佩蓉（師大英語所）。1991。
　　心理語言學。

臺灣學齡前兒童時間語空間指示之發展。辛慧如（師大英語
　　所）。1991。心理語言學。

兒童國語音韻習得：九個月至三歲個案研究。許慧琇（師大
　　英語所）。1980。心理語言學。

從法文、英文、到中文的母語影響外語學習研究：參數設定
　　模式探討。林耕宏（師大英語所）。1980。社會語言
　　學。

失語症之國語介動詞探究。林彩娟（師大英語所）。1989。
　　心理語言學。

中文言談之訊息結構。徐嘉惠（師大英語所博士）。1994。
　　語用學。

中文失語症病人量詞研究。吳瑾瑋（清華語言所）。1993。
　　神經語言學。

聲旁對孩子念字的影響。林中慧（清華語言所）。1993。心
　　理語言學。

幼童對國語方位詞「上」「下」的理解與使用。黃麗卿（清
　　華語言所）。1992。心理語言學。

漢語失語症之語音研究。蘇宜青（清華語言所）。1991。神
　　經語言學。

探索心理詞彙的結構：從中文失語症入手。徐雯（清華語言
　　所）。1990。神經語言學。

台語失語症病人聲調研究。呂菁菁（清華語言所）。1990。
　　神經語言學。

國語語調的聲學研究。劉慧櫻（清華語言所）。1990。語音
　　學。

台語的音韻習得：一個長期的個案研究。許慧娟（清華語言
　　所）。1989。語言習得。

臺灣地區四年級學童敘述文凝結詞之分析。許明珠（政大英

語所）。1991。語言教學研究。

二、以輔仁大學語言學研究所碩士論文為例呈現兩學科互動之國內現況

輔仁大學語言研究所成立於 1969 年，雖然較成立於 1951 年的師大國文研究所和英語研究所較為後起，但是在近十年來清華語言研究所（1986）、靜宜外文研究所（1988）、政大語言研究所（1993）、台大語言研究所（1994）相繼成立之前，是臺灣唯一不和外文或英文研究所合併的純語言學研究所。自 1971 年起開始有第一屆畢業生完成論文畢業，至 1996 年七月底為止畢業學生人數共 134 人。以筆者觀點檢閱這些論文，發現約有五分之一的論文或多或少都和聽語病理學有所關聯。由於論文規定須以英文寫作，故將原文題目除中譯外，亦列出英文原文、作者和論文完成年代，方便有心者查閱。如此以英文寫作之論文，由於國人頗有畏讀英文者，因此未免會減少對國內相關人員資訊之流通及貢獻，未能適時發揮這些苦心研究應有的效益，甚為可惜。茲將這些論文列出，以供讀者參考：

國小學童的書寫語言的調查。（ A Linguistic Investigation of the Written Language of Primary School Children in Taiwan. ）查岱山。1973。

累積難度和學習順的實驗研究。（ An Experimental Study on Cumulative Complexity and Order of Aquisition. ）周質文。1975。

兒童的認知發展和語言發展之間的關係。（The Relationship between the Child's Cognitive Development and his Linguistic Development.）周明章。1976。

閱讀過程：臺灣省國中學生國語閱讀困難研究。（Some Aspects of the Reading Process: A Study on Selected Reading Difficulties in Chinese for Intermediate Level Students in Taiwan.）李中茂。1981。

台灣話聲調的習得。（The Aquisition of Tone in Taiwan.）金伯恩。1981。

從四個虛詞探討中文失語症現象。（An Investigation of Mandarin Aphasic's Speech with Special Reference to Four Function Words.）陳聖芸。1984。

兒童語音障礙診斷測驗。（Mandarin Articulation Test: An Analytic Approach.）陳淑珍。1984。

從國語的語誤現象探討中文的說話模式。（Speech Errors as Evidence for Models of Speech Production: A Case from Mandarin Chinese.）賴琪琇。1985。

台灣兒童國語音韻的習得。（The Aquisition of Mandarin Phonology by Taiwanese Children.）蘇安德。1985。

聽障幼童國語語音學習歷程：個案研究。（Phonological Aquisition of Maadarin by Hearing-Impaired Children: A Longitudinal Case Study.）陳麗美。1985。

中國兒童單數人稱代名詞的發展研究。（A Developmental Study of the Aquisition of the Singular Pronouns in

Spoken Chinese.）戴群家。1985。

中國兒童學習時貌標記的發展研究。（A Developmental Study of the Aquisition of the Singular Pronouns in Spoken Chinese.）林惠珍。1986。

中國兒童學習量詞的發展研究。（A Developmental Study of the Aquisition of Mandarin Classifiers by Children in Taiwan.）馮穎霞。1986。

中國兒童對「把字句」的語法理解。（Chinese Children's Metalanguage Awareness of the BA Construction.）王茰芳。1987。

中國兒童動詞學習的發展。（Chinese Children's Verb Aquisition）葛逸璇。1987。

編訂兒童各階段國語發展診斷測驗擬議。（Towards Constructing a Diagnostic Test for the Various Stages of Language Development in Mandarin-Speaking Children: Sample Materials and Suggestions.）胡依斐。1987。

從語用及語法的觀點看學前兒童祈使句的習得。（The Aquisition of Directives in Pre-School Children in Pragmatic and Syntactic Perspectives.）蘇秀妹。1987。

中國兒童雙音詞的習得與理解。（The Aquisition and Comprehension of Lexical Entries by Madarin-Speaking Children.）謝妙玲。1988。

兒童習得故事結構的發展研究。（A Developmental Study

on the Child's Aquisition of Story Schema.）謝富惠。1989。

國語軟顎鼻音在台灣的音變情況。（The Drift of the Velar Nasal in Taiwan Mandarin: A Sociolinguistic Survey.）樂麗琪。1991。

中國兒童認字策略之發展。（A Developmental Grammar Analysis of Children's Linguistic Strategies in Chinese Character Recognition.）李忻雯。1992。

超限語文設計與語言學習個案研究。（Hypertext Design and Language Learning——A Case Study.）蔡素薰。1992。

性別和年齡與對話訊號的使用研究。（A Study of the Use of Turn-Taking Signals in Relation to Sex and Age Differences.）張怡琦。1993。

漢語零指稱主題串處理歷程的實徵研究。（An Empirical Study of Psychological Processing in Comprehension of Chinese Topic Chains with a Zero Anaphora.）鍾玉琴。1993。

中國兒童動詞學習之實驗研究。（The Aquisition of Verb by Chinese Children: An Experimental Study.）謝莉。1993。

「語句平均長度」在中文的有效度。（The Validity of MLU in Mandarin Chinese.）廖淑靜。1995。

臺灣兒童「的」字句的發展研究。（The Syntactic Development of "DE" Construction in Mandarin Speaking Childrren.）王寧馨。1996。

國小兒童對中文諺語理解的發展研究。（A Developmental Study of Children's Comprehension of Chinese Proverbs.）謝孟芬。1996。

痙攣性發音障礙病人的台語語音分析。（Acoustic Phonetic Analysis of Spasmodic Dysphonia in Taiwanese.）蘇瑩君。1996。

在上列資料中不難看出，1985 至 1987 年間約有十篇和兒童語言習得相關的頗有參考價值的論文，主要是因為許洪坤教授在此期間正接受國科會補助執行下列的三年研究計劃，師生同心協力，因而造就了如此豐碩的成果：

A Study of the Various Stages of Development and Aquisition of Mandarin Chinese by Children in Chinese Milieu.（兒童在中文環境裏不同發展階段中國語習得之研究。）許洪坤。1985-1987。

除上列已完成的論文以外，林香均即將完成有關視障學童書寫問題的研究，以及趙筱文有關巴金森病患言語的語音分析，這些研究必然對於關心聽語病理學者也有某種程度的參考價值。

三、以《聽語會刊》為例呈現兩學科互動之國內現況

如前所述《聽語會刊》創刊於 1984 年，是由中華民國

聽力語言學會編印，以國內為主，國外為輔，讓相關工作人員能夠發表交流臨床心得和研究成果的刊物。台灣近代專業化的聽語治療肇基於　1966　年英國語言治療師施美聲（Audry Smithson）於台大醫院精神神經科首開語言治療門診，繼之於七零年代由現任台大復健科連倚南主任領導謝富美等發起讀書會，而後長庚醫院吳咨杏、王南梅等年輕治療師相繼回國，三總林麗英，榮總盛華、李淑娥、鍾玉梅等現今之資深治療師也相繼加入而漸成學會之雛形。自1986 年六月一日獲內政部認可，正式成立學會以來，至1996 年八月為止，除了兩個團體會員以外，該會現有個人會員包括正會員 271 人以及相關會員 266 人，總共 537 人。會員成分涵蓋語言治療師、聽力檢查師，耳鼻喉科、神經科、精神科、復健科等各科數位醫師，特殊教育學、心理學、語言學等相關學科之數位教授，特教老師、其他與聽語相關之臨床工作人員、學生等。以此等成員組成之團體十一年來發表於會刊的論文應該可以略見此團體歷年來集體思考的內容之梗概。以下僅將筆者個人認為與語言學較有交集或頗有參考價值的歷年來所發表於《聽語會刊》的論文羅列如下：

三歲至六歲學齡前兒童國語語音發展結構（王南梅、費珮妮、黃恂、陳靜文。1。）

中國語言構音異常的類型 I-II（楊百嘉、賴湘君、廖文玲。1/3。）

構音異常語言治療的結果（楊百嘉、賴湘君、廖文玲。1。）

從構成主義觀點探討語言（劉麗容。2。）

封閉性腦傷後語言之探討（鍾玉梅。2。）

大腦受傷患者的書寫障礙（林麗英。2。）

從語言發展觀點探討語言治療策略（劉麗容。3。）

非口語溝通法：重度語障之最佳管道（李淑娥。3。）

從腦傷病患看中國文字的本質（陳聖芸。3。）

從左腦腦傷患者的認字策略探討中國文字的處理（吳咨杏。
　　3。）

老年人的溝通問題（Mariana Newton。3。）

台北市聽障學童聽力學評估（陳美珠、蕭雅文、陳柏豪、連
　　江豐、張斌。4。）

台北市國中教師音聲障礙調查研究（盛華、張學逸、傅秀
　　雯、張斌。4。）

語言發展遲緩兒童之評估與治療（鍾玉梅。4。）

失語症病患文法失用問題之治療：病例報告（李淑娥。4。）

構音異常（賴湘君。4。）

顎咽閉鎖功能：生理機轉、臨床診斷及治療原則（吳咨杏。
　　4。）

吶吃：原因、分類與語言特徵（鍾玉梅。4。）

癡呆患者之溝通行為（林麗英。4。）

書寫者痙攣（林麗英。4。）

內耳生理學之最近發展（梁家光。5。）

語言障礙學童社會適應行為調查研究（呂秋容、趙麗芬。
　　5。）

音聲頻譜圖對正常者與聲帶結節病患之分析研究（盛華、張
　　學逸、胡明珠、張斌。5。）
親子關係與語言發展（林和惠。5。）
從兒童發展特質談語言治療策略（林麗英。5。）
吶吃的評估與治療（鍾玉梅。5。）
國音聲譜圖：理論、分析與運用（李淑娥。5。）
應用語言工學於復健醫療上的意義（蘇義彬。5。）
幼兒聽力評估：病例報告（管美玲。6。）
使用不同教學語言的聽障學生之語言能力之比較研究（陳采
　　屏。6。）
構音異常兒童個案探討（葉富江。6。）
兒童語言理解的發展（梁家光。6。）
談聽障兒童的情緒行為與語言學習（盧娟娟。6。）
智能不足兒童之語言異常與治療（鍾玉梅。6。）
超越巔峰：如何使密集性語言訓練達到最高效益（吳咨杏、
　　林淑琳。6。）
如何增進語障學童的教室溝通能力（李淑娥。6。）
學前兒童語言發展量表之臨床應用（鍾玉梅、徐道昌。7。）
台語失語症聲調及嗓音起始時間之聲學分析（蘇宜青。7。）
早、晚期硬顎修補術對患童之構音發展的影響（吳咨杏、郭
　　有方、蔡裕銓、羅慧夫。7。）
視覺障礙學童構音問題之研究（黃惠慈、許振益。7。）
音聲治療之解剖生理（陳威璋。7。）
應用聲譜分析評估吶吃療效之臨床報告（李淑娥、黃瑪莉、

徐道昌。7。）

台灣話塞音清濁度的聲學觀察：VOT 的初步分析報告（曾
　　進興、黃國祐。8。）

台灣區智能不足學童語言障礙之調查研究（林寶貴、黃玉
　　枝、張正芬。8。）

聽障兒童之構音治療（鍾玉梅。8。）

失語症之分類有其必要嗎（曾進興、詹金烈、鄭靜秋、李淑
　　娥、白明奇、花茂苓。8。）

一個中文失語症病人之語句理解的個案報告（蘇宜青、羅心
　　寶。8。）

右腦傷書寫問題之探討：個案報告（趙曉薇、連書平、李淑
　　娥。8。）

中文失語症病患之語句詮釋（陳聖芸、曾志朗、Elisabeth
　　Bates。8。）

中文非象形文字：以粵語失書症患者之筆誤為證據（羅心
　　寶。8。）

二十世紀初法國失語學界記事（洪振耀。9。）

語言障礙兒童語言發展能力及其相關因素之研究（林寶貴、
　　林竹芳。9。）

高功能自閉症兒童之語言分析（曾慶恆、李淑娥。9。）

腦傷病患句法治療初步報告：個案研究（曾鳳菊、李淑娥、
　　呂菁菁。9。）

丘腦性失語症：病例報告（鄭靜秋、謝富美、連倚南、賴金
　　鑫。9。）

智障兒童聽力評估（楊美珍、陳美珠、梁家豐、呂俐安。
　　9。）

高雄市國小一年級普通班學童語言障礙調查研究（劉富梅、
　　鍾玉梅、黃秀珍、劉憶平。10。）

學齡腦性麻痺兒童語言障礙及其相關研究（林寶貴、林美
　　秀。10。）

支持溝通法（Facilitated Communication）引起的爭議及
　　省思（鄒啟蓉。10。）

聽障兒童的說話問題（鍾玉梅。10。）

兒童說話清晰度的評估（黃瑞珍、鍾玉梅。10。）

語言治療與音樂治療（洪振耀。11。）

中文的字、詞、詞素與詞組（呂菁菁。11。）

發展障礙幼童語言溝通問題評估（李淑娥。11。）

語調聽覺法對聽障學生口語教學效果之研究（林寶貴、李麗
　　紅。11。）

語暢異常個案輔導心得報告（葉富江。11。）

應用童謠增進全失性失語症患者之口語表達（曾鳳菊。11。）

第四節　依理論事

　　在討論語言學與聽語病理學這兩門學科互動的可能性之
前，有必要先列出各學科所屬的各領域，再逐步檢驗雙方各
領域實質上互動的情形和理論上相互參照的可能性。

一、綜合論述語言學之領域及內涵分類

　　人類語言內容博大精深，牽扯龐雜，研究者所採取的觀察分析角度不同，所發現的事實和所獲得的啟示也自然有差異，縱觀語言學史，每個時代各個文化所發展出來的語言學的內涵與重點皆不盡相同，希臘的語言哲學、羅馬的雄辯學、印度的文法學和語音學、中國受印度文法影響而發展出來的聲韻學、德國少壯派文法學家的歷史語言學、近代的認知語言學，在在都反映了人類語言博大精深的本質。因此語言學範圍的界定和內涵的分類也極不容易達成一致的協議。國科會集合菁英學者所制定的分類表，相隔不過十數年就必須重加修訂，也表示此問題有進一步加以說明的必要。

　　若不加以分類，也不考慮所研究的語言或所使用名稱的異同，而僅羅列語言學的各分屬領域，則語言學由萌芽至今，從古至今所累積涵蓋的範圍約略包涵：語音學、發音學、描述語音學、聲波語音學、聽覺語音學、生理語音學、實驗語音學、音韻學、聲韻學、文字學、修辭學、訓詁學、構詞學、詞彙學、句法學、語法學、章法學、言談分析、語意學、語用學、語言調查、語言哲學、認知語言學、生物語言學、心理語言學、神經語言學、閱讀研究、寫作研究、聽力研究、社會語言學、民族語言學、人類語言學、文化語言學、文體學、符號學、手語學、比較語言學、歷史語言學、語言學史、語言類型學、辭典編纂學、方言學、計量語言

學、數學語言學、計算語言學、地理語言學、母語習得、外語教學、語言教學法、語言教材、語言測驗評量、語言政策、語言工程學、翻譯學、臨床語言學、神學語言學等科目。

　　其實傳統上中國也早已發展出自己一套語言學，其內容主要包括中文系所謂的聲韻學、訓詁學、文字學和修辭學。近代中國的語言學幾乎是在本世紀初才由西方移植過來的。目前狹義微觀的語言學指的大都是西方從無機結構的、共時的觀點所建構有關人類語言的知識理論，所以在學科上大致僅包括語音學、音韻學、構詞學、語法學（句法學）、章法學（言談分析）、語意學、語用學等各科目，這也就是一般所謂的理論語言學或稱微觀語言學，其實也可以稱之為無機結構語言學。

　　廣義的語言學或稱宏觀語言學則可包括以上所羅列出從各式各樣不同的角度觀察研究人類語言而累積的系統知識。除了從單一時間的觀點研究語言的共時語言學以外，還有所謂歷時語言學，如歷史語言學是看語言如何隨時間的推移而改變，以及其相關的問題，語言學史則屬於語言學本身之歷時性研究。除了從無機結構的觀點研究語言以外，也可以認清人類語言依存於有機生物體的事實，而據以探討語言和生物個體以及社會群體之間的對應互動關係，由此而衍生的語言學皆可稱之為有機語言學，這可包括生物語言學、心理語言學、神經語言學、社會語言學、民族語言學、人類語言學等學科。另外從某些特殊的觀點來研究語言也都可能形成語

言學的新學科，如文體學、符號學、文字學、手語學、比較語言學、計量語言學、語言學史、語言類型學、方言學等。而將語言學與其他相關學科互相結合或應用在特定的領域可統稱為應用語言學，如辭典編纂學、數學語言學、計算語言學、地理語言學、母語及外語之語言教學、語言工程學、翻譯學、神學語言學、臨床語言學等學科。

另一值得討論的問題是，語言學的學術領域到底是有學有術，亦或是僅有學而無術。例如辨音、記音、演說、辯論、翻譯、寫作、談判、溝通等非常重要的語言技巧，究竟是否屬於語言學的研究範圍。

二、綜合論述聽語病理學之領域及內涵分類

界定聽語病理學之領域及內涵分類時，基本上也有與語言學類似仁智互見的不確定性。尤其這學科在國內起步較晚，在官方體制內尚未和語言學一樣成為一獨立的學門，所以並無類似國科會為語言所制定的領域分類表可作為討論的基礎。根據劉麗容教授報導，轉載於 1994 年《聽語會訊》的消息指出，1994 美國聽語學會（American Speech-Language Hearing Association, ASHA）分為下列十二個特定興趣組（Special Interest Division, SID），由實務工作的分組可約略看出此學科在概念上的領域劃分：

SID　1. 語言學習教育組(Language Learning and Education)

SID　2. 神經生理及神經性言語及語言障礙組 (Neurophysiology and Neurogenic Speech and Language Disorders)

SID　3. 嗓音及嗓音異常組 (Voice and Voice Disorder)

SID　4. 語暢及語暢異常組 (Fluency and Fluency Disor-der)

SID　5. 語言解剖生理及器質結構性言語障礙組 (Speech Anatomy & Physiology & Structurally Based Speech Disorders)

SID　6. 聽覺及聽覺障礙：生理及聲響心理學組 (Hearing & Hearing Disorders: Physiology & Psychoacoustics)

SID　7. 聽能復健及相關儀器組 (Aural Rehabilitation and Its Instrumentation)

SID　8. 聽能維護及職業聽力學組 (Hearing Conservation and Occupational Audiology)

SID9. 兒童聽覺及聽覺障礙組 (Hearing and Hearing Disorders in Children)

SID10. 行政指導組 (Administration and Supervision)

SID11. 輔助及另類溝通組 (Augentative and Alternative Communication)

SID12. 吞嚥及吞嚥障礙組 (Dysphagia: Swallowing & Swallowing Disorders)

　　筆者認為按照教育和臨床上的考量，可將聽語病理學大致歸納為如下幾大類領域：

1. 聽語病理學之相關基礎學科：語言解剖生理學、語言學、醫學倫理學、研究方法論。

2. 聽力學：一般聽力學、幼兒聽力學、聽能維護、職業聽力學；純音聽力檢查、語音聽力檢查；主觀聽力檢查、客觀聽力檢查。

3. 構音異常：唇顎裂、牙齒、舌頭結構異常，功能性構音異常。

4. 嗓音異常：聲帶結痂、聲帶痲痺、內分泌失調、藥物或醫療行為所引發者、職業濫用、心因性嗓音異常。

5. 語暢異常：統稱口吃。

6. 語言發展遲緩：智障、聽障、視障、情緒障礙、神經功能障礙、腦性痲痺、唐氏症、自閉症、語言學習環境被剝奪、病因不明者。

7. 神經性聽語障礙：失語症及相關病症如吶吃（Dysarthria）、言語共濟失調（Apraxia of Speech 中文或稱語言失用）、失書症（Dysgraphia）、失讀症（Dyslexia）、失樂症（Amusia）。

8. 聽語障礙之相關障礙：吞嚥、動作、呼吸、視覺等生理功能以及一般溝通障礙如智障、癡呆症、精神病患、老年人等。

9. 聽語工程學：聽能檢驗儀器、聲譜儀、語言生理測量儀、助聽器、溝通輔助儀器、另類溝通法。

10.聽語病理社會學：各類聽障、語障之人口分布和比率，亦
　　可稱之為聽語病種分佈學(Demography of Speech-Lan-
　　guage-Hearing Pathology)，社會適應、相關法律、教
　　育、行政、臨床或研究指導、自助團體等問題。

三、綜觀兩學科領域分野以綜論兩學科之互動

(一)語言學家與聽語病理學家彼此生疏的原因

　　從事語言研究者以及聽語病理之臨床工作者對於彼此之
工作領域都有相當的保留，少有在實務上全面兼顧兩個專業
領域者，其原因頗值得深究。大前提是這兩個領域各有所屬
的專業知識技能，牽涉也都很廣泛，所謂隔行如隔山，而現
代知識又是日新月異，在一個專業領域中要能隨時跟得上最
新的發展已經很不容易，除非在工作上的因緣際會，或是體
力智力充沛而又能深入思考者，否則很難兩者兼顧。

● 語言學家不熟悉聽語病理學的原因

　　語言學家在語言學寬廣的領域中有極多的選擇，任何一
個小範圍都足以令人窮畢生之精力鑽研其中自得其樂。雖然
在考慮語言問題時難免會旁及聽語病理，然而受 Chomsky
形式結構化約詭辯理論滲入語言學的基礎方法論的影響，面
對聽語病理的語料時難免都有避重就輕之嫌。

　　一般人天生都有正常的語言能力，日常生活中的語言溝

通大都不成問題，只有在特殊情況從事高水準的語言活動
如：播音、演說、辯論、外語學習等活動時，才會正視本身
的語言問題，先天及後天的聽語病患在總人口中的比例不算
太高，一般估計有聽語障礙者約佔總人口數的百分之六左
右，若就台灣兩千兩百萬人口而言，估計應有約一百三十二
萬有語言障礙的人口，確實是一個不容忽視的族群。若是以
大陸總人口，甚至包括全球講華語之華人來估算，則其總人
口數非常驚人，實在坐視不得。然而簡單的問題如輕微的嗓
音構音障礙或老年人的溝通障礙等問題容易為人所忽略，嚴
重的問題如失語症或原因不明的兒童語言發展遲緩等問題卻
又令人幾乎完全不知所措。目前主流派的語言學重學而輕
術，對實用的語言活動未列為語言學的研究核心，對常人的
語言活動尚且如此，對病患的語言活動更不會列為優先研究
探討的重點。

　　有語言問題的病患，語言固然表面上是其問題的重點，
實則常有其他健康醫療的問題與語言問題相伴隨，甚至是造
成語言問題的原因，如心臟血管症候、神經系統、癲癇、聽
能、半身不遂、動作協調、視覺、情緒等問題，沒有偶然的
機緣或經過刻意的安排，一般的語言學家沒有機會接觸有各
種語言問題的病患，縱使有接觸的機會，這些病患醫療上的
問題遠遠超出未受臨床訓練的純粹理論派語言學家所能處理
的範圍。

● 聽語病理學家不熟悉語言學的原因

聽語病理學家對於語言的了解囿於常識性的見解，不容易突破成見以語言學思辨性的觀點和形上語言的術語來描述聽語病理現象。

語言學家對於語言結構和語言現象的分析，只要合乎思考邏輯，言之成理，往往無須經過心理上或生理上的驗證，即可以在理論上占有一席之地。早期的心理語言學曾經試圖證明衍生變形語法的心理真實性，但是證明的方法和邏輯頗有問題，後來由於衍生變形語法理論本身修改得太快了，使得實驗心理語言學無法跟上腳步，造成理論與實驗的脫節與自相矛盾，終至不得不放棄初期試圖證明衍生變形語法的心理真實性的意圖。

從事臨床工作者職責所在首在為病患解決當務之急，語言學的觀念和理論對從事臨床工作者而言往往過猶不及，有時極端抽象，有時又極端細緻而幾近吹毛求疵，與一般人的語言經驗判斷頗有距離，當初建構理論時未必針對聽語病理現象而設，所以除非訓練有素，既能深入又能務實者，否則不容易馬上看出語言學理論轉移到臨床應用的可能性。

例如近代語言學的模組理論（Linguistic Modularity），雖然其思想源自神經心智科學，因為在生物科學上的細胞功能分化和在神經科學上視覺、聽覺、動作等系統的基層神經定位也早已是不爭的事實，但是語言學家在探討語言模組的時候傾向於以慣用的語言學概念劃分來尋找相對應的神經心

理模組，可是近代主流派理論語言學的架構在建立之初，大都是以無機結構的語言為思考主體，並未對有機生物體的神經心理結構有多少關照，因此概念的對應轉移並不順暢。

　　例如傳統文法學家基於多種理由將詞類分為八大詞類，而近代的句法學家在理論體系中以名詞和動詞為兩個主要的詞類，其他的次要詞類在句子結構中都隸屬於名詞組和動詞組之下。類似這種純粹由理論分析而得來的結論，在推理邏輯和思想體系上雖然言之有理，但是卻往往不見得在心理生理層面能找到適當的對應。從一些聽語病理的語料看來反倒是區分開放詞類與封閉詞類，單字詞與複合詞顯得更有根據和意義。此外如聲韻學中的語音區辨徵性和句法學中很多細微的語法規則，終究是否有何種相對應的生物神經結構來處理，目前在臨床上看不到有如此細微的選擇性的障礙，所以也沒有什麼支持的證據。

㈡從「文本」、「言本」與「人本」三基點看兩學科之科際分野

　　就學科內涵而言，語言學關心的焦點在於語言現象，而聽語病理學關心的焦點在於人的聽語問題，所以語言學容易有「文本」和「言本」傾向，而聽語病理學自始即有濃厚的「人本」色彩。及至各學科分頭發展成熟到達某種程度以後，彼此才以不同的思考角度和知識經驗背景意識到語言現象與人的問題有不可分割的密切關係。

　　西方近代語言學在早期的希臘羅馬文獻學即是「文本」

的語言學，在受 De Ferdinand de Saussure 言本主義的觀念啟發之後，以方言學或語言調查為依據以重建古代語系的歷史語言學和慣用共時語料分析語言結構的現代語言學，甚至最近方興未艾的語料庫語言學都可算是「言本」的語言學。Chomsky 將現代語言學定義為認知語言學的一支，可說是引動了現代「人本」語言學發展的契機。近代的聽語病理學家不單從經驗層面、語用層面，也從抽象的語言結構層面如音韻規則、語法規則、言談結構、失讀規則、失書規則等觀點觀察分析聽語病理現象，可視為聽語學界由「人本」基礎擴而關注語言的「言本」和「文本」問題的擴充發展。在「文本」、「言本」與「人本」三個基點上語言學和聽語病理學的分工互補關係更為明顯，而彼此之間的科際界限也更呈現水乳交融的相互需求狀態。

第五節　未來展望

一、語言學界所發表之研究成果對聽語病理學界之啟發

　　語言學家接受特殊的訓練，採用一般通用的或語言學所特有的思考辯證法，從某種特定的角度去探討語言問題，其研究結果對從事聽語病理工作者而言可以有不同深淺程度的啟發。

　　一般語言學的知識和訓練對語言學家而言，大致上認為是最基礎、最核心的部分，但是若就國科會的調查報告看來，目前國內語言學門的專長或著作領域屬此者並非最大宗，絕大部分的人力資源都投注在語言教學上，這或許和教師的基本職務為語言教學有關。聽語治療也可視為某種特殊的語言教學，然而語言學門相關教師的教學標的語大多為外語，而聽語治療師的教學標的語大多為本國語言，在基本語言結構上有差異時不一定能夠直接轉借參考。不過在各式各類障礙程度不一的聽語病患當中，學習外語的需要還是存在的，此時語言學方面所做語言教學的研究和聽語障礙病患的語言學習活動就有更大的交集了。

　　在一般語言學方面，語言學所研究之語言大都以漢語尤其是以國語為主，而一般聽語臨床工作者也頗之借重語音學家之研究成果。國語有相當多的證據顯示舌尖塞擦音（ㄗ、ㄘ、ㄙ）、顎化音（ㄐ、ㄑ、ㄒ）、捲舌音（ㄓ、ㄔ、ㄕ、ㄖ）等音系不論在正常或病理的語音學習和使用上都牽扯不少的問題而造成某種特殊的困擾。此外語言學家對於中文的聲調系統、世界語言的節律理論所做的分析和實驗研究也頗有參考價值。

　　語法學的理論甚具深度，最難者在於理論推陳出新，數年一易，專業的語言學家對此反應趨於兩極化，有熱衷於此而樂此不疲者，亦有敬而遠之者。語法理論的推陳出新，雖然眾說紛紜，末衷一是，然而最大的收穫還在於新的語法事實的發掘，這些卻是聽語治療工作者可加以善用者。

　　方言學和少數民族語言調查研究工作在本世紀六零年代
現代語法理論崛起而一時儼然成為當今語言學的主流之前曾
經是語言學家訓練的重點和心力匯聚投注的焦點。至今仍有
部分語言學家以此為其研究重點，有中研院史語所傳承的中
生代以上的學者大都在這方面有良好的基礎訓練。這方面的
研究成果乍看之下似乎和聽語病理的臨床工作沒什麼關係，
其實不然。因為聽語病理的發生對任何語言族群而言都一視
同仁，並沒有任何族群能夠保證倖免。聽語病理的理論研究
和臨床治療工作若僅限於國語，則少數語言族群的病患如山
地同胞、外籍客工聽語治療問題在全民健保的醫療體系當中
顯然會接受差別待遇而權益受損，如此也違反了醫療體系之
前人人平等的醫學倫理。語言學在方言學和中國境內少數民
族語言方面的專著、專才，尤其是如李壬癸（1990）、何月
玲（1990）、楊秀芳（1991）、黃美金（1992）、齊莉莎
（1994）、蔡恪恕（1994）等具有綜覽性而又深入淺出的著
作，在此應與聽語病理的臨床工作者有實質的互動空間可以
發揮團隊精神，各盡所學，嘉惠病患。
　　語言學家由於有理論的引導，所以也較能多方面敏感地
察覺新的有趣的語意和語用現象而加以研究呈現。書面
語（「文本」）和口語（「言本」）兩種語言現象的差異牽
涉到語言系統、聽覺系統、視覺系統、認知系統極為複雜而
有趣的互動關係，應該也是聽語病理學家所關心的語言問
題。
　　在應用語言學方面，一般說來，聽語病理學界並不難欣

賞或分享心理語言學家的研究成果，這可能因為一個好的心理語言學的研究必需須同時包括基礎理論、實際相關語料或實證的數據才能在詮釋上有所印證或發明。在如此強制性的嚴格架構之下很自然地就過濾了一些與語言病理實務難以關聯的空蕩抽象理論。此外不論是發展心理語言學或實驗心理語言學，其所關心的一些主要問題如：語言習得、外語學習、常人之自然口語資訊處理、聽覺理解歷程、言語發聲構音之行為動作發展和機制、閱讀歷程、書寫機制等和聽語病理學所關心的問題頗多重疊，若所研究對象為常人則可作為比較參考之常模或理論依據。何況這些複雜的語言行為機制都有可能發生病變，而若所研究之對象為病患，則這類臨床心理語言學的研究和聽語病理學的研究也已經沒有太大的差別了。

　　神經語言學傳統上與臨床醫學密不可分，對於某些人而言，甚至與聽語病理學中失語症的研究幾乎已為可以互通的同義詞。然而實驗性神經語言學突破了臨床神經語言學自然觀察法的限制，試圖在操弄實驗變項中主動尋找更明確的答案。偏向抽象語言學思辨模式的神經語言學則在所提出的問題有較細緻的區辨。

　　語言不單是生物現象，也是社會現象。聽語治療師所面對的不單是生物個體，也是社會個體。社會語言學研究語言如何隨地理區域、社會階層、族群歸屬、價值認同、年齡、性別等因素而在語音、詞彙、語法、語用上有所調適。這些現象也是臨床工作者不應該忽略的。

　　隨著電腦資訊科學的發達，計算語言學或稱語料庫語言學也應運而生。利用電腦快速的運算能力和儲存檢索大量資訊的容量，在充分的數據下呈現語言規則，甚至分析、合成語音，互動式對談、翻譯等都是利用電腦處理語言資訊的例子。這類研究與臨床的相關性應該是顯而易見的。目前語言學有關語音的分析或合成、語法論證、言談分析等各方面的研究，常以大型常人語料庫的建立為第一要務，甚至常人語誤方面的研究也循此法則。而這些大型語料庫的建立，對聽語病理現象的研究不啻是建立了初步的參考常模，對日後的教學研究、臨床診斷治療等都不無助益。

　　在實證科學掛帥的今天，科學儀器的效用在任何領域之內都不難令人認同。語言學研究中用到儀器的大多是在實驗語音學，測量心理、生理、神經、或者認知反應的實驗語言學。語言工程學目前與電腦資訊科學密切結合，所測量的數據或模擬部分的語言行為，這些結果對聽語病理學都是極具參考價值的。

二、聽語病理學界所發表之研究成果對語言學界之啟發

　　目前從事與聽語病理有直接相關的工作或研究的語言學家雖然不多，基於語言學家優良的訓練，卻也有相當可觀的成績。若能有更多夠水準的語言學家更主動的參與，必然會有更理想的成績。其實語言學家有很充分的理由應該關心聽語病理現象的。

　　語言學的研究慣用分析性、微觀式的思考法，其原意本是希望能先分而治之（致知），再合而觀其究竟。然而各人分治一方之後，有膽有識足以全面縱橫論述人類語言者頗不多見。然而聽語病理之臨床工作往往更須要的是對病患語言的全面性診斷，就此需要而言，有些不知變通的語言學家的意見往往顯得偏頗迂腐，無濟於事。就此而言，今後語言學家應該可以培養開闊的視野和寬廣的胸襟，除了對小問題追根究底以外，也可不忘研究語言的初衷，時時恢復鍛鍊宏觀的反省。

　　人類語言複雜萬端，生理、心理條件或狀況不能配合者，就會有聽語障礙，這些人在人類先天基因庫中的散佈並不在少數，後天因素造成聽語障礙者也不少見，縱使一個正常人的一生當中，言語行為難免不有差錯的時候。枉顧此語言病理現象存在的事實，僅僅思考常人的某些語言現象，這和語言學家搜盡枯腸，反覆辯證，但求不致掛一漏萬的求真求全精神，恐怕是很難照應的。

　　由聽語病理所得來的語料是否可作為語言學理論論證的根據，在語言學的基本方法論上是頗值得討論的。主導衍生變形語法學派的 MIT 語言學家基本上是以常人理想的語感作為論證的依據的，但是除了早先即有社會語言學家對此基本理念表示不滿以外，「衍生語法學派」（Generative Grammariam）在叱吒風雲一時之後目前正面臨「語法化學派」以另類思考方式，藉由大型語料庫呈現不同數據以為佐證的強勢質疑。Victoria Fromkin、Merill Garrett、Ann

Cutler 等學者早已提倡借重常人語誤的語料作為建構語言學理論和處理語言訊息的心理模式的證據。神經語言學的方法論中也指明，若欲了解一複雜的系統則在其高效率運作時宛如窺探黑箱，然而當此系統出差錯時卻是極佳的探索時機。

　　語言學的理論往往不只一家之言，若有數種理論並列時，取捨之間不妨考慮比較各理論的關照面和實用性，關照面越大，實用性越高的，當然是越好的理論。語言學理論若能涵蓋聽語病理現象，必然更完善。應用語言學的本意即是希望能將語言學的理論廣為應用，這當然包括語言學之臨床應用。基於此種認識而發展出來的臨床語言學也正在快速蓬勃發展中，Grundy（1989）就是此類中代表性的著作。

　　聽語病理中的諸多病例經常都是印證語言學問題的絕佳例證。「衍生語法學派」的語法理論著眼的重點在於解釋人類語言習得的普遍性，而其基本假設是語言的習得取決於「語言習得機」（Language Aquisition Device, LAD）」，至於此統攬一切神奇效用，在整個理論體系中居於關鍵性地位的語言習得機到底在人體的哪一個部位，很籠統地說大概就在腦部某處，若問其結構究竟如何，那就得經由語法分析來臆測了！如此含糊的說法當然是無法令人滿意的。語言習得機的定位問題以及生物結構細節在正常兒童和各種病理狀況的語言習得、語言訊息處理、語言退化流失、聽語病變等語言現象都有可能提供進一步的答案。

　　Lenneberg（1967）在其名著《語言的生物基礎》（Biological Foundations of Language）提出了許多

生物語言學的基礎問題，尤其是語言發展的關鍵期和左右半腦在語言區的對稱性的問題更是引起語言學家廣泛的關注和討論。Fodor（1983）在現代語言學的大本營 MIT 著述《心靈模組》（The Modularity of Mind）一書，書中對於人類視覺、聽覺、語言等各感覺認知系統是否獨立自主地運作的問題多所論述，後來也成為心理語言學和神經語言學的熾熱議題。這些語言學重要議題的答案都必需仰賴聽語病理學提供如智障兒童、多重障礙兒童的語言發展、腦傷病患等等臨床病例才能有些許眉目。聽語病理界所發表的研究有各式各樣的基礎研究和臨床病例，當中有頗多可作為語言學家論證的關鍵性依據。

三、語言學發展之新趨勢

在國科會修訂的新表中明列聽力研究、閱讀研究、寫作研究等為語言學的重要領域，雖然當初的著眼點主要是在外務教學，然而多多少少也顯示了近年來語言學的領域在這些地方已經和聽語病理學有更大的交集，語言學家可多參考聽語病理學家在語言測驗、聽力檢查、構音、嗓音、語暢、兒童語言發展、失語症、運動言語、聽障、智障、唇顎裂、腦性麻痺、自閉症、吞嚥、輔助溝通系統等各方面的意見和研究成果。

就「語法化學派」（Grammaticalizationalist）和語料庫語言學的結合看來，近年來語言學之研究有從抽象的、內

省的語法研究轉向務實的、實證的語法生成理論。黃宣範（1996）在《漢語口語語料庫的建立》一文中簡單扼要地指出：「語法化學派主張語法是言談中一再重複使用的句構形勢逐漸沈澱而來。」如此的語法理論和語用學、語意學的關係結合得更密切，早期純粹專注於研究語法結構的學者最近轉向關心語意學的「意像」（Iconicity）和構詞學、語法學之間的關係，如此語言學的新趨勢，相信對於抽象語法理論敬而遠之的聽語病理工作者不啻是絕妙佳音。

　　近代語言學由結構主義強調語言的研究必須由語言最小的基本單位下手，數十年來頗有績效，物換星移，隨著情勢的演變再經由後結構主義解構了結構主義的主張，如今語言學的研究已經漸漸成熟到可以不再拘泥於音素、詞素等小單位的研究，而有堅實的基礎成果可以支持語調單位、言談結構、章法結構等較大單位的研究，對語言的關照也由支離破碎的部分漸至全面性的整體。這對於在臨床工作上綜合性的診療較分析性的鑑別診斷必須更優先考慮的聽語治療師而言無疑是很有助益的情勢。

　　過去的語言學家宥於對結構主義的狂熱和本身自然科學、生物科學基本素養的不足，又無法認清語言的生命力是寄生於人體的「語言的寄生蟲的本質」（The Parasitic Nature of Language），所以對生物語言學的課題多所保留，大部分的心力物力還是投注在研究與生物結構無關的語言的無機結構上面。當代的語言學與認知科學關係密切，新興的「認知語言學」即是近代傳統語法學受本世紀末不可阻遏

的認知科學潮流的強力衝擊而形成的舊瓶裝新酒的過渡性產物，國內外先進的語言學系所已經在系所名稱上以及課程內容上和認知科學起了更緊密的實質互動。種種跡象顯示語言學的生物認知基礎在未來語言學的研究當中勢必增加相對的比重。語言學與認知科學的密切結合，顯然大大地拉近了語言學與聽語病理學的距離而擴展了兩學科之間的互動空間。

趙元任先生於 1959 年在台灣大學舉行十六場的系列演講，談論「語言問題」，董同龢先生早期在台灣大學中文系開課，自此開了台灣語言學研究的風氣之先，三四十年以來國內國外已經孕育了不少語言學的人才。接受國外語言學訓練的學者，在返國初期不習慣以中文寫作，回國日久之後，自然漸有調適。雖然語言學遠大的長程目標是在探究人類語言的共通性，然而語言學家初步的研究還是從自己最熟悉的母語入手，而語言和社會文化關係也很密切，也有強烈的本土性。今日台灣語言學的研究，一方面放眼國際作跨語言、跨文化的研究，另一方面也落實本土，在研究題材、思想觀照、表達方式各方面也都趨於本土化。祛除了文字和關懷焦點偏離的障礙，資訊交流管道更為舒暢，科際互動的效益自然就提高了。

四、聽語病理學發展之新趨勢

聽語病理學的解剖生理基礎奠基於 Leonardo da Vinci（1452-1519）、Gabriele-Falloppia（1523-1562）、Bartolomeo

Eustachio（1520-1574）、Giulio Casserio-（1556-1601-1616）、Daniel-Bernoulli（1700-1782）、Ernst-Heinrich-Weber（1795-1878）、Herman--Ludwig--Ferdinand von Helmholz（1821-1894）、Alfonso-Corti（1822-1888）、Georg von Bék ésy（1899-1961-）等前輩學者，直至近年來借助於精密儀器的發明，因而在內耳生理學、嗓音發聲機制、神經生理等各方面都有所突破。

　　聽力儀、聽阻儀、耳音傳射分析儀、真耳測試儀、智慧型助聽器、人工電子耳、語音分析儀、光纖內視鏡、頻閃喉鏡、超高速聲帶攝影術、電腦斷層顯影、質子放射顯影、核磁共振顯影等儀器科技在近數十年來不斷有所發明突破，這使得以往只有在病患死後才能解剖觀察的研究變成在生前即可作線上追蹤研究，而且所探索的層面是微細異常的微觀世界。

　　本世紀末生物學中最令人刮目相看的莫過於遺傳工程（Gene Technology, Genetics）的蓬勃發展。按照目前的工作進度，23 對染色體，總共大約十萬個基因庫，至今已經解讀過半，美國紐約 Montefiore 醫學中心顎顏心臟症候群研究所主任 Dr. Robert Sphrintzen 保守的估計認為在公元 2005 年可以完成所有人類基因庫的 解讀，清華大學生命科學系所常蘭陽教授基於不同的資訊和判斷估計在 1999年即可解讀完成。這當然也包括語言基因 的解讀。早在 1967年 Eric Lenneberg 在其著作 Biological Foundations of Language 一書中就試圖探討決定語言的基 因，當時卻只能

藉助追蹤族譜的方法找出某種語言病徵與他種生理特徵的關聯，但是針對某種語言病徵收集數代完整的族譜並非易事，因而早期的研究偏重閱讀障礙與性別的關係。

　　Sphrintzen & Goldberg(1995) 的研究顯示語言基因的聽語研究對臨床工作而言是非常基礎的，也是息息相關的，因為在人類 23 對染色體中某一段基因庫的異常，不論是一次因果所造成的症候群（Syndrome）如 Stickler 症候群（圓臉、塌鼻、弱視、視網膜剝離）、Van der Woude 症候群（結締組織、脊椎缺陷、哭笑兩面人），或因果循環所造成的 Sequence，如 Robbin Sequence（隱性唇顎裂導致呼吸道問題），可能最後呈現的病徵是同時有語言的和其他身體部位結構或功能上的異常，顎顏心臟症候群亦屬此例。就統計上而言，唇顎裂在新生兒中的發生率是兩千五百分之一，心臟異常的機率是四百分之一，純粹就或然率的計算，新生兒同時罹患唇顎裂和心臟異常的機率應該只有百萬分之一，可是實際上有百分之十至十五的唇顎裂新生兒都兼有心臟異常的問題，遠高過預估值，追根究底，很可能這兩種病徵有共同的病因，共用相同的基因。與唇顎裂相關的症候群 1970 年時所知僅有 50 種，1973 年時發現有 76 種，1983 年時有 135 種，1992 年時增至 320 種，至 1995 年時總計已達 7400 種，清楚各種症候群的相關性和因果關係顯然有助於釐清不必要的醫療糾紛。

　　目前美國、歐洲、日本都積極從事解讀人類的基因的研

究，美國的 NIH 已在今年批准紐澤西州的語言學家 Paula Tallal 所帶領的研究小組以三年時間從事語言基因的初步研究。這些聽語病理學界最新的發展，其實也非常需要語言學家積極地參與，如此的發展趨勢，對於語言學家而言也是引頸企盼，樂見其成的。

五、掌握科際整合的契機由資訊整合達成人力整合

在迎接下一世紀的新紀元之前，各方面條件已經漸臻成熟，足以支援人類在探索心靈的奧祕過程當中，超越以往無法突破的瓶頸。經過歷時漫長的摸索，科學家漸漸體會了「萬法唯心」的妙訣，而將注意力的焦點，由至大無外的外在宇宙轉向至小無內的內在心靈世界。在逐步體認宇宙間最神奇的現象乃在於生命，而生命當中最具潛能的奧祕首推人類的心靈，故而在下一世紀認知科學（Cognitive Science）必然成為當代的顯學。縱觀生物界中高等認知能力最發達者實屬號稱萬物之靈的人類，語言、音樂、建築、繪畫、藝術、推理、數學、工藝、科技、文藝、武藝等等能力無一不在生物界中出類拔萃。認知現象的極致既然在於人類，認知科學的興盛必然帶動人文人本精神的弘揚，將科學研究的重點由天文地理等自然現象導向人文現象的探究，既屬人文科學自然必須強調人文人本主義（Humanism）。上文已經論及聽語病理學較之語言學自始即有較濃厚的人本色彩，而語言學加強與認知科學的整合之後，若語言學家能夠

深刻體認「語言的寄生蟲的本質」,改以生物語言學的觀點
為中心,統合語言學家長年來所累積有關語言的無機結構的
知識以及語言的社會文化現象,則語言學與聽語病理學之間
將會存在更高的相容性,更容易以人文主義、人本精神為依
歸,相輔相成地統合在常人和病患的身上。由於牽涉人的問
題若以分析性的思考往往不能掌握問題的重點和全貌,更何
況在電腦資訊工程日益發達的時代,大量資訊的儲存和檢索
加上國際網路的連線,使得各方面資訊的取得已經不成知識
的瓶頸,更重要的是資料的判讀,否則重要的訊息反而為大
量的資料所淹沒。在如此情況下很自然地綜合性全方位思考
顯得益形重要而會有良好的發展空間。

　　無可諱言,語言學是偏向基礎理論而聽語病理學是注重
臨床實務的兩個不同的學科。理論有實務的印證才顯得有根
有據,有體有用,其體精而其用宏。實務有理論的搭配引導
才能有更深廣的觀照,使實務經驗不致成為日復一日無意義
的重複或一連串互不關聯的荒謬組合,可以提升工作內涵的
意義,防止職業倦怠。語言學與聽語病理學之間的科際分工
互動是必要、自然和互利的。基於雙方諸多興趣、知識、科
技、目標、利益等的交集,資訊的交流在基本認識開通之後
是必然的趨勢,具備了共通的語言詞彙、知識基礎、關懷主
體之後,進一步的人力整合應該可以是呼之欲出的了!

摘　要

　　本文綜合了科學史與理論分析的觀點，試圖呈現偏重理論的語言學和偏重臨床的聽語病理學兩學科之間的實質互動情形和可能的互動空間。首先澄清交代一些名稱、概念、基本資料等，繼則按照歷史發展，以關鍵性人物為經，以重要學說或事件為緯，扼要勾勒古今中外此二學科的發展和關聯，尤其側重國內的近況，引用國科會人力資源調查報告、學術機構檔案、期刊雜誌等最新資料，以期呈現此一錯綜複雜的現象之全貌於一二。最後闡述兩學科彼此之間可有的相互啟發，並且以筆者之淺見分析此二學科發展之新趨勢，提供關心此問題的各方賢達作為參考，寄望能透過初期的資訊整合而漸漸達成人力的整合。（關鍵字：語言學、聽語病理學、科技整合、人力資源、科學史、語言學史、聽語病理學史、臨床醫學）。

Summary

Linguistics and Speech-Language-Hearing Pathology: Retrospect and Prospect of Interdisciplinary Interactions

Gabriel HONG

This study intends to present the complicated relationships between Linguistics, a theoretically oriented discipline, and Speech-Language-Hearing Pathology, a clinically oriented discipline. The factual state of the art and the possibilities of interdisciplinary interactions are inspected from the viewpoint of history of science as well as theoretical considerations. Following clarification of some terminologies, key concepts, and basic reference materials, the historical developments and interactions of these two disciplines are highlighted, focused on key persons on the one hand, and important thoughts or events on the other hand. Special emphasis is attributed to the recent developments in Taiwan by quoting update informations from such resources as "Investigation of Human Resources in Linguistics by National Science Council", University documents and Journals in order to present the full spectrum of the picture as clearly and completely as possible. Finally based on the state of the art presented, possible mutual revelations of interdisciplinary interactions are discussed and the author tries to analyze the current trends of these two disciplines in expectation that those who are interested in this issue may gradually integrate the human resources through initial information integration. (Keywords: Linguistics, Speech-Language-Hearing Pathology, Interdisciplinary Integration, Human Resources, History of Science, History of Linguistics, History of Speech-Language-Hearing Patholgy, Clinical Medicine).

參考文獻

期刊雜誌

《聽語會刊》
Aphasiology: An International Interdisciplinary Journal.
Brain and Language.
Clinical Linguistics & Phonetics.
Journal of Speech and Hearing Research
Neurolinguistik.

書籍

施玉惠、徐貞美、黃美金、陳純音。1995。語言學學門人力
　　資源現況分析及調查。行政院國家科學委員會專題
　　研究計畫成果報告。
黃宣範。1996。漢語口語語料庫的建立。行政院國家科學委
　　員會語言學門專題計劃研究成果發表會論文集。
甄志亞（主編）。1994。中國醫學史。台北：知音。
Aitchison, Jean. 1994. *Words in the Mind: An Introduc
　　tion to the Mental Lexicon*. Oxford: Basil Black
　　well.

Alajouanine, T., A. Ombredane & M. Durand. 1939. *Le Syndrome de désintégrantion phonétique dans làphasie.* Paris: Masson.

Ball, Martin. 1995. *Phonetics for Speech Pathology.* London: Whurr Publishers.

Brown, Jason. 1991. *The Life of the Mind.* New York: Academic Press.

Chapey, Roberta Ed. 1986. *Language Intervention Strategies in Adult Aphasia.* Baltimore: Williams & Wilkins.

Crystal, David, P. Fletcher & M. Garmen. 1976. *The Grammatical Analysis of Language Disablity.* London: Edward Arnold.

Crystal, David. 1972. The Case of Linguistics: A Prognosis. *British Journal of Disorders of Communication* 7, 3-16.

Crystal, David. 1980. *Introduction to Language Pathology.* London: Edward Arnold.

Crystal, David. 1981. *Clinical Linguistics.* Vienna: Springer Verlag.

Crystal, David. 1982. *Profiling Linguistic Disability.* London: Edward Arnold.

Crystal, David. 1984. *Linguistic Encounters with Language Handicap.* New York: Basil Blackwell.

Donegan, P. J. & D. Stampe. 1979. The Study of Natural Phonology. In: Dinnsen, Daniel A. (Ed.) 1979. *Current Approaches to Phonological Theory.* Bloomington: Indiana University Press. 126-73.

Eling, Paul. 1994. *Reader in the History of Aphasia: From Franz Gall to Norman Geschwind.* Amsterdam: John Benjamins.

Fletcher, Paul. 1990. The Breakdown of Language: Language Pathology and Therapy. In: Collinge, N. E. Ed. 1990. *An Encyclopaedia of Language.* London: Routledge. 422-457.

Fordor, Jerry A. 1983. *The Modularity of Mind: An Essay on Faculty Psychology.* Cambridge: MIT Press.

Freud, Sigmund. 1891. *Zur Auffassung der Aphasie.* Wien: Deuticke.

Goldstein, K. 1948. *Language and Language Disturbance.* New York: Grune and Stratton.

Grundy, Kim. 1989. *Linguistics in Clinical Practice.* London: Whurr Publishers.

Jackson, Catherine A. 1988. Linguistics and Speech-Language Pathology. In: Newmeyer, Frederick J. Ed. 1988. *Linguistics: The Cambridge Survey. Vol. III. Language: Psychological and Biologi-*

cal Aspects. New York: Cambridge University Press. 256-73.

Jakobson, Roman. 1941. *Kindersprache, Aphasie und allgemeine Lautgesetze.* Universitets Arsskrft: Uppsala.

Jakobson, Roman. 1981. Gehirn und Sprache: Gehirn-hälften und Sprachstruktur in wechselseitiger Beleuchtung. In: Schnelle, Helmut Ed. 1981. Sprache und Gehirn: Roman Jakobson zu Ehren. Frankfurt am Main: Suhrkamp Verlag. 18-40.

Lenneberg, Eric. 1967. *Biological Foundations of Language.* New York: Wiley.

Lesser, Ruth & Lesley Milroy. 1993. *Linguistics and Aphasia: Psycholinguistic and Pragmatic Aspects of Intervention.* London: Longman.

Lesser, Ruth. 1989. *Lingusitstic Investigations of Apgasia* London: Cole and Whurr.

Luria, A. A. 1947/ 1970. *Traumatic Aphasia.* The Hague: Mouton.

Menn, Lise & Obler, Loraine K., editors. 1990. *Agrammatic Aphasia: A Cross-Language Narrative Sourcebook..* Benjamins, John, North America, Incorporated.

Merringer, R. & K. Meyer. 1895. *Versprechen und ver-*

lesen. Stuttgart: Goschensche.

Morris, David W. H. 1988. *A Dictionary of Speech The rapy* London: Whurr Publishers.

Obler, Loraine & Menn, Lisa., editors. 1982. *Exceptional Language & Linguistics.(Perspectives in Neurolinguistics, Neuropsychology & Psycholinguistics Ser.)* Academic Press.

Ombredane, A.-1951.*L'Aphasie et l'Ellaboration de la Pensée.* Paris: Presse Universitaire de France.

Pick, Arnold. 1913. *Die agrammatischen Sprachstörungen.* Berlin: Springer.

Panconcelli-Celzia, G. 1943. Leonardo da Vinci als Phonetiker. Hamburg: Hansiatischer Verlag.

Rockey, Denyse. 1980. *Speech Disorder in Nineteenth Century Britain.* London: Croom Helm.

Schnelle, Helmut Ed. 1981. *Sprache und Gehirn: Roman Jakobson zu ehren.* Frankfurt am Main: Suhrkamp Verlag.

Sphrintzen, R. J. & R. B. Goldberg, 1995. *The Genetics of clefting and Associated Syndromes.* In: Sphrintzen & Bardach Eds. Cleft Palate Speech Management. St. Louis: Mosby year Book, Inc. 16-44.

索引

A

neurolingusitics　　　　　　　　語言神經學　108

neuroscience　　　　　　　　　神經科學　236

node　　　　　　　　　　　　　節點　101

nominal aphasia　　　　　　　　名稱性失語症 207 212, 215

nonfluent　　　　　　　　　　　非流暢型　211, 214, 215

nonlocalizing syndrome　　　　　無定位區症候群　208

nonspeech　　　　　　　　　　　非語音　90-91

nonstrident　　　　　　　　　　非尖擦音　53-54

normalization　　　　　　　　　正規化　21, 76

NPS biofeedback training　　　　鼻咽內視鏡迴饋訓練
　　　　　　　　　　　　　　　310-311

O

object-namuing deficit　　　　　物品命名障礙　199

obligatory　　　　　　　　　　　必然性　289

of human resources in lin-　　　語言學學門人力資源
guistics　　　　　　　　　　　452-454

operational definition　　　　　操作性定義　376-377

oral apraxia　　　　　　　　　　口腔動作失用　200

oral movement control　　　　　口腔動作控制　235

oral nonverbal apraxia　　　　　口腔動作失用　200

orbicularis oris muscle　　　　　唇環肌　293

order effects　　　　　　　　　順序效應　400

organization　　　　　　　　　組織　72

orthographic file　　　　　　　字形檔　100

orthography　　　　　　　　　筆劃結構　193

S

國家圖書館出版品預行編目（CIP）資料

語言病理學基礎，第二卷／曾進興主編.
--初版.-- 臺北市：心理, 1996（民 85）
　　面；　　公分.--（溝通障礙系列；63021）
參考書目：面
含索引
ISBN 978-957-702-199-1（平裝）

1. 語言障礙

415.9465　　　　　　　　　　　　　85012341

溝通障礙系列 63021

語言病理學基礎（第二卷）

主　　　編：曾進興
總 編 輯：林敬堯
發 行 人：洪有義
出 版 者：心理出版社股份有限公司
地　　　址：231 新北市新店區光明街 288 號 7 樓
電　　　話：(02) 29150566
傳　　　真：(02) 29152928
郵撥帳號：19293172　心理出版社股份有限公司
網　　　址：http://www.psy.com.tw
電子信箱：psychoco@ms15.hinet.net
駐美代表：Lisa Wu（lisawu99@optonline.net）
初版一刷：1996 年 11 月
初版十八刷：2020 年 2 月
I S B N：978-957-702-199-1
定　　　價：新台幣 480 元